리더와 리더스피릿

리더와 리더스피릿

지은이 서영식
발행일 2023년 1월 30일
발행인 이진숙 펴낸곳 충남대학교출판문화원
주소 대전광역시 유성구 대학로 99 전화 042-821-6045
홈페이지 http://www.cnupress.co.kr E-mail cnupress@cnu.ac.kr

ISBN 979-11-6503-177-0 93190

정 가 25,000원

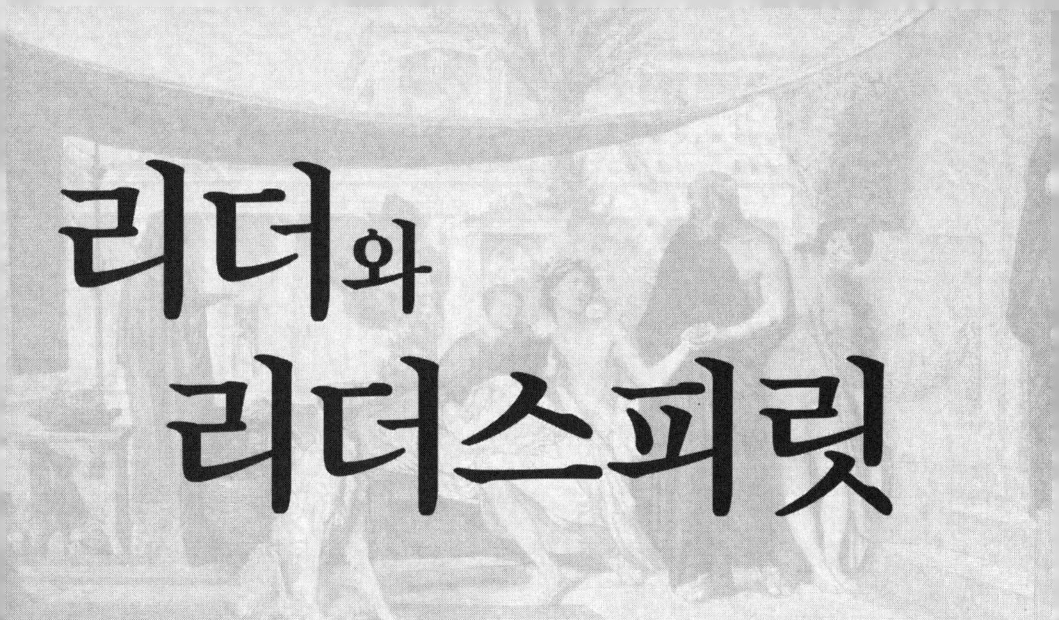

리더와 리더스피릿

서영식

충남대학교출판문화원

서 문

눈부신 경제발전과 민주주의의 제도적 성취에도 불구하고 오피니언 리더 그룹과 기득권층을 향한 비판의 시선이 어느 때보다 매서운 오늘날 한국 사회에서 진실로 필요한 과제는, 리더와 리더십의 수준을 꾸준히 높이는 노력일 것이다. 훌륭한 리더의 등장과 활동은 그가 지닌 개인적 역량이 발휘된 결과이기도 하지만, 더 근본적으로는 그가 속한 사회와 그 사회에서 진행된 교육의 산물로 보아야 하기 때문이다. 정치의 수준은 국민의 수준에 비례한다는 속설이 있듯이, 리더의 수준 역시 그가 속한 사회와 교육의 수준에 의해 결정된다고 보는 것이 타당할 것이다. 따라서 한 사회의 리더에 대한 기대치를 상향 조정하거나 역할 행동을 강화시키는 노력은, 구성원에 대한 체계적인 교육을 통해 사회 전반의 의식수준을 끌어올리는 작업과 연결되어야 한다. 특히 최고 고등교육기관인 대학은 리더와 리더십의 의미와 가치에 관한 연구와 성찰을 바탕으로, 사회 각 분야별로 적용될 수 있는 구체적인 리더 육성 로드맵을 제시할 수 있어야 하며, 나아가 리더 정신 함양에 적합한 저술 출판에도 심혈을 기울여야 할 것이다. 이 저술을 기획하고 출판하는 까닭도 여기에 있다.

현대 사회학을 개척한 막스 베버(Max Weber 1864-1920)는 『소명(Beruf)으로서의 정치』에서, "정치란 열정과 균형감각을 가지고 단단한 널빤지를 강하게 그리고 서서히 뚫는 작업"이라고 규정한 바 있다. 그런데 베버의 묘사가 꼭 정치(인)에만 적용된다고 볼 필요는 없을 것이며, 어떤 조직이나 사회의 리더를 자임하는 인물이라면 자신에게 주어진 책임과 역할을 냉철함과 열정을 바탕으로 끝까지 완수할 수 있어야 한다는 의미로 폭넓게 이해할 수 있을 것이다. 우리의 역사에서는 조선시대 최고의 '테크노 리더'(techno leader)인 이순신 장군을, 그리고 서양의 경우에는 이른바 '로마의 평화'(pax romana)를 달성한 아우구스투스 황제를 예로 들 수 있을 것이다.

진정한 리더는 단지 조직의 관리 기술뿐만 아니라 공동체 전체의 긍정적인 변화와 발전을 견인할 수 있는 태도와 능력을 갖추어야 한다. 이러한 의미에서 '지도자정신'(leaderspirit)이란 구성원들이 지금 여기서 가장 필요로 하는 바, 즉 시대정신을 정확히 파악하고 이를 새로운 공유비전으로 개념화한 후 다시 구성원과 더불어 성취할 수 있는 자세와 역량으로 규정할 수 있다. 4차 산업혁명시대로 대변되는 21세기는 인류의 문명사에서 끊임없이 등장했던 고전적 단어인 리더십을 새로운 정신적·문화적 가치개념으로 해석해야 할 시기이다. 공적 합리성, 개인의 자율성과 평등, 지속적인 자기계발이 공존과 번영의 필수조건인 시대가 도래한 것이다.

『리더와 리더스피릿』 역시 21세기의 시대정신을 선도하는 리더의 육성을 견인할 수 있도록 구성되었다. 이 저술이 개인의 가치와 공동체의 가치 사이에서 균형을 잡고, 진정성을 바탕으로 윤리적 결단을 감행할 수 있으며, 선하고 균형 잡힌 영향력을 행사함으로써 구성원들의 공감과 제도적 변화를 견인할 수 있는 리더의 등장을 촉진하는 마중물이 되기를 희망해 본다.

서 영 식

목 차

세부 목차

I

고대 그리스 영웅들의 고난과 자기인식 그리고 리더스피릿

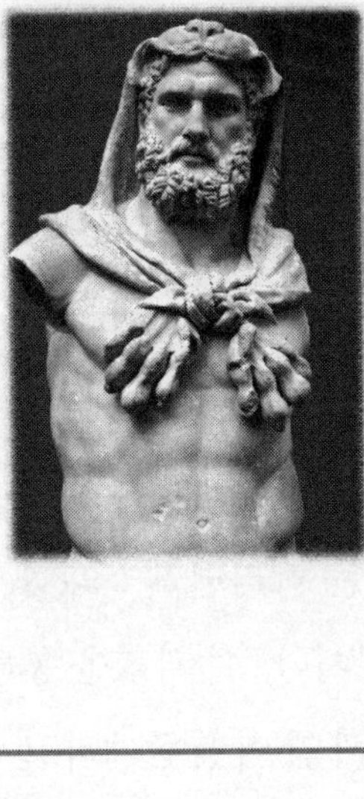

1. 들어가는 말

고대 그리스 사회에서 '영웅'(heros)은 모든 인간의 이상형이었다. 영웅이란 자신의 정신적 · 육체적 특성을 잘 파악하고 그것을 가장 탁월(arete)하게 발휘한 인물, 다시 말해서 인간 중에서 자신에게 주어진 능력을 특별히 우월하게 사용한 존재를 의미한다. 또한 누군가가 영웅이 되기 위해서는 자신에게 운명처럼 주어진 극한의 고난을 회피하지 않고 당당히 맞서서 극복하는 존재, 즉 운명을 사랑하고(amor fati) 즐길 수 있는 존재로 거듭나야 한다.

나아가 진정한 영웅이란 고난을 거치면서 완벽하게 자기 정체성을 갖추었을 뿐만 아니라, 세상에 대한 자신만의 고유한 입장 즉 나름의 세계관을 확립하고 이를 바탕으로 최상의 리더십을 발휘하는 존재, 따라서 주변인들뿐만 아니라 역사 속에서 경탄과 존경의 대상이 된 존재라고 말할 수 있을 것이다. 고대 그리스의 신화와 문학작품 속에서는 탁월한 활동으로 존재감을 드러낸 여러 명의 걸출한 영웅이 등장한다. 트로이 전쟁 이전에 활동했던 영웅들 중에서 가장 전형적인 모습은 헤라클레스에서 발견되며, 트로이 전쟁 이후에는 아킬레우스와 오디세우스가 최고의 영웅으로 평가되었다.

이 글에서는 먼저 고대 그리스 사회에서 신화와 문학작품의 가치와 역할에 관해 간략히 소개한 후, 그리스 신화 속의 위대한 인물 중에서도 대표적인 영웅으로 평가되는 헤라클레스와 오디세우스의 성격적 특성과 모험담을 살펴볼 것이다. 이 과정을 통해 우리는 고대 그리스인들은 진정한 영웅이란 과연 어떤 존재라고 생각하였는지 이해하게 될 것이다. 나아가 이러한 고찰은 21세기를 살아가는 현대인들이 자신에 대한 참된 앎에 도달하고 나름의 세계관을 정립하는데 적지 않은 시사점을 제공할 것이다.

2. 고대 그리스 사회에서 신화와 문학작품의 가치와 역할[1)]

주지하듯이 그리스 신화는 상당히 오랜 세월 동안 전승된 다양한 이야기들이 기원전 8세기경 호메로스에 의해 문자적으로 표현되었으며, 헤시오도스에 의해 신화의 등장인물인 신들의 계보가 체계적으로 정리된 것이다.[2)] 더불어 그리스 신화는 국가 수립이나 국난극복 같은 당면 정치문제 해결, 전통 계승, 사회질서 유지, 청소년 선도 등과 같은 교육적 효과를 위해 변형과 개조의 과정을 거쳐 왔다. 그렇지만 신화는 그것이 시대의 변화에 따라 어떤 상이한 방식으로 표현되든 간에 그리스 사회 내부의 유대강화와 개개인의 공동체 의식형성에 지대한 영향을 주었다고 볼 수 있다. 신화적 사유는 기원전 5세기 그리스 계몽기에 이루어진 인지의 발달 및 합리성 추구와 맞물려 지속적으로 공격 받기도 하였으나, 우리는 고대 그리스 사회가 여전히 신탁 등을 통해 표현되는 신화적인 내용을 삶의 일부로서 받아들였다는 사실을 역사적으로 확인할 수 있다.[3)] 신화의 내용은 단순히 몇몇 뛰어난 작가들이 일구어낸 창작의 결과가 아니라, 오랜 기간을 거쳐 진행된 그리스인의 잠재의식이 반

영된 것이기 때문이다.[4)]

2.1 신화의 사회적·문화적 의미

근대 이후 인간 이성에 의해 강요된, 특정 학문영역에 국한된 협소한 차원의 합리성 개념, 극단적인 이원론적 주객 분리, 외부 세계에 대한 기능적 관점과 이에 따른 철저한 도구화 등으로 인해서, 과거 신화가 우리 인간의 삶 속에서 지녔던 의미, 그리고 철학적 사유와 공유했던 보편적인 가치와 이념은 그동안 망각되거나 평가 절하되어 왔다. 이와 같은 경향은 지난 세기 초 고전학계의 연구 동향에서도 찾아 볼 수 있었다. 지난 20세기 초엽 고대철학 연구에서 선구적인 역할을 했던 버넷은 자신의 저서 『초기 그리스 철학』에서 기원전 6세기 소아시아의 그리스 도시국가들을 중심으로, 이전의 신화적 사유와 대비해 볼 때 자연에 대한 전적으로 실증적인 사유가 나타난다고 주장하였다.[5)] 나아가 버넷은 이와 같은 그리스 철학의 우수성은 전적으로 "그들이 지닌 예외적인 지성의 능력, 즉 추론 능력과 결합된 관찰능력"[6)]에 기인하는 것으로 평가하였다. 네슬레 역시 신화(mythos)와 이성(logos) 사이의 대립을 주장하였다. 전자는 단순한 상상을 토대로 하며 비자발적인 무의식에 근거하여 형성된 것이고, 따라서 단지 어린애 수준의 정신단계를 반영할 뿐이다. 이에 반해 후자는 인간이 자신 앞에 주어진 다양한 인식대상을 분석하고 종합하는 과정에서 추상화와 개념화 작업의 결과로 형성된 고차원적인 정신단계를 반영한다는 것이다.[7)]

그렇지만 20세기 중반 이후 일군의 신화학자와 고대철학 연구자들은, 신화는 흔히 생각하듯 단순히 주관적이거나 자의적인 것에 불과하다든지 혹은 전(前)논리적이며 낮은 수준의 사고결과가 아니라, 일반적으로 평가되는 것보다 훨씬 진지하게 수용될 수 있으며, 특히 인간의 사회적 경험을 객관화시켜 설명하려는 중요한 사유태도라는 점을 설득력 있게 보여주었다. 즉 종교적 · 신비적 표상에 대한 심층적인 이해를 통해서 이를 만들어 낸 공동체사회의 복합적인 구조를 분석해 낼 수 있으며, 나아가서 이후의 정신적 · 문화적 발전과 변화의 맹아 내지 원동력을 이미 신화적 표상 안에서 발견할 수 있다는 것이다.[8)]

신화는 그것의 형성과정에 직간접적으로 관련되어있는 사람들의 생활과 그 속에서 전개된 사유를 반영하는 것이며, 따라서 그 안에는 각 사회 구성원들의 주변 환경과 인간, 그리고 공동체 사회에 대한 깊이 있는 관찰과 이에 기초한 의식이 반영되어 있다. 다양한 신화 내용을 토대로 확인할 수 있는 바, 고대 그리스인들이 내면에 간직하고 있는 운명(moira)에 대한 믿음과 통찰은, 본래 그들이 가지고 있는 다양하고 무수한 것들의 항존적 공존 체계로서의 우주적 질서와 조화에 대한 경이와 믿음에서 유래한 것이다. 나아가서 그것은 사회적인 측면에서 우주적 질서에 기초한 그리스인들의 정의와 평화, 질서의 관념을 표상하는 것이다.[9)]

오랜 전승기간을 거친 후 기원전 8세기경 당대 최고의 시인 호메로스에 의해 서사시 형태로 집대성된 『일리아스』와 『오디세이아』에서는, 고대 그리스 문명이 형성해 놓은 인간의 모습과 조우하게 된다. 호메로스 서사시에서 인간의 근본 특징은 무엇보다 신과의 대비 속에서 명확히 드러난다.[10] 그리스 신화와 이에 기초한 대다수 문학작품에 등장하는 신은 영원히 지속되는 시간 속에서 자신의 생각과 행위에 대해 별다른 부담을 갖지 않은 채 자기만족과 행복을 누리는 존재이다. 이에 반해 인간은 우선 죽도록 운명 지워진 존재이며, 생시에도 항상 능력 부족으로 인해 자신의 의지를 제대로 펼치지 못하는, 기껏해야 신의 꼭두각시 노릇이나 하는 볼품없는 존재로 묘사된다.[11] 나아가서 인간의 정체성은 육신으로부터 혼백(psychē)이 빠져나간 후 시체와 더불어 있다가 끝내 사라져 버리고 만다. 따라서 유한하고 가사적인 인간에게는 자신에게 주어진 운명과 신의 의지가 무엇인지 제대로 파악하는 것이 무엇보다 중시되며, 이는 개인적인 생존의 차원에서뿐만 아니라 인간 종족 전체의 유지와도 밀접하게 관련된다.

2.2 고전기 비극과 인간의 자아 발견

호메르스가 서사시를 통해 그리스 문학의 토대를 마련하였다면, 고전기 시대(ca. BC 500-336)에 아이스퀼로스, 에우리피데스, 소포클레스 등의 등장과 더불어 전성기를 누렸으며 극장에서 자주 공연되었던 비극작품들은 평범한 인간은 상상도 하기 어려운 고통을 극복하는 영웅의 이상적이고 장엄한 모습을 보여준다.

기원전 5세기 무렵 그리스의 정치와 문화 중심지였던 아테네에서는, 매년 5월 말에 개최되는 디오뉘소스 신을 기리는 축제의 일부로 비극을 비롯한 연극공연이 진행되었다.[12] 공연장인 디오뉘소스의 야외극장은 당시로서는 상당수의 시민(약 18,000여명)이 입장할 수 있는 대형 원형극장이었으며 아크로폴리스의 동남부 언덕 기슭에 위치하였다. 비극의 소재는 기원전 1600년부터 기원전 1200년에 이르는 청동기 문명시대의 영웅들(아가멤논, 오레티우스, 아킬레우스, 아이아스, 오이디푸스, 테세우스, 필록테테스 etc.)의 모험담이 주축을 이룬다. 대부분의 비극은 여러 세대에 걸쳐 전승되었던 영웅담을 중심으로 하되, 특히 호메로스가 『일리아스』와 『오뒤세이아』에서 정리한 내용을 바탕으로 새롭게 창작된 것으로 알려져 있다. 일반적으로 비극은 표면상 거역할 수 없는 신과 인간 사이의 관계를 전면에 내세우고 있다. 거의 모든 등장인물들은 올림푸스 신들의 변덕이나 시기심 혹은 쓸데없는 경쟁심의 희생물이 되기 일쑤이며, 자신이 처한 불행의 원인도 모른 채 운명의 나락으로 떨어지는 경우가 허다하다. 그렇지만 이러한 비극의 표면적인 장치를 넘어서 보면, 대부분의 작품들은 운명을 규정하고 지배하는 신에 의해 인간이 어떤 상황을 맞이하는가를 묘사하는데 그치지 않고, 이를 극복하고 삶을 자신의 것으로 만들기 위해 인간이 잔혹한 운명에 맞서 어떤 행동을 취하는가를 드라마틱하게 보여준다.

고전기 그리스의 비극작품들은 평범한 인간은 상상조차 어려운 난관을 극복하는 영웅의 이상적이고 장엄한 모습을 보여준다. 범인은 결코 견딜 수 없는 정신적 · 육체적 고통을 참고 인내하는 극중 인물의 모습을 보면서 관객들은 현실적인 삶의 제약 앞에서 쉽게 타협해 버리는 자신의 모습을 반성하고, 앞으로는 드라마 속의 주인공처럼 현실의 장애물을 뛰어넘는 용기와 지혜를 발휘하겠다는 새로운 결심을 하게 된다. 물론 단순히 극장에서의 관람을 통해서 관객들이 저절로 비극 속의 주인공처럼 영웅적인 행위를 실천할 수 있는 것은 아니며, 결국 관건은 비극관람 이후 관객 스스로가 현실의 삶 속에서 얼마만큼 지속해서 자아 성찰에 몰입할 수 있는지에 달려 있다. 어쨌든 고대 그리스인들은 비극공연이라는 문화적 장치를 매개로 하여 관객이 자신의 내면을 되돌아보고 진정한 자아 탐구로 향할 수 있는 여건을 조성한 것으로 볼 수 있다.[13] 특히 소포클레스 같은 뛰어난 작가들의 작품은 다양한 신화적·은유적 표현을 통해 인간과 그를 둘러싼 자연의 특성을 신비로운 방식으로 묘사했을 뿐만 아니라, 신화와 종교의 차원을 넘어서 인간이 자신의 이성과 의지를 바탕으로 삶을 개척하는 모습을 진지하게 형상화함으로써, 관객들이 세계를 보다 합리적으로 조망하고 자아 성찰에 좀 더 객관적으로 임할 수 있는 단초를 제공하였다.

나아가 비극 작품은 당대의 문화가 추구했던 최상의 가치인 다원성과 개방성을 전제로 한 사회 통합기능을 효과적으로 수행했던 것으로 평가되고 있다.[14] 본래 그리스 비극은 민주주의 국가공동체(polis)의 축제의 일환으로 도입되었는데, 무엇보다 아테네의 민주주의 정치제도와 군사적 역량을 예찬하고 폴리스에 대한 개인의 의무를 강조하기 위해 상연되었다. 즉 그리스 비극은 기원전 5세기경 아테네 폴리스에서 참주정 같은 여타의 정치체제의 문제점을 비판하고 민주주의 이데올로기를 선전하는 정치적인 장치의 기능을 수행한 것이다. 특히 축제의 형식을 통해 원하는 모든 시민이 관람할 수 있도록 공연장이 개방되고 공연내용에 대해 청중들이 다양하게 반응함으로써, 비극상연은 대중의 의사소통과 여론형성이 가능토록 만드는 역할을 수행했으며, 이 과정은 동시에 직접민주주의 제도에서 필요한 시민들의 정치의식 향상에도 기여하였기 때문이다. 비극공연은 개방적인 의사소통과 이를 통한 시민들의 가치공유라는 당대의 가장 중요한 정치적 · 사회적 목표를 상당 부분 충족시킨 것이다.[15)]

3. 헤라클레스와 영웅의 조건

헤라클레스는 고대 그리스 세계에서 지상 최대의 영웅으로 평가되는 존재이다. 그는 고대 세계에 등장했던 어떤 인물보다 큰 고난과 위협 속에서 살아가면서도 자기 자신을 지키고 보존하기 위해 노력하였으며, 나아가 태생적으로 주어진 능력 이상의 과업을 남김없이 완수함으로써 자신의 존재감을 무한히 넓혀간 서사(epos)의 주인공이기 때문이다.

3.1 헤라클레스의 출생과 생애

주지하듯이 헤라클레스는 올림포스산에 거주하며 세상의 지배자로 군림하는 제우스 신과, 그가 한눈에 반해서 속임수를 쓴 바람에 엉겁결에 동침하게 된 알크메네(암퓌트리온의 아내) 사이에서 태어난 반신반인(半神半人)이며, 사자가죽(네메아의 사자)을 몸에 걸치고 거친 몽둥이(헬라콘땅에서 뽑아낸 야생올리브 나무)를 휘두르는 최고의 호걸이다. 그런데 그의 이름은 제우스의 부인인 헤라(Hera)와 그리스어 '명성'(kleos)이 결합된 것이다. 그는 왜 그렇게 불리게 되었는가? 그것은 바로 헤라클레스가 자신을 원수처럼 미워했던 헤라로 인해 겪어야만 했던 무수한 고행 때문에 결과적으로 큰 명성을 얻은 인물이기 때문이다.

우선 헤라클레스의 전반적인 일생을 간략히 살펴보자. 제우스는 사랑하는 알크메네가 헤라클레스를 출생하게 된 날 기쁨에 겨운 나머지 "오늘 나의 피를 물려받은 한 사내아이가 태어나 사람들을 지배하게 될 것"이라고 예언한다. 그러나 이런 제우스의 모습에 커다란 분노와 질투심을 느낀 헤라는 헤라클레스의 출산을 강제로 제지하였고, 결국 출산 예정 당일에는 다른 아이가 출생하게 된다. 그의 이름은 에우뤼스테우스인데, 제우스의 예언에 따라 나중에 인간세계의 왕이 되고 헤라클레스에게 열두 가지 과업을 수행할 것을 명령한 인물이다.

이처럼 헤라클레스는 탄생 순간부터 여신 헤라의 질투와 저주를 한 몸에 받고 죽을 고비를 여러 차례 넘겼다. 그런데 그는 헤라의 끝없는 간계에도 불구하고 죽지 않고 훌륭한 남성으로 성장하였을 뿐만 아니라 사랑하는 여인과 결혼하여 자식을 낳고 행복한 가정생활을 영위하게 된다. 이 상황을 도저히 참지 못한 헤라는 헤라클레스를 환각 상태에 빠지도록 만들고, 결국 그는 정신분열 상황에서 사랑하는 가족을 몰살하는 최악의 고통을 경험하게 된다. 그럼에도 헤라클레스는 좌절하지 않았으며, 오히려 자신에게 부과된 고난과 역경(12 과업)을 적극적으로 극복함으로써 신체와 영혼의 탁월성을 갖춘 진정한 영웅으로 새롭게 탄생하게 된다. 특히 그는 하계(Hades) 체험을 통해 죽음까지도 극복한 불멸의 인간으로 거듭날 수 있었다.

그러나 헤라클레스는 헤라의 저주로 인해 살아 있는 동안 여전히 많은 고통을 겪을 운명을 피할 수 없었으며, 이승에서의 마지막 순간에는 온몸에 퍼진 독으로 인한 고통을 이기지 못하고 스스로 쌓은 장작더미에 불을 지피도록 하여 죽음을 맞이한다. 사후에 헤라클레스의 영혼은 제우스의 뜻에 따라 올림포스산으로 상승하여 신의 반열에 올랐으며, 그를 그토록 미워했던 헤라와도 극적으로 화해하고 영생을 누리게 된다. 결국 헤라클레스는 인간으로서 겪어야 했던 모든 고난을 오직 자신의 힘으로 극복하고 신적인 존재가 된 것이다.

3.2 헤라클레스의 과업 수행과 영웅의 자격

헤라클레스의 수많은 고난 중에서도 가장 유명한 것은 이른바 열두 가지 과업이다. 그것은 우주를 점령하고 있는 무수한 괴물을 모두 제거하고 세상을 정화하라는 명령이었는데, 그가 제압해야 할 대상은 구체적으로 다음과 같았다. 네메아(Nemea)의 사자, 레르나(Lerna)의 휘드라(Hydra), 케뤼네이아(Keryneia)의 황금뿔의 사슴, 에뤼만토스(Erymanthos)의 멧돼지, 아우게이아스의 외양간 청소,

스팀팔로스(Stymphalos)의 새 떼, 크레테(Krete)의 괴물 황소, 디오메데스의 식육성말, 아마존 식인종 여왕 힙폴리테의 허리띠, 몸뚱이 세 개인 게리온소, 헤스페리데스의 사과, 하데스의 케르베로스(Kerberos).

열두 가지 과업을 비롯하여 신화 속에 등장하는 헤라클레스의 모험들은 다양한 시각에서 해석해 볼 수 있다. 한편으로 그의 고난과 모험은 고대인의 시각에서 볼 때, 자연재해와 같이 당시의 지식과 기술로는 사실상 극복이 불가능한 것으로 보이는 세상의 복잡한 난제를 제거하는 과정으로 이해할 수 있다. 그리고 좀 더 일반적으로 말하면 인간으로 태어난 이상 누구나 겪어야 하는 인생이라는 머나먼 항로에서 끝없이 닥쳐오는 고난을 상징적으로 표현한 것으로도 볼 수 있다. 또한 역사적 차원에서 볼 때 헤라클레스의 열두 가지 과업 완수는, 고대 그리스인들이 오랜 세월에 걸쳐 새롭게 발견하고 정복한 지역이나 그들과 경쟁하던 주변 부족들과의 싸움과 연관성을 지니고 있다. 이 사실은 헤라클레스의 영웅적인 활동 속에는 고대 그리스인들이 행한 개척의 역사가 상징적으로 표현되어 있음을 보여준다.

그렇다면 헤라클레스의 과업 수행과 그 과정에서 겪어야 했던 고난은 21세기를 살아가는 현대인에게 어떤 교훈을 제시하고 있는 것일까? 첫 번째, 헤라클레스는 비록 아버지가 최고의 신이기 때문에 세상 어떤 인간보다 강력한 존재로 태어났지만, 모계에는 인간의 피가 흐르고 있기에 온전한 신도 그렇다고 온전한 인간도 아닌 이른바 반신반인으로 살다가 결국 어느 순간에는 죽을 수밖에 없는 운명을 지닌 존재이다. 인간과 마찬가지로 가사적인 존재인 헤라클레스가 자신에게 닥친 모진 운명을 거부하지도 두려워하지도 않고 당당하게 받아들이는 모습은, 태어나는 순간부터 죽음을 향해 나아가야 하며 아무리 출중하게 태어났어도 신처럼 전능하지는 못하며 항상 자신의 한계를 의식해야 하는 우리 인류에게 삶의 본보기가 될 수 있다.

두 번째, 헤라클레스는 누가 보더라도 심지어 여신 헤라가 보기에도 도저히 불가능해 보이는 임무를 완성하기 위해 실패를 무릅쓰고 노력하는 태도를 일관되게 유지한다. 이러한 모습은 자신이 행한 노력의 결과와 상관없이, 과정을 중시하는 가운데 현실에서 최선을 다하고 최고가 되고자 노력하는 일반인에게도 귀감이 될 수 있다.

세 번째, 헤라클레스는 태어난 순간부터 마지막까지 끊임없이 다가오는 고통을 감내해야만 했는데, 사실 이러한 모습 속에는 동서고금을 막론하고 평생 사회와 집단에서 도태되지 않기 위해 최선을 다해야만 간신히 살아남을 수 있는 보통 사람들의 삶이 투영되어 있다고 말해도 과언이 아니다.

네 번째, 결국 우리가 헤라클레스의 일생을 통해서 명확히 확인할 수 있는 것은 영웅은 단지 타고난 능력만으로 결정되는 것이 결코 아니며, 수많은 시련과 고난을 극복하는 과정을 통해 새롭게 탄생하는 존재라는 사실이다. 그는 반신반인으로 태어났기에 보통의 인간보다는 월등한 능력을 지녔지만 그렇다고 전능한 존재는 결코 아니었다. 만약 그가 눈앞에 놓인 역경과 고난을 스스로 극복하지 못하고 운명의 여신에게 항복하고 말았다면 그는 결코 지상최대의 영웅이라는 찬사를 듣지 못했을 것이며, 사후에 그의 영혼이 아버지 제우스에 의해 올림포스산으로 인도되어 신적인 존재로서 영생을 누리는 영광도 얻지 못했을 것이다.

우리는 헤라클레스의 모험과 고난 극복과정을 통해 진정한 영웅이 탄생할 수 있는 조건은 무엇인지 깊이 생각해 보게 된다. 그것은 우리가 세상에 존재하게 된 이상 단지 요행을 바라거나 안락하고 편안한 삶을 추구하기보다는, 스스로 위험한 상황으로 들어가 그곳에 산재하는 온갖 고난을 용기와 지혜로 극복하고 승리한 경우에만 정당하게 영웅의 칭호를 들을 수 있다는 사실이다.

4. 오디세우스의 모험과 영웅의 길

오디세우스는 그리스 서해안 이오니아 제도에 있는 섬인 이타카(Ithaca) 왕국의 지배자이다. 그는 그리스 연합군의 일원으로 트로이 전쟁에 참전하였으며 10년 동안 이어진 지루한 전쟁상황을 이른바 '트로이 목마'를 통해 일거에 종결시킨 인물이다. 그의 이름에서 유래하는 『오디세이아』는 오디세우스가 트로이 전쟁을 승리로 이끈 후 고향으로 돌아오는 길에 경험하게 되는 수많은 모험을 흥미롭게 전하고 있다.[16] 이 저술은 전체 20권으로 구성되었으며(약 1만 2천행), 『일리아스』와 더불어 호메로스가 완성했다고 전해지는 서양문학사상 최초의 장편 서사시(epos)이다.

이 작품은 트로이 전쟁의 영웅 오디세우스가 개선장군으로서 고향으로 돌아오는 경로에서 겪게 되는 다양한 모험과 귀향 후 가정을 회복하는 과정을 묘사하고 있는데, 전체적으로 보면 세 가지 플롯으로 구성되어 있다. 첫 번째는 오디세우스의 아들인 텔레마코스가 20년 가까운 세월 동안 어머니와 더불어 성장해 가는 과정을 소개하고 있으며(1-4권), 두 번째는 뱃사람 오디세우스의 다양한 모험담이 묘사되고 있으며(5-12권), 세 번째는 고향으로 돌아온 오디세우스가 오랫동안 집을 비워둔 사이에 발생한 문제상황을 침착하게 해결해 가는 과정을 그리고 있다(13-24권). 이 중에서 독자들의 관심을 집중적으로 받는 부분은 오디세우스가 귀향길에 경험하게 되는 다양한 모험과 귀향 후에 엉망이 된 왕국과 집안을 원상회복하는 과정이 담긴 부분이다 : ①여신(요정)들과의 만남 : 칼립소(오귀기아섬, 5권) · 나우시카아(스케리아섬, 6권 ff.) · 키르케(10권); ②퀴클롭스(폴리페모스)와의 대결(9권); ③하계여행(11권); ④세이렌(Seiren)의 유혹(12권); ⑤카립디스와 스퀼라 사이의 항해; ⑥고향 이타카에서 발생한 일(13-24권). 이하에서는 『오디세이아』에서 전개되는 다양한 모험 중에서 몇 가지를 선별해서 살펴보고 현대적 차원에서 그 함의를 고찰할 것이다.

4.1 칼립소[17)]

『오디세이아』의 신기한 모험 중에서 가장 먼저 등장하며, 또한 이 작품의 휴머니즘적인 성격을 잘 드러내는 일화로서 오귀기아섬에서 칼립소를 만나는 장면이 있다. 고향을 향한 항해 도중 우여곡절 끝에 도달한 오뤼기아섬에는 아틀라스의 딸인 여신 칼립소[18]가 살고 있는데, 그녀는 첫눈에 오디세우스에게 반해서 그를 7년 동안이나 붙잡아두고 있다. 칼립소는 오디세우스에게 영생을 얻을 수 있는 암브로시아와 넥타를 권하며 남편이 될 것을 종용하지만, 그는 고향과 가족들을 그리워하며 세월을 보낸다. 이 모습을 유심히 지켜보던 아테네 여신의 주선으로 올림포스산에서는 오디세우스의 귀향 여부가 논의되기 시작하고, 결국 오디세우스는 제우스의 결정에 따라 칼립소가 옭아맨 사랑의 속박에서 벗어나 고향 이타카를 향한 항해를 재개할 수 있게 된다.

이처럼 오디세우스는 귀향길에서 조우하는 신적인 존재들(칼립소, 나우시카아, 키르케 등)의 호의와 애정에도 불구하고, 불멸하며 전능한 신의 길과 가사적이며 한계를 지닌 인간의 길 사이에서 매번 후자를 택한다. 오디세우스라는 인물이 상징적으로 보여주듯이, 인간은 언젠가는 죽어야만 하는 유한한 생명체로 살아가면서도 동시에 이성 능력이라는 신적인 속성을 내면에 보유하고 있는 존재이다. 우리 인간은 단순히 맹목적이며 본능적인 동물의 상태를 원하는 것도, 그렇다고 해서 불멸하며 전지전능한 신의 상태를 갈구하는 것도 아니다. 즉 인간은 신과 동물이 지닌 특성을 모두 가지고 있으면서도 그들과는 전혀 다른 제3의 길을 추구하는데, 그것은 바로 시간의 흐름 속에서 천천히 변화하고 종국에는 소멸해야만 하는 운명을 깨닫고 있으면서도 인생을 자유의지에 따라 스스로 개척해 가고자 하는 것이다. 이에 오디세우스는 존재성은 유지될지

언정 모든 것이 무한히 반복될 뿐인 신의 세계를 거부하고, 덧없음과 능력의 한계를 노정하고 있지만 동시에 새로운 도전과 성취감을 맛볼 수 있는 인간의 길을 선택한 것이다.[19)]

4.2 퀴클롭스

항해 중 필요한 식량과 물을 구하고 휴식을 취하기 위해 망망대해에 떠 있는 섬에 도착한 오디세우스와 일행은 주변을 살피다가 큰 동굴을 발견하고 진입을 시도한다. 그런데 그들이 도착한 섬은 외눈박이 거인 퀴클롭스(cyclops)의 무리가 사는 괴물의 섬이었으며, 동굴은 외눈박이이며 포세이돈의 아들인 폴리페모스가 사는 거주지였다. 저녁 무렵 폴리페모스가 가축을 몰고 동굴로 되돌아오자 주인을 기다리던 오디세우스 일행은 그와의 친교를 시도한다. 그러나 괴물은 외부 방문객들에게 호의를 베풀기는커녕 그들 중에서 몇 명을 잡아먹는 등 행패를 부린다. 이제 일행은 모두 괴물의 먹잇감이 될 위기에 봉착한 것이다. 이에 오디세우스는 기지를 발휘하여 폴리페모스에게 포도주를 마시고 취하게 만든 후, 급조한 나무창으로 잠든 괴물의 외눈을 찔러서 완전히 멀게 만든다. 불의의 공격을 받고 눈이 먼 폴리페모스는 동굴 밖 주변의 괴물 일족에게 도움을 청한다. 달려온 퀴클롭스 무리가 폴리페모스에게 누구로부터 공격을 받았는지 묻고, 그는 오디세우스가 말한 그의 가짜 이름 '아무것도 아닌자'(outis; nobody)를 연신 외친다. 괴물 일족은 이 외침을 공격의 주체는 없다는 의미로 잘못 이해하여 모두 돌아가고, 오디세우스 일행은 다시 한번 위기를 모면한다. 그리고 오디세우스 일행은 다음날 동굴 입구에서 자신들을 잡으려고 기다리는 눈먼 폴라페모스를 그가 기르던 양들을 이용해서 따돌리고 동굴을 빠져나와 무사히 섬에서 탈출하게 된다.

퀴클롭스 섬의 모험은 독자들에게 여러 가지 생각할 거리를 제공하고 있다. 오디세우스가 폴리페모스와 마주했을 때 그의 이름을 묻는 괴물에게 자신은 '아무것도 아닌자'라고 외친 것은 일견 농담으로 보일 수 있고, 혹은 향후 위기를 돌파하기 위한 연막으로 볼 수도 있다. 또한 오디세우스의 표현은 비록 그가 인간들 사이에서는 지혜와 용기를 두루 지닌 영웅으로 칭송되지만, 무지막지한 퀴클롭스와 마주했을 때 이 괴물을 어떤 식으로도 제압할 수 없음을 깨닫고, 자신은 완전히 무력한 존재라고 스스로 고백한 것으로도 볼 수 있다. 그러나 오디세우스는 가장 비참하고 무기력한 상황에서도 포기하지 않고 다시 지혜와 용기를 발휘하여 위기를 극복한다. 오디세우스가 마침내 해안가에 정박해 두었던 배에 승선함으로써 탈출에 성공하자 뒤쫓아오던 폴뤼페모스에게 자신의 이름은 '오디세우스'라고 당당히 외치는 장면은, 그가 '아무것도 아닌자'에서 다시 정체성을 지닌 인간 존재로 되돌아왔음을 선언하는 것으로 볼 수 있다.[20]

4.3 키르케와 하계여행

오디세우스는 귀환 여행 도중 여자의 외양을 한 또 다른 신적 존재인 마녀 키르케가 소유한 섬에 도착한다. 이 섬 안에는 사자나 늑대 같은 짐승들이 여러 마리 있었다. 사실 이 동물들은 본래 사람이었으나 키르케의 유혹에 빠져 마법의 약이 든 음식을 섭취하고 변한 것이었다. 이처럼 키르케는 사람을 동물로 변하게 하여 노예처럼 부리거나 죽이는 사악한 존재인데, 오디세우스는 신들의 도움과 지혜를 바탕으로 위기를 극복한다. 즉 키르케의 거처에 먼저 도착한 부하들이 모두 돼지로 변한 상황에서 주변을 정탐하던 오디세우스는 청년의 모습을 띤 헤르메스가 건네준 약초(몰뤼)를 받아먹고 키르케의 마법에 넘어가지 않은 것이다. 이에 키르케는 능력이 탁월한 오디세우스를 사랑하게 되고 자신과 더불어 영생을 누리자고 제안한다. 오디세우스는 그녀와 더불어 일 년 여간 시간을 보내지만 다시 고향으로 돌아갈 생각을 하게 되고, 분노한 키르케는 그가 먼저 저승에 다녀와야만 신들의 영역을 벗어날 수 있다고 주장한다. 오디세우스가 인간계로 돌아갈 수 있는 길을 아는 유일한 존재는 예언자 테이레시아스인데, 그는 지금 저승에서 혼령으로 떠돌고 있기 때문이다. 이에 오디세우스와 부하들은 세상을 둘러싼 채 돌고 있는 오케아노스의 흐름을 타고서 땅 밑으로 한참을 내려간 후에 저승에 도착한다. 오디세우스는 즉시 테이레시아스를 만나려 하지만, 그가 먼저 조우하게 된 존재는 뜻밖에도 과거의 동료였던 엘페노르와 자신의 어머니 안티클레이아이다. 오디세우스의 어머니는 아들에 대한 그리움 때문에 괴로워하다가 생을 마감하였다며 현재 고향이 얼마나 혼란스러운 상황에 빠져 있는지 알려 준다. 나아가 오디세우스는 토로이 전쟁의 전우들인 아가멤논,

아킬레우스, 아이아스 등을 만나고 그들이 죽음에 이르게 된 경위를 전해 듣는다. 트로이 전쟁 당시 그리스 연합군 총사령관이었던 아가멤논은 오디세우스에게, 전쟁에서 승리하고 귀환하자마자 자신의 아내와 숨겨둔 정부의 계략에 빠져 비참하게 최후를 맞이하였으니 항상 여자를 조심하라고 비통하게 충고한다. 또한 트로이 전쟁 최고의 영웅이었던 아킬레우스는 하계에 머무는 자신의 처지를 비관하며, "이곳에는 아무 의식도 없는 사자들이, 지쳐 버린 인간들의 환영들이 살고 있을 뿐이오"라고 말한다. 또한 그는 "죽음에 대하여 나를 위로하려 들지 마시오, 영광스런 오디세우스여. 나는 이미 죽은 모든 사자(死者)들을 통치하느니 차라리 시골에서 머슴이 되어 농토도 없고 가산도 많지 않은 다른 사람 밑에서 품팔이를 하고 싶소"라고 절규한다.

헤라클레스나 테세우스 같이 그리스 신화에 등장하는 영웅적인 존재들은 대부분 고통과 절망의 나락으로 떨어져 죽기 직전까지 신음하다가, 마지막으로 용기를 내서 자신의 비참한 상황을 극복하고 새롭게 거듭나는 모습을 보인다. 하계여행을 표현하는 그리스어 '카타바시스'(katabasis)는 본래 '밑바닥으로 추락한다'는 의미를 내포하고 있다. 오디세우스가 죽은 자들에게만 허용되는 하데스를 방문하여 무수한 위기를 극복하고 귀환한 사실 역시, 오직 죽음의 문턱(한계상황)까지 도달했다가 살아남은 사람만이 영웅으로 다시 탄생할 수 있음을 암시한다. 영웅은 삶과 죽음의 경계를 직접 경험해 보아야만 이승에서의 삶의 가치를 진실로 깨닫고 자신과 의무에 충실한 삶을 영위할 수 있음을 상징적으로 보여주는 것이다.[21)]

4.4 세이렌

마녀 키르케는 오디세우스가 하계여행을 무사히 마치고 귀환하자, 그에게 본격적인 귀향길에서 극복해야 할 여러 가지 위험에 대해 상세히 알려준다. 첫 번째 위기는 바로 세이렌(Seiren)의 유혹이다. 세이렌은 젊은 여자의 얼굴과 날짐승의 몸을 지닌 반인반수의 괴물로서, 여럿이 모여 있다가 바다를 항해하는 뱃사람들에게 접근하여 아름다운 노랫가락을 들려주고 그들의 혼을 빼앗아 배가 좌초하게 만든 후 잡아먹고 사는 무서운 존재이다. 전하는 바에 따르면 지금까지 세이렌 무리가 모여 사는 섬 주변을 지나치다가 유혹을 극복하고 살아남은 사람은 단 한 명도 없었다. 이 정보를 접한 오디세우스는 키르케의 조언에 따라 부하들이 유혹에 빠지지 않고 섬 주변 항로를 통과할 수 있도록 미리 밀랍으로 그들의 귀를 막아서 오직 항해에 전념하도록 조치한다. 다른 한편 오디세우스는 살아있는 사람 중에서 누구도 세이렌의 노래를 들어보지 못했다는 사실로 인해 특유의 지적 호기심이 발동하게 된다, 그는 세이렌이 부르는 노랫가락을 안전하게 들어보기 위해 항해 전에 부하들에게 자신을 돛대에 꽁꽁 묶어서 괴물의 목소리를 듣더라도 이성을 잃고 바다로 뛰어들지 않도록 미리 대비한다. 만반의 준비를 마친 오디세우스 일행은 세이렌의 섬 주변 항로를 따라 항해를 시작하고, 곧이어 나타난 세이렌은 그에게 지금보다 훨씬 중요한 지식 즉 과거와 미래에 대한 앎을 선사할테니 자신을 따라오라고 유혹한다. 이에 오디세우스는 인간으로서의 한계를 극복하지 못하고 감정이

폭발하여 세이렌을 따라가고자 하였으나, 다행히도 선원들이 그를 미리 묶어 놓았고 발버둥 칠수록 자신을 더 세게 묶으라고 했던 사전 명령을 충실히 이행한 덕분에 무사히 죽음의 유혹에서 벗어난다. 그리고 세이렌의 무리들은 인간 중에서 최초로 자신의 영역에서 벗어난 오디세우스 일행을 바라보면서, 또한 처음으로 유혹에 실패한 자신들을 보면서 수치심과 분노에 휩싸인 채 바다에 투신한다.

오디세우스가 세이렌의 유혹을 극복한 일화는, 한 편으로 인간 존재는 어떤 위험을 무릅쓰더라도 새로운 지식을 획득하려는 욕구로 가득 차 있음을 상기시킨다. 즉 오디세우스는 세이렌 무리의 노랫소리를 들으면 죽을 수 있다는 점을 알면서도, 부하들과 달리 본인의 귀에는 밀랍을 붙이지 않고 끝까지 괴물의 목소리를 들은 것이다. 이 사실은 인간이 동물과 신은 전혀 지니지 않은 특유의 지식욕으로 불타오르는 존재임을 보여준다. 다른 한 편 오디세우스가 앞으로 닥쳐올 위험에 충분히 대비함으로써 안전하게 항해를 이어가는 모습은, 조직의 유지와 보존이 리더에게는 가장 기본적이며 또한 중요한 덕목임을 깨닫도록 만든다.

4.5『오디세이아』와 서사적 자아(narrative self)

서사시『오디세이아』는 독자들에게, 인간이란 존재는 자신과 다른 성향을 지니며 또한 서로 경쟁하거나 대결하거나 반목할 수도 있는 타자들과 조우하고 끝없이 문제를 해결하는 가운데 비로소 자신의 참모습을 발견하고 자아에 대한 나름의 상을 형성해가는 존재임을 일깨워 주고 있다.[22] 다시 말해서 타자와의 대결을 극복하는 과정을 거치며 의식적으로 형성된 자아의 관념을 지닌다는 의미에서, 인간은 서사적 자아로 규정될 수 있는 것이다.

본래 오디세우스는 꾀가 많고 임기응변에 능하지만, 자신의 능력을 과신하며 교만한 모습을 보이는 인물이었다. 그러나 그는 귀향길 10년 동안 수많은 고난과 위기를 극복하는 과정에서 단지 선천적으로 꾀가 많은 악동의 이미지를 탈피하고, 진정으로 지혜와 위엄을 갖춘 리더이자 영웅으로 다시 태어난다. 그리고 그가 지혜로운 인물로 거듭날 수 있었던 가장 큰 이유는, 다양한 경험을 통해 인간의 마음을 깊이 헤아릴 수 있게 되었기 때문이다. 이 점은 작가 호메로스가 『오디세이아』의 도입부에서 명확히 밝히고 있는 바이기도 하다. "들려주소서, 무사(Mousa)여신이여, 트로이아(Troia)의 신성한 도시를 파괴한 뒤 많이도 떠돌아다녔던 임기응변에 능한 그 사람의 이야기를. 그는 수많은 사람들의 도시를 보았고 그들의 마음가짐(nous)을 알았으며 바다에서는 자신의 목숨과 전우들의 귀향(noston)을 구하려다 마음(thymon) 속으로 많은 고통을 당했습니다. (…)"[23]

5. 나오는 말

본래 신화 속의 영웅들은 반신반인으로서, 육체적으로나 정신적으로 보통의 인간들보다는 훨씬 탁월한 능력을 지니고 태어난 존재이다. 그러나 헤라클레스와 오디세우스의 행적이 보여주듯이, 영웅은 단지 타고난 능력만으로 정해지는 것이 결코 아니다. 오히려 영웅이란 타고난 능력으로도 견디기 어려운 시련과 고난을 극복함으로써 새롭게 거듭난 존재에게만 붙여질 수 있는 '명예'(timê)의 칭호인 것이다. 고대 그리스인들이 비현실적 존재인 영웅들을 추앙하고 모델로 삼으려 한 이유가 바로 여기에 있다.[24]

어떤 의미에서 보면 고대 그리스 사회는 영웅들이 이끌었던 세계라고 말할 수 있다. 신화나 문학작품에 등장하는 다양한 영웅들은 단순한 흥밋거리나 호기심의 대상으로 머문 것이 아니다. 그들은 당시 사람들의 화두인 '세상에서 어떤 인간으로 성장해야 하는가'와 관련해서 중요한 역할모델이 되었으며, 또한 타인들과 공존해야 하는 사회 속에서 인생을 어떻게 살아갈 것인가에 관한 교훈을 제공하였기 때문이다.

이처럼 고대 그리스인들은 신화나 문학작품에 등장하는 영웅을 본받아서, 자신의 정신적 · 육체적 특성을 잘 파악하고 그것을 탁월하게 발휘함으로써 세상에서 명예를 획득하고 칭송을 받음은 물론이거니와, 오랫동안 갈고 닦은 역량을 바탕으로 공동체 안에서 중요한 역할을 행함으로써 사회의 발전에 기여하는 삶을 가장 바람직한 것으로 간주하였다.[25]

영웅들의 모험과 '고난들'(athloi)이 고대 그리스인들에게 사회적 훈련의 원리로 작동하였다는 점은 다음과 같은 역사적 사실을 통해서도 분명히 확인할 수 있다. 당시 사람들은 평소 영웅을 본으로 삼아 각자의 능력을 연마하다가 이것을 공개적으로 시험하고 선보이는 계기를 만들었는데, 그것은 다름 아니라 축제를 통해서이다.

고대 그리스에서 축제의 가장 큰 목적은 신을 즐겁게 하는 것이다. 그리스인들에 따르면 신을 즐겁게 하는 가장 훌륭한 방법은 인간들이 신 앞에서 상호 경쟁의 형식으로 자신의 육체적 · 정신적 능력을 탁월하게 발휘함으로써 신에게 경의를 표하는 것이기 때문이다. 고대 그리스의 다양한 축제 중에서 가장 대표적이며 오늘날까지 이어지고 있는 전통으로는 올림픽과 비극경연대회를 들 수 있다. 물론 전자에서는 육체적인 기량을 후자에서는 정신적인 탁월함을 서로 시험하고 뽐냄으로써, 인간들이 올림포스산의 신들을 경배하고 나아가 더욱 발전된 미래를 준비하는 기회로 삼은 것이다.

플라톤의 철인왕과 평화의 리더십

1. 들어가는 말

기원전 5세기경 그리스 아테네에서 활동했던 철학자 플라톤(Platon, BC 428/7-348/7)의 『국가』(Politeia)는 서구지성사에서도 손꼽히는 고전 중의 고전에 속하며, 이 작품의 가치는 21세기에 들어선 오늘날에도 지속적으로 확인되고 있다. 이 작품의 표면상의 주제는 '정의(dikaiosynê)란 무엇이며, 정의로운 생각을 하고 이를 실천하는 사람에게는 행복(eudaimonia)한 삶이 보장되는가?'이지만, 구체적인 논의 전개과정에서는 인간이 추구해야 할 훌륭하고 가치 있는 삶에 관한 고찰이 다양한 분과 학문적 토론을 바탕으로 폭넓게 전개된다. 플라톤은 이 작품에서 당시 알려져 있던 다양한 분야의 문제들을 자연스럽게 서로 연관시켜 논의해가면서, 훌륭한 삶의 방식에 관한 전체적인 조망을 제시하고 있는 것이다.

이처럼 플라톤의 대표작으로 손꼽히는 『국가』에 등장하는 다양한 논의들은 사실상 이른바 '철인왕' 담론으로 향하고 있다고 말할 수 있다.[1)] 이 작품의 저술동기이자 궁극적 지향점인, 인간 사회를 정의가 강물처럼 흐르는 "이상적인 나라"(kallipolis)로 만드는 것은 바로 철인왕의 과업이자 존재이유이기 때문이다. 이 글의 주제는 플라톤이 구상한 철인왕은 누구이며, 그에게는 국가운영상 어떤 역할이 주어졌는지 고찰하는 것이다.

그런데 이미 수십 세기 전에 제시된 철인왕 담론을 이른바 4차 산업혁명 시대에 다시 꺼내들고 살펴보아야 하는 이유는 무엇인가? 그것은 이 고전적 논의 속에는, 제20대 대통령선거를 눈앞에

둔 2022년 현재 한국사회에서 무엇보다 절실히 요청되고 있지만 동시에 가장 희귀한 가치개념인 '리더십'의 의미와 역할이 우리 21세기인의 시각에서도 꽤 흥미로운 방식으로 그리고 나름 설득력 있게 묘사되고 있기 때문이다.

지난 20세기를 대표하는 리더십 연구자 중 한 사람인 맥스웰(John C. Maxwell)은 "리더란 길을 알고 길을 걸으며 길을 보여주는 사람"[2]이라고 규정한 바 있다. 진정한 리더는 단지 자신이 이끄는 조직의 관리 기술뿐만 아니라 공동체 전체의 긍정적인 변화와 발전을 견인할 수 있는 태도와 능력을 갖추고 있어야 한다는 것이다. 이러한 의미에서 '리더에게 요구되는 정신'(leaderspirit)이란 공동체 구성원들이 지금 여기서 가장 필요로 하는 바, 즉 '시대정신'(Zeitgeist)을 정확히 파악하고 이를 새로운 '공유비전'(shared vision)으로 개념화한 후 다시 현실에서 구성원과 협력하여 성취할 수 있는 자세와 역량으로 규정할 수 있을 것이다. 플라톤의 철인왕 담론은 자신이 책임진 공동체가 지향해야 할 비전을 찾아내서 공유하며 함께 도달하기 위해 솔선수범하는 리더의 모습을 진지하면서도 다수가 공감할 수 있는 방식으로 그려내고 있다. 따라서 이천오백여년 전 플라톤이 지중해 일대를 방랑하며 고뇌했던 리더의 자격과 실천궁행은 21세기 한국사회에 필요한 지도자상 정립에도 적지 않은 시사점을 제공할 것이다.

이 글에서는 먼저 철인왕으로 지칭된 국가의 리더는 누구이며 어떤 자격을 갖추어야 하는지, 그리고 어떻게 생각하며 판단하고 행동할 때 올바른 리더십을 발휘할 수 있는지, 『국가』의 서술내용을 중심으로 몇 가지 측면에서 살펴볼 것이다. 나아가 플라톤은 철인왕이 이상적인 나라를 구상하는 과정에서 실제로 어떻게 국정의 밑그림을 그려야 하며, 또한 현실적인 문제들에 대응하는 판단원칙은 무엇이라고 생각하였는지, 『국가』편의 다양한 논의 맥락 속에서 단편적으로 제시된 그의 정책적 단상들을 재구성하는 방식으로 음미할 것이다.[3)]

2. 철인왕의 자격과 역할

2.1 철인왕은 어떤 존재인가?

플라톤은 『국가』 5권(473e-480a)에서 철인왕의 특성과 역할을 비교적 상세하게 서술하고 있다. 먼저 그는 철학자가 통치를 맡아야 하는 당위성을 다음과 같이 강력하게 주장하였다. "철학자(ho philosophos)들이 나라들에 있어서 군왕들로서 다스리거나, 아니면 현재 이른바 군왕(basileus) 또는 '최고권력자(dynastēs)들로 불리는 이들이 '진실로 그리고 충분히 철학을 하게(지혜를 사랑하게)' 되지 않는 한, 그리하여 이게 즉 '정치권력'과 철학(philosophia)이 한데 합쳐지는 한편으로, 다양한 성향들이 지금처럼 그 둘 중의 어느 한쪽으로 따로따로 향해가는 상태가 강제적으로나마 저지되지 않는 한, 여보게나 글라우콘, 나라들에 있어서, 아니 내 생각으로는 인류에게 있어서도 '나쁜 것들의 종식'(kakōn paula)은 없다네."[4)]

플라톤은 이상국가의 건설을 위해 철학자가 통치에 참여하는 것은 필수불가결함을 주장한 후에[5], 통치활동을 하는 철학자가 갖추어야 할 인식론적 · 윤리적 · 실천적 차원의 자격조건을 『국가』의 여러 논의맥락 속에서 비교적 상세하게 서술하였는데 이를 요약적으로 소개하면 대략 다음과 같다. 첫 번째, 철학자는 "지혜(sophia)"[6]를 추구하고 "진리(alētheia)"를 관조하기 좋아하며 이를 위해서는 어떤 유형의 학습과 배움도 흔쾌히 받아들이는 성향을 지니고 있어야 한다.[7] 이러한 철학자의 성향은 단순히 현상적인 것을 좇는 범인이나 쾌락만을 추구하는 세간의 구경꾼들과는 분명히 차별화된 것으로서, 철학자의 인식관심은 일차적으로 현상과 그것의 근거로서 배후에 존재하는 형상의 범주적 차이에 대한 명확한 구분을 전제로 한다.[8] 또한 철학자는 『국가』 4권(472d-434c)에서 소개된 4주덕(四主德)을 비롯해서 다양한 덕목들을 갖추고 있을 뿐만 아니라 이를 현실 속에서 제대로 활용할 수 있는 실천능력을 겸비하고 있어야 한다. 즉 철학자는 기본적으로 통치자의 덕목인 지혜를 사랑할 뿐만 아니라 정의감을 지니고 있어야하며, 현실 속에서는 (수호자의 덕목으로 규정된) "용기(andreia)"있는 모습을 보여줄 수 있어야 한다.[9] 나아가 철학자는 자신의 덕성과 능력을 바탕으로 수호자나 생산자 같은 이상 국가 내부의 다른 시민 계층이 각자의 덕성과 기능을 최대한 발휘하도록 이끄는 헌신과 자질, 즉 나라 전체의 잠재력을 최고치로 끌어올리고 이를 긍정적으로 활용할 수 있는 면모를 지녀야 한다.[10]

두 번째, 철학자는 내면의 불필요한 욕망을 억제할 수 있는 최고 수준의 절제력을 갖추고 있어야 한다. 물론 이상 국가의 다른 계층들에게도 욕망의 절제는 매우 중요하다. 따라서 플라톤은 "절제(sōphrosynē)"를 사주덕 안에 포함시켰을 뿐만 아니라, 지혜나 용기 같은 나머지 덕목들이 통치자와 수호자가 지녀야 할 특성으로 묘사되는데 반해 절제만은 이상 국가 구성원 전체의 덕목임을 강조하기도 하였다.[11] 그렇지만 통치자가 구현해야하는 절제는 여타의 시민계층에게 요구되는 바, 자신의 현실적인 능력을 인정하며 신분에 따른 역할에 충실하고 이를 즐길 수 있는 안분지족의 수준[12]을 훨씬 넘어선다. 즉 철학자가 통치에 참여할 자격을 갖추기 위해서는 무엇보다 긴 세월 동안 육체와 정신의 수련을 쌓아야 한다. 주지하듯이 철인왕 수련과정은 최고의 자질을 갖춘 것으로 인정받고 선별된 소수의 어린 후보자들을 대상으로 수 십 년의 세월 동안 진행되며 50세가 될 무렵에야 종결된다. 뿐만 아니라 오랜 기간의 교육과 검증과정을 거쳐 국가를 수호하는 철인왕의 자격을 갖춘 것으로 공인된 사람에게는 가족구성과 재산소유가 금지되며, 공동식사를 포함한 일종의 합숙생활만이 허용되는 등 보통의 사람들이 누릴 수 있는 개인적인 즐거움을 대부분 포기해야 한다.[13] 이처럼 플라톤에 따르면 국사를 담당하는 계층은 개인적인 욕망을 억누름으로써 내면의 도덕성을 실제로 증명해야 하는데, 특히 일반적으로 사람들이 가장 애착을 갖게 마련인 가족구성과 재산형성에서 초연한 자세로 모범을 보일 수 있어야 한다. 그렇다면 통치계층이 개인의 삶에서 극단적인 방식으로 욕망을 억제하도록 강요받는 이유는 무엇일까? 아마도 플라톤은 통치계층이 일상에서 개인적인 욕구를 끊임없이 억제하고 포기하기를 반복함으로써, 가족이나 사유재산의 소유보다 훨씬 더 큰 욕망의 대상이라 할 수 있는 자신들의 정치적인 힘을 사유화하거나 함부로 남용하는 행태를 미연에 방지하고자 했던 것으로 보인다. 따라서 통치계층의 개인적인 욕망의 억제는 그들에게 좀 더 본질적인 차원의 절제가 가능하도록 자연스럽게 유도하는 일상의 훈련으로 평가할 수 있을 것이다.

세 번째, 통치에 참여하는 철학자는 국정의 책임자로서 현실의 다양한 문제를 해결하는 과정에서 고도의 전문성을 보여주어야 하는 동시에[14], 시민들의 지도자로서 사익보다는 공익을 앞세우고 정의로운 사회를 지향함으로써 구성원 누구에게나 인정받는 최상의 리더십을 발휘할 수 있어야 한다. 우리는 철인통치자가 폴리스 안에서 어떤 위치를 차지하며 그의 역할은 무엇인가를, 플라톤의 민주주의 비판 논쟁[15]과 관련해서 자주 언급되는 이른바 '배의 비유'를 통해 유추해 볼 수 있다. 『국가』 6권 초반부(488a ff.)에 등장하는 이 비유에 따르면, 배는 국가(polis)를, 배의 주인인 선주는 민중(dēmos)을, 조타술(kybernēsis)은 나라의 경영을, 참된 키잡이(선장) 내지 조타술에 능한 사람은 철학적 소양이 있는 통치자를, 그리고 항해기술도 없으면서 선주를 미혹에 빠트리거나 특정한 선택을 강요함으로써 자신의 이익을 취하는 선원들은 당대의 현실정치인들과 민중선동가들(dēmagōgoi)을 암시한다. 이 비유의 진의가 무엇인지에 대한 고찰은 차후로 미루고, 여기서는 플라톤의 관점에서 철학자가 키잡이 즉 통치자의 역할을 제대로 수행하기 위해서는 무엇이 필요하다고 보았는지 간략히 검토해 보자. "키잡이가 참으로

배를 지휘하기에 적절한 사람이 되려면, 한 해(年)와 계절들, 하늘과 별들, 바람들, 그리고 그 기술에 합당한 온갖 것에 대해 마음을 쓰는 게 그에게 있어 필연적인 것이네. 그래서, 남들이 원하건 원하지 않건 간에, 키를 어떻게 조종할 것인가에 대한 기술적 지식과 조타술을 습득해야 하네 (...)"[16] 이 인용구절에서 일차적으로 확인할 수 있는 것은 키잡이가 제대로 항해하기 위해서는 노를 빨리 젓거나 배의 방향을 바꾸는 단순한 기술을 넘어서, 항해 전반에 필요한 폭넓은 이해와 기술 그리고 경험을 두루 갖추어야 한다는 점이다. 또한 플라톤이 보기에 적어도 이러한 기술과 능력을 제대로 갖춘 키잡이라면, 그는 자신의 기술을 개인적인 이익을 위해서가 아니라 오직 기술의 대상인 배 자체와 배 안의 동료들을 위해 사용하려는 마음가짐을 지니고 있을 것이다. "그런 키잡이 및 통솔자는 키잡이에게 편익이 되는 걸 미리 생각하고 지시하는 것이 아니라, 선원이며 통솔을 받는 자에게 편익이 되는 걸 생각하고 지시하기"[17] 마련이라는 것이다. 마찬가지로 "그 밖의 어떤 다스림을 맡은 사람이든, 그가 다스리는 자인 한은, 자신에게 편익이 되는 것을 생각하거나 지시하지 않고, 다스림을 받는 쪽 그리고 자신이 일해주게 되는 쪽에 편익이 되는 것을 생각하고 지시하는데"[18], 근본적으로 "모든 다스림은, 그것이 다스림인 한은, (...) 다름 아닌 다스림을 받는 쪽 그리고 돌봄을 받는 쪽을 위한 최선의 것을 생각"[19] 하는 것이 지극히 정상적인 태도이기 때문이다.

우리는 지금까지 간략하게 살펴본 철인왕의 다양한 모습을 통해, 그가 내적으로는 지성과 절제의 능력을 바탕으로 자신의 욕망을 거의 완벽하게 컨트롤함으로써 "자기 자신을 이기는 사람"(430e) 임을 알 수 있었다. 또한 외적으로 철인왕은 국가운영에 필요한 전문적인 기술을 갖추었을 뿐만 아니라, 정의감과 용기를 바탕으로 자신의 능력을 사익보다는 공익을 위해 사용함으로써 나라를 올바른 방향으로 이끌고, 나아가 구성원 각자가 자신의 고유한 능력을 깨닫고 이를 제대로 발휘하도록 유도함으로써 국가조직의 잠재력을 최고치로 끌어올리는 지도력을 갖춘 사람이라고 규정할 수 있을 것이다.[20)]

2.2 철학자는 왜 현실에 참여해야 하는가?

잘 알려져 있듯이 철학자의 궁극적 인식대상인 좋음의 이데아는 이른바 세 가지 비유를 통해 소개되고 있는데, 이 중에서 마지막에 해당되는 동굴의 비유에서는 인간이 자신의 현실적인 상황과 조건에서 벗어나 진리를 추구하는 모습이 생생하게 묘사되며, 특히 이 과정에서 철학자가 인간의 계몽과 정신의 자유를 위해 어떤 노력과 희생을 감수해야 하는지가 서술되고 있다.

족쇄로부터 풀려나서 동굴 밖으로의 상승을 경험하고 마지막 단계에서 태양을 바라보게 되는 일련의 과정은, 인식론적인 관점에서 볼 때 선분의 비유에서 소개된 네 가지 인식단계와 연결되며, 구체적으로 다음과 같이 형상화되고 있다. 우선 동굴 안의 어두운 세계는 아직 이데아가 출현하지 않았으며, 단지 지각에 기초한 의견에 의해서만 판단과 행위가 이루어지는, 선분의 비유에서 말하는 생성의 영역이다. 나아가서 동굴 안에서 사슬에 결박당한 사람들의 인식수준은 선분의 비유에서 영혼의 최하위 단계에 있는, 사물들의 영상들만을 볼 수 있는 추측과 상상의 단계에 머물러 있다. 즉 이들은 진실을 볼 수 있는 기회로부터 완전히 차단당한 채 살고 있는 것이다. 마찬가지로 이들의 인식활동을 억압하고 가상의 그림자를 마치 실재인 듯 가장해서 보여주는 사람들 역시, 자신들의 착각과는 달리 단 한 번도 동굴 밖의 실재세계를 접한 적이 없는, 즉 이데아의 세계에 도달하지 못하고 단지 어둠 속의 사물들을 세상의 모든 것으로 믿는 확신의 단계에 머물러 있다. 이에 반해서 사슬에서 풀려나온 후 한동안 정신적인 혼란을 겪다가 우여곡절 끝에 동굴을 탈출한 극소수의 사람들은, 선분의 비유에서 말하는 선분 위쪽, 즉 사유를 통해서 파악되는 영역에 도달한 것으로 볼 수 있다. 그런데 족쇄에서 풀려난 사람이 처음에는 등 뒤의 불 조차 눈이 부셔 제대로 응시하지 못하지만 시간을 두고 천천히 시력을 회복함으로써 동굴 안의 모든 존재자들을 완전히 파악하게 되듯이, 동굴 밖에 도달한 사람도 최초에는 난생 처음 대하는 실재세계에 민감하게 반응하며, 기껏해야 물에 비친 그림자를 통해서만 사물들을 지각하거나 구별하지만, 이후 태양 아래에서 실재하는 사물들은 물론 궁극에는 태양마저도 자신의 눈을 통해 볼 수 있게 된다. 이처럼 동굴 밖 실재세계에서 이루어지는 시력의 단계적인 향상은, 선분의 윗자리를 차지하는 사유에 의해서 파악되는 영역이 두 부분으로 나뉜다는 점을 통해서 설명될 수 있을 것이다. 결국 우리는 동굴 밖으로의 상승과 태양을 시각대상으로 받아들이는 과정을, 인식의 근원이자 동시에 사유 활동의 궁극적인 목표인 좋음의 이데아에 도달하는 과정으로 이해할 수 있다.

동굴 밖에서 실재세계를 경험하고 세상에 대한 본질적인 인식에 도달한 사람은 다시 동굴 안으로의 귀환을 생각해야 한다. 물론 그는 개인적으로 동굴 밖의 광명천지에서 남은 생을 사색과 더불어 평화롭게 보내고 싶어 하지만, 동굴 밖에서 자기 혼자 편안히 머무는 것은 어둠의 세계에서 착각에 빠져 인생을 낭비하고 있는 수많은 옛 동료들을 기억하지 않는 이기적인 처사라 할 것이다. 그는 아직도 동굴 속에서 진실에 눈뜨지 못한 인간들에게 동굴 밖의 현실을 알리고 그곳에 이르는 바른 길을 제시할 수 있어야 한다. 마찬가지로 철학자는 한편으로 자신이 각고의 노력 끝에 도달한 지성의 세계에 머물며 학문적인 관조의 삶을 즐기기를 원하지만, 세상으로부터의 도피는 진리탐구의 본래목표에 부합하지 않을 뿐만 아니라 현실적으로도 실현되기 어렵다. 따라서 플라톤에 따르면 동굴 밖으로의 여행에 비유되는 장기간에 걸친 교육과 도야의 과정을 성공적으로 마친 극소수의 철인왕 후보자들은 직접 현실정치에 참여해서 세상을 바로잡을 것이 요구된다. 그렇지만 철학자가 국사에 참여해서 자신의 능력을 펼치고 나라를 올바른 방향으로 이끌기 위해 애쓰는 모습이 단순히 타인들에 대한 일말의 동정심이나 외부의 강제 내지 국가의 명령에 대한 복종심에 기인한다고 볼 수만은 없을 것이다. 동굴 속으로 하강한 사람은 다시 오랜 시간을 두고 시행착오를 겪으면서 자신의 인식내용이 참된 것임을 현실 속에서 확인할 수 있어야 하는데, 이것은 내적인 동기부여에 따른 자발적인 현실참여 그리고 행위 주체의 지칠 줄 모르는 뜨거운 열정이 뒷받침되지 않고는 지속될 수 없는 일이기 때문이다.

그런데 우리가 철학자의 통치행위 참여의 당위성과 현실적 가치를 강변하더라도, 만약 최고 수준의 철인왕 양성 교육프로그램을 성공적으로 마친 누군가가 통치에 참여하기 직전에 생각을 바꾸어 관조적이며 개인적인 삶에 머물기를 강력히 원한다면 이때는 어떻게 해야 하는가? 그를 스스로 원하지 않는 통치행위에로 강제하는 것은, 아무리 국가가 충분한 교육과 양육을 제공하였더라도 한 개인의 행복추구권을 빼앗는 것에 다름 아니지 않은가? 플라톤은 이처럼 돌발적인 상황을 염두에 두고 나름의 답변을 준비한 것으로 보인다. 즉 철인통치자의 자격을 갖춘 사람이 행복하게 살 수 있는 유일한 공간은 아마도 그가 만들 수 있는 "이상적인 나라(kallipolis)"이거나 혹은 적어도 이에 근접한 나라일 것이며, 그밖에는 다른 어느 곳에서도 만족한 삶을 누리기는 힘들 것이다. 그런데 만약에 통치자격을 갖춘 사람들 대다수가 국사에 참여하기를 거부함으로써 자신의 나라가 "민중선동가"와 같은 무자격자들에 의해 휘둘리고 타락할 경우에 그들은 어떤 삶을 살아가게 될까? 플라톤에 따르면 아마도 그들은 성향 상 타락한 세상에서 함께 어울리지 못하고 혼자서만 독야청청하는 삶을 고집할 수밖에 없을 것이다. "그는 다른 사람들의 마음이 무법(anomia)으로 꽉 차 있는 것을 보면서, 어떻게든 자신이 올바르지 못함과 신성하지 못한 짓들에서 벗어나 깨끗한 상태로 이승의 삶을 살게 된다면 만족할 것이"[21]다. 그러나 플라톤이 보기에 이러한 은둔과 현실회피의 생활은 비록 최악은 아니더라도, 자신의 뜻과 능력을 현실에서 펼칠 수도 없고 세상 사람들에 적극적으로 도움을 줄 수도 없기에 결코 최선의 삶이 될 수 없음도 명백하다.[22] 나아가 플라톤은 만약 통치의 자격을 갖춘 철학자가 나랏일에 참여하기를 거부할 경우, 그는 위에서 묘사한 것보다 훨씬 더 부정적인 상황에 처할 수밖에 없을 것임을 경고하는데, 그것은 바로 모든 면에서 자신보다 훨씬 뒤떨어지는 자들이 통치하는 나라에 거주하면서 그들의 부당한 명령에 복종해야하고 세상이 점점 더 타락하는 모습을 힘없이 지켜보아야 한다는 사실이다.[23] 결국 철학자도 신이 아닌 인간이며 또한 타인과 함께 살아야 하는 사회적 존재이기에, 그의 행복은 단순히 사색과 고독 속에서 안빈낙도의 상태에 도달함으로써 달성될 수 있는 것이 결코 아니다. 오히려 이 대목에서 플라톤은, 철학자의 자기만족과 지속적인 자아성장은 자신이 속한 사회와 국가의 발전을 전제해야 한다는 점을 명확히 표명하고 있는 것이다. 이것이 바로 철학자가 이상 국가의 건설과 통치에 참여해야 하는 현실적인 이유에 해당될 것이다.[24]

결국 좋음의 이데아에 대한 궁극적인 인식에 도달한 철인왕은, 이 세상에 부여된 자신의 일이 무엇인지 스스로 깨닫고 실천할 수 있는 사람이며, 그의 역할은 바로 폴리스에 살고 있는 사람들이 자신의 소질과 적성을 찾아서 자발적으로 일에 몰두할 수 있도록 도와주는 것이다. 따라서 최고의 인식에 도달했을 뿐만 아니라 동시에 최고의 현실감각을 갖춘 철인왕이 단지 이론중심의 학술활동에 머무르거나 만족하지 않고, 적극적인 통치행위와 계도를 통해서 폴리스 시민들의 다양한 과제를 조망하고, 나아가서 각자가 자신의 자리를 정하도록 돕는 것은 어찌 보면 당연한 일이라 할 것이다. 이처럼 철인왕의 현실참여는 외적인 강제나 일시적인 감정에서 발현된 동정심에 기인하는 것이 아니라, 긴 시간을 통해 진행되는 통치자 양성과정과 이에 수반되는 다양한 경험을 거치면서 스스로 선택하게 되는 것이다.

3. 철인왕과 국가정책

아마도 플라톤의 전 작품을 관통하는 화두는 '어떻게 사는 것이 잘 사는 것인가?'라고 말할 수 있을 것이다. 이것은 키케로가 『투스쿨룸 대화』에서 묘사했듯이 "철학을 구름 위에서 땅으로 끌어내린" 스승 소크라테스의 윤리사상과 학문정신을 이어받은 것이다. 그렇지만 이상적인 나라의 근본틀을 구상하는 정치철학 저술인 『국가』편에서는, 인간은 덕을 배우고 익히며 그에 따라 행동하고 살아야 한다는 당위적인 입장을 넘어서, 이러한 삶이 현실화되기 위한 정치적 · 제도적 토대를 마련하는데 집중하고 있다. 다시 말해서 개인의 윤리적인 삶이 실현되기 위해서는 철인왕 같은 통치자가 현실 속에서 명확한 국가운영원칙을 세우고 다양한 국가정책을 수립하여 추진함으로써, 본분에 충실하고 올바르게 행동하는 사람이 잘 살 수 있도록 사회제도적 기반을 마련해 놓아야 한다는 것이다. 사실 『국가』에서 철인왕이 되기 위한 자격이나 조건 혹은 교육과정은 상세하게 묘사되었으나, 정작 철인왕이 실제로 국가를 통치하는 모습은 구체적으로 묘사되지 않았다. 그럼에도 불구하고 이 작품을 면밀히 분석해 보면, 플라톤이 "이상적인 나라"에서 실현되기를 소망한 것으로 유추할만한 국정의 원칙이나 정책적 사유의 단초들이 여러 지점에서 등장한다.

3.1 경제정의 실현과 정경분리 원칙

플라톤에 따르면 국가를 운영하고 수호하는 통치자 그룹과 일반 시민들 사이에는 근본적인 차이가 있다. 그것은 "오직 이들 수호자들만이 나라를 잘 경영하고 행복하게 하는 계기를 쥐고 있다는 사실"이다.(421a) 따라서 통치자 집단을 선발해서 교육시키고 임명할 경우 가장 역점을 두어야 할 사항은, 과연 이들이 나라 전체를 행복하게 만들려는 의지와 역량을 충분히 갖추고 있는지 여부이다. 주목할 점은 저자가 이 문맥에서 한 나라의 행복과 안정의 현실적인 토대로 일종의 경제정의를 내세우고 있다는 사실이다. 즉 플라톤은 국가의 타락과 분열의 일차적인 원인을 시민들 사이에 존재하는 지나친 부와 빈곤 현상에서 찾았다. 개인의 과도한 부는 "사치와 게으름 및 변혁을 초래"하는 반면에, 지나친 빈곤은 "변혁에 더하여 노예근성과 기량의 떨어뜨림을 초래"(422a)한다는 것이다. 극단적인 부와 빈곤이 공존하는 나라는 더 이상 "한 나라(mia polis)"가 아니라, 국가 구성원 상호간의 불신과 경제적 이익추구를 위한 부정부패가 만연하고 따라서 언제라도 붕괴될 수밖에 없는 "수많은 나라"에 다름 아니다. 이에 통치자들은 "나라가 충분하고 하나인 것이도록 모든 방법을 다해서 수호해야"(423c)하는데, 그 방법은 현실에서 빈부의 격차를 가능한 한 작게 만드는 것이되, 특히 통치자 그룹이 부당한 방법으로 부를 축적함으로써 일반 시민들이 빈곤 속에서 불신과 박탈감을 느끼는 상황을 방지하는 것이다.

이와 관련해서 플라톤은 오랜 기간의 교육과 검증과정을 거쳐 국가를 통치할 자격을 갖춘 것으로 공인된 엘리트 그룹에게는 가족구성과 재산소유가 금지되며, 공동식사를 비롯한 일종의 합숙생활만이 용인되는 등 보통 사람이 누릴 수 있는 사적인 즐거움을 대부분 포기해야 한다고 주장하였다. 통치자들은 개인적인 욕망을 억누름으로써 내면의 도덕성을 현실에서 증명해야 하는데, 특히 일반적으로 사람들이 큰 애착을 갖게 마련인 가족구성과 재산형성에서 초연한 자세를 보여야 한다는 것이다. 그런데 통치자 그룹이 삶 속에서 극단적으로 욕망을 억제하도록 강요받은 보다 근본적인 이유는 따로 있다. 앞에서 언급한 바와 같이, 플라톤은 통치계층이 일상 속에서 사적인 욕구를 억제하고 극복하기를 반복함으로써, 가족이나 사유재산의 소유보다 훨씬 더 큰 욕망의 대상인 자신들의 정치권력을 사유화하거나 남용하는 행태를 미연에 방지하고자 했던 것이다. 통치자들에게 강요된 욕망의 억제는, 그들의 영혼 속에서 좀 더 본질적인 차원의 절제력이 생성되도록 유도하는 훈련의 일환이었던 것이다. 국정운영그룹이 솔선수범함으로써 경제정의 실현의 가능성을 극대화하고 나라를 단결시켜야 한다는 플라톤의 고언은, 고위공직자 임명과정에서 불투명한 재산 형성이 가장 큰 시빗거리가 되어 국민의 공분을 사기 일쑤인 21세기 한국 사회에서 지도층이 반드시 경청해야 할 대목이다.

3.2 능력존중 사회구현

플라톤은 이른바 '영혼 삼분설'(434d-445b)을 근거로 인간을 태생적으로 세 가지 계층으로 구분하였으며, 나아가 이 세 계층은 각각에 적합한 업무에 종사해야 하며 이것을 부정하지 않고 존중하는 마음자세("절제")가 바로 이상국가의 토대이자 출발점임을 강조하였다. 이처럼 플라톤이 영혼의 성향에 따라 신분상의 차별이 존재하는 불평등 사회를 지향했음은 부정할 수 없는 사실이다. 그럼에도 플라톤이 제시한 국정운영 방안 중에서 특히 주목할 만한 내용은, 그가 사람들이 출신성분과 성별에 따라 차별받았던 당시의 관습을 일정부분 극복하고, 개인 각자의 능력과 노력 여하에 따라 사회적 지위와 역할을 새롭게 부여받을 수 있어야 한다고 주장한 사실이다.

이상국가 프로젝트에 따르면 원칙적으로는 직업에 따른 계층의 구분이 불가피하지만, 내면적으로는 개인의 능력여하에 따라 신분질서의 변동이 어느 정도 허용될 수 있다. 플라톤의 묘사에 따르면, 이상국가의 모든 시민은 완전히 양육된 채로 같은 어머니인 대지에서 태어났다. 이상국가를 구성하는 세 부류의 사람들(통치자, 수호자, 생산자)은 각각 다음과 같은 특징을 지니는 바, 신은 통치자의 부류는 황금, 보조자는 은, 농부나 장인은 쇠와 청동을 섞어 만들었다. 그렇지만 출신성분이 좋더라도 자질이 부족할 경우에는 예정된 직업과 다른 일에 종사하도록 강제적인 조치가 취해져야 한다. 다시 말해서 직업의 단순한 세습은 명확히 부정되는데, 이 원칙을 무시할 경우에는 아무리 이상국가라도 쇠퇴와 몰락을 피할 수 없기 때문이다.(cf. 415a-c) 나아가 플라톤은 자신이 구상한 철인 통치자 교육의 요체에 관한 대화 상대자들의 비판과 회의를 반박하는 한 대목에서(세 가지 파도의 첫 번째 논의), 여자도 통치에 필요한 수련과 교육과정을 거쳐 능력을 갖추면 남자와 마찬가지로 통치그룹에 합류할 수 있으며, 이 원칙은 여타의 모든 직업에 동일하게 적용되어야 함을 강고하였다.(cf. 454de, 540c) 이러한 남녀 간의 역할 평등 주장이 파격적인 이유는, 민주주의 제도를 기반으로 하여 남녀평등을 포함한 인간존엄성 관념이 실질적으로 정착된 현대사회와는 달리, 당시 대부분의 그리스 도시국가(polis)는 물론이거니와 정치적으로 직접민주주의가 어느 정도 정착된 아테네에서도 여성의 지위는 상상 이하로 낮았기 때문이다.

주지하듯이 플라톤은 육체를 영혼이 이 세상에서 잠시 거주하다가 떠나는 임시 거처로 간주하였다. 따라서 그가 보기에 인간 사이의 우위를 측정하는 척도로는 오직 학습이나 암기와 연관된 지적인 능력과 욕망을 조절할 수 있는 자제력이 있을 뿐이다. 머리숱의 많고 적음에 관계없이 장발인 사람이나 대머리인 사람 모두 기술만 있으면 똑같이 제화공 노릇을 할 수 있으며, 마찬가지로 의술을 익혔다면 남자건 여자건 모두 의사 노릇을 할 수 있다는 것이다.(cf. 454c-455e) 결국 한 인간의 역할을 정하는데 있어 결정적으로 중요한 것은 성별과 관계없이 그 일을 수행하는데 적합한지 여부이며, 이것은 다시 적절하게 지적인 능력을 발휘하면서 내면의 욕구나 육체적인 욕망을 통제할 수 있는지와 연결된다.

인간의 역할평등에 관한 플라톤의 사유는 21세기 한국사회에도 시사하는 바가 적지 않다. 지난 세대 이후 점점 더 외국 출신 직업인과 다문화 가정이 증가하는 현실 속에서, 이제는 우리도 좀 더 개방된 자세로 문화적 차원의 국가공동체 형성에 노력해야 할 것이며, 나아가 일체의 생물학적 편견 없이 개인의 노력과 능력이 존중되는 사회분위기 조성에 힘써야하기 때문이다.

3.3 전쟁수행과 국가수호

플라톤의 정치사상은 전쟁을 논하지 않고는 심층적으로 이해하기 어렵다. 그가 활동했던 기원전 5세기경은 전투가 삶 속에서 일상화되었던 전쟁의 시대였으며, 평화의 시기는 곧 다가올 다음 전쟁을 위한 휴지기에 불과했기 때문이다. 따라서 당대의 철학자나 사상가들은 전쟁이라는 극단적인 현상에 대해 늘 관심을 두고 논의하지 않을 수 없었으며, 플라톤도 예외가 아니었다. 이에 이상국가 담론에서도 전쟁관련 논의(전쟁의 본질 규명, 전쟁의 준비와 수행, 전사양성 etc.)가 비중 있게 다루어졌다.

플라톤은 전쟁을 인류의 삶에서 영원히 추방해야 한다는 식으로 사실상 불가능에 가까운 희망을 앞세우기 보다는, 전쟁과 살육은 가능한 한 피하되 이웃나라나 외부세력의 침입 혹은 국가전복 세력의 발흥과 같이 어쩔 수 없이 싸워야 하는 경우를 대비해서 국토 방위의 핵심주체인 '수호자(phylax)'들을 제대로 양성해야 한다고 역설하였다. 그런데 국가의 보존과 시민의 안전을 담당하는 역할을 맡은 수호자는, 전투에 필요한 용맹한 기질이나 육체적인 능력만이 아니라 상당한 수준의 지성도 갖추고 있어야 한다. 수호자들은 국가가 위기상황에 직면했을 때 자신의 능력을 조국을 위해서 제대로 사용해야 하는데, 단지 육체적인 힘만 갖춘 전사는 혼란스런 상황 속에서 스스로를 제어하지 못하고 타락함으로써 시민들을 더 큰 위험 속으로 몰아넣을 수 있기 때문이다. 이러한 차원에서 수호자의 핵심 덕목인 용기는 단순히 전투에 필요한 기술적 수단을 갖추고 전장에서 불굴의 투지를 보이는 태도이거나, 자체로서 단일하고 독립적인 영혼의 능력이 아니다. 오히려 용기는 이 작품에서 논의된 '정의', '절제', '지혜' 같은 여타의 덕목들과 내적으로 연결되어 있음이 강조된다. 즉 용기는 "두려워할 것들과 두려워하지 않을 것들에 관한 바르고 준법적인 소신의 지속적인 보전과 그런 능력"(430b)으로 규정된다. 따라서 용기는 전쟁이라는 극한상황 속에서 감추어져 있던 야만성과 마주하고 저항하기 어려운 파괴의 욕망을 극복해야 하는 순간에 영혼의 분노와 충동을 억제할 수 있는, 전인적 차원의 '자기조절능력'을 갖추고 있을 때에만 제대로 발현될 수 있는 것이다. 이러한 차원에서 국가의 수호자는 전투수행 이전에 하나의 인격체로서 올바로 판단하고 정의롭게 행동할 수 있는 능력을 갖추기 위해 공동식사와 공동생활로 대변되는 무소유와 절제의 삶을 유지해야 한다.(cf. 375a, 386b), 또한 플라톤 이상국

가의 전사에게는 지혜와 상황판단 능력의 함양이 지속적으로 요구된다.(cf. 376b-c)

그런데 플라톤에 따르면 국토방위와 전투임무수행에 종사하는 수호자계층 이외에도, 이상국가의 국정운영그룹인 철인왕들은 기본적으로 전사로서의 기능을 충족시켜야 한다. '최고의 전쟁수행 능력'은 '지혜에 대한 사랑'(philosophia)과 더불어 이상국가의 철인 통치자가 갖추어야 할 자격조건이라는 것이다.(cf. 543a) 즉 전쟁에 관한 지식과 능력은 철학적 자질과 더불어 국가운영의 필수조건인 바, 철인 통치자 후보들은 양성과정에서 최종적으로 5년간 전문적인 수준의 철학교육(변증술적 논변)을 받은 후에, 반드시 오랜 기간 동안 전쟁 관련 업무에 종사하고 나아가 전투현장에서 직접 지휘 능력을 검증받아야 한다.(cf. 539e) 이에 철인 통치자 교육프로그램의 상당 부분은 전쟁에서 직접 활용할 수 있는 육체적 · 정신적 능력의 배양과 연관되어 있다. 통치계층 양성과정 초기단계부터(376c-412b) '시가'(mousikē)교육과 더불어 강조된 '체육'(gymnasium) 교육은 전투상황에서 요구되는 강인한 체력과 정신력을 기르는 수단으로 평가되었다. 또한 플라톤이 최고수준의 정신능력이 요구되며 감각적인 현상 배후에 존재하는 '본질적인 것'(진리와 존재)을 인식하는 지적 도구로 평가했던 기하학 역시, 현실에서는 전투상황과 직접적으로 연관된 전술교육에 활용될 수 있는 것이다.(cf. 525c ff., 526d, 527b ff.)

나아가 플라톤은 5권(469b-471c)에서, 군대의 최고 지휘관이며 책임자인 철인왕이 전쟁 중에 반드시 준수해야 할 일종의 '전시법'(jus in bello)을 제시하였다. 그의 제안은 국가가 부정의를 당하지 않기 위해 어쩔 수 없이 전쟁을 치루더라도 전투는 가능한 한 인간적인 방식으로 수행되어야 하며, 치열한 전투 상황을 포함해서 어떤 경우에도 명백히 부당한 행위는 피해야 한다는 것에 초점이 맞추어져 있다. 우리가 이를 통해 새삼 확인할 수 있는 점은, 플라톤은 전쟁을 결코 적을 절멸시키거나 다시는 회생하지 못하도록 타격을 주어 억압하고 정복하기 위한 수단으로 간주하지 않았다는 사실이다. 오히려 그가 보기에 전쟁은 상대방이 싸움의 원인이 된 불필요한 욕망을 절제하도록 만드는 현실적인 수단으로 활용되어야 한다. 또한 당장은 무기를 맞대고 대립하더라도 궁극적으로는 평화를 지향하는 방향으로 나아가야 한다. 인간의 삶은 전쟁 후에도 계속되어야하기 때문이다. 전쟁 수행의 주체들은 이 점을 통찰하고 전쟁 중에라도 적과의 대화와 타협을 염두에 두어야 한다. 따라서 미래의 평화 즉 전쟁이 종결된 이후에 상대방과의 화해를 불가능하게 만드는 극단적인 행동(내전으로 인한 골육상쟁, 무고한 인명의 살상, 토지 등 생활터전의 초토화, 신전과 전몰자 약탈, 장기전 etc.)은 반드시 피해야 한다.

전쟁은 단순히 한쪽이 회피하거나 거부한다고 해결될 수 있는 문제가 아니기 때문에, 만약의 경우에 미리 대비하고 불가피한 경우에는 효과적으로 수행해야 한다. 그렇지만 이러한 태도가 전쟁에 대한 체념이나 극단적인 현실옹호론을 의미하는 것은 아닌데, 왜냐하면 플라톤은 전쟁의 상황 속에서도 자신이 본래 지향하는 정의와 평화의 이상을 포기하지 않았기 때문이다. 대외전쟁이든 내란이든 전쟁의 원인은 대개 경제적인 문제에서 비롯된다. 따라서 철인왕은 국가 내부의 빈부격차가 과도하게 커지거나 부당한 방식으로 경제적인 이익을 취하고도 처벌받지 않음으로써 구성원들 사이에 위화감이 조성되는 사태를 미연에 방지해야 한다. 동시에 그는 안일하고 허약한 모습으로 국방의 임무를 소홀히 함으로써 외부의 침략을 자초하는 상황이 발생하지 않도록 국가안보에 한시도 긴장을 늦추지 말아야 한다. 그렇지만 보다 근본적으로는 철인왕이 솔선수범해서 절제를 생활화하는 가운데, 이상국가의 구성원들이 내면의 욕망을 조절하고 올바른 삶을 영위할 수 있는 사회적 분위기를 조성함으로써 그들이 물질에 대한 의존성을 스스로 줄여나가도록 계도해야 한다.

현대사회에서 최상위 국정운영그룹이 전문적인 수준의 군사지도자 역량을 반드시 갖출 필요는 없을 것이다. 그렇지만 인류 역사에서 전쟁은 질병이나 죽음과 마찬가지로 삶의 여정에서 피할 수 없는 '인간조건'(conditio humana)이었음을 망각해서는 아니 된다. 특히 우리의 경우 북한의 핵과 미사일 위기 그리고 한반도를 둘러싼 미·중·러·일 4대강국이 사활을 건 군사적 패권경쟁에 돌입한 현실에도 불구하고, 한국전쟁 이후 70여 년간 이어져온 불안한 평화 속에서 국방안보와 뛰어난 군사리더 양성의 중대성을 점차 망각하고 있는 것은 아닌지, 유리병처럼 깨지기 쉬운 작금의 불안한 평화상태가 충분한 군사적 대비태세 없이도 마냥 지속될 수 있으리라는 희망적 관측에 사로잡혀 있는 것은 아닌지, 전쟁에 관한 플라톤의 고민과 사유를 접하며 다시 한 번 되돌아봐야 할 것이다.

3.4 법의 지배와 덕의 지배

플라톤의 정치철학과 관련해서 지속된 오해 중 하나는, 그가 법과 제도의 문제는 주로 마지막 대작인『법률』에서 다루었고,『국가』에서는 이와 별개로 철인통치자에 의한 자율적이며 이상적인 통치방식에 관한 논의가 진행되었으리라는 판단이다. 그러나 그는 이미 초기작품인『변론』과『크리톤』에서 소크라테스의 재판 및 죽음과의 연관 속에 법과 제도의 문제를 심도 있게 고찰하였으며, 특히『국가』에서는 개인의 덕성함양과 법에 대한 인식 및 준법적 태도가 상호 간에 어떻게 연관되는지 논의하였다. 플라톤에 따르면 법의 본질은 법의 테두리 안에 존재하는 시민들에게 특정한 행위를 강요하거나 금지하는 강압적인 태도에 있지 않다. 법률 제정의 궁극적인 목표는 시민의 생각과 행동을 자연스럽게 덕과 연결시킴으로써 그들에게 내면의 성장이 가능하도록 유도하는 것이기 때문이다. 따라서 철인왕이 통치하는 이상국가 안에서 시민의 바람직하고 덕스러운 행위는 기본적으로 법에 대한 신뢰와 복종을 전제로 한다. 이상국가는 법 없이도 유지되는 천상의 공간이 아니라, 구성원 대부분의 동의하에 제정된 훌륭한 법률체계가 철인통치그룹에 의해 안정적으로 시행되고 정착된 예에 해당되는 것이다. 동일한 맥락에서 저자 플라톤은 인간의 윤리적 타락은 일차적으로 법에 대한 존중 즉 준법정신의 상실과 함께 발생한다는 점을 강조하였다.

아무리 완벽한 인적 자원이 갖추어진 이상국가가 수립되더라도,

통치자가 전지전능한 신이 아닌 이상 합리적인 전통과 이성에 기초한 실정법은 현실에서 여전히 중요한 역할을 할 수 밖에 없다. 따라서 이상국가의 통치자는 한 번 제정된 법률은 결정적인 문제가 없는 한 유지되도록 노력해야 하며, 법을 고의로 어기거나 법의 정신에 반하는 행위를 한 자에 대해서는 외적의 침입이나 내란의 발생과 동일한 차원에서 단호하게 대처해야 한다. 이러한 관점에서 『국가』에서는 철인통치자가 법을 어떻게 다루어야 하는지 반복적으로 언급되고 있다. 즉 국법수호는 의심의 여지없이 철인왕의 최우선 과제 중 하나로 간주되는 바, "아름다운 것들과 올바른 것들 그리고 좋은 것들과 관련되는 이 세상의 관습을 정해야만 될 필요가 있을 때는, (...) 이미 제정된 것들은 지키고 보존하는 그런 일"(484d)을 하는 사람이 진정한 통치자라는 것이다. 결국 『국가』에서 전개된 법의 지배 담론은, 통치자의 역량과 헌신을 바탕으로 각 개인의 덕성함양과 법에 대한 올바른 인식이 어떻게 연관되는지, 나아가 그가 법치의 차원에서 현실문제에 어떻게 대처해야 한다고 생각했는지 확인할 수 있는 대표적인 예에 해당될 것이다.

4. 현대 리더십 관점에서 본 철인왕 담론

사실 우리는 오래전부터 플라톤의 철인왕 프로젝트를 전문적인 철학자나 사상가의 현실 정치참여로 해석하고 그 문제점을 비판한다거나(칸트의 『영구평화론』), 『국가』편의 다양한 내용 중에서 현대인의 시각에서 볼 때 전체주의적인 요소를 찾아내어 비판한 예(포퍼의 『열린 사회와 그 적들I』)를 알고 있다. 그렇지만 기존의 비판적 입장들은 대체로 『국가』 텍스트에 대한 이른바 '내재적 접근'이 충분하지 못했던 소이(所以)임도 이제는 어느 정도 밝혀진 것으로 보인다. 그렇다면 철인왕 담론은 완벽한 국가운영 프로젝트인가? 아쉽지만 현대인의 시각에서 볼 때 그렇지는 않다.[25] 20세기 후반에 소개된 한 가지 흥미로운 리더십 담론을 매개로 철인왕 프로젝트의 성격을 음미해 보자.

리더십을 현대적 학문체계로 새롭게 정립한 인물로 평가받고 있는 번스(James McGregor Burns, 1918-2014)에 따르면, 역사 속에서 등장했던 리더십의 다양한 유형들 내지 리더들의 행동특성은 적지 않은 경우 '거래적 리더십'(transactional leadership) 개념을 통해 분석 가능하다.[26] 주지하듯이 거래적 리더십은 한 조직의 리더와 나머지 구성원 사이의 관계를 원칙적으로 '교환관계'(exchanging relation)로 상정한다. 리더는 구성원들의 욕구를 세밀히 파악하면서 그들이 기대 수준의 열정과 성과를 보이면 그에 상응하는 보상[27]을 제공하고, 역으로 구성원들은 자신에게 주어진 보상수준에 비례해서 업무를 수행한다는 것이다.

그런데 번스에 따르면 단기적인 성과와 조직의 안정에 만족하고 보상 차원의 동기유발을 지향하는 거래적 리더십과 달리, '변혁적 리더십'(transformational leadership)은 구성원들이 공동으로 추구해야 할 조직의 장기 목표 즉 미래에 대한 공유비전을 제시하고, 그것이 현실적으로 가능할 수 있도록 구성원들에 대한 전혀 새로운 차원의 접근과 소통을 추구한다. 즉 변혁을 지향하는 리더는 구성원 각자가 내면의 변화 의지를 스스로 발견하고 실천할 수 있도록 다양한 노력을 기울여야 한다. 예컨대 거래적 리더와 달리 변혁적 리더는 구성원과의 관계를 원칙적으로 수평적인 것으로 인식해야 하며, 나아가 상호 간에 감정이입이 가능한 수준으로 유대관계를 형성할 필요가 있다. 정서적 차원의 상호존중과 이해를 바탕으로 이제 리더는 구성원이 물질적 욕구충족만이 아닌 정신적 충만감에서 살아있는 기쁨을 발견하도록 그리고 이익 중심적 사고에서 비전 중심의 사고로 전환하도록 유도할 수 있게 된다.

이처럼 번스의 리더십 담론에서 거래적 리더십과 변혁적 리더십은 특성과 지향점, 대상과 효과 등 여러 면에서 대비되는 양상을 띠고 있다. 특히 번스에 따르면 리더가 구성원과의 정서적 유대와 일체감을 적극적으로 형성할 수 있을 경우에, 나아가 리더가 구성원에게 비전을 제시하며 공공선을 함께 추구하도록 자극하고 영혼을 고양시키는 경우에 그렇지 않은 경우보다 더 큰 도덕적 가치를 부여할 수 있다. 그런데 만약 플라톤의 철인왕이 실제로 존재할 뿐만 아니라 타임머신을 타고 21세기 한국사회에 등장하게 된다면, 그는 아마도 번스가 제시한 '변혁적 리더'의 핵심 특성들을 상당부분 소유한 정치인으로서 대중의 열광을 한 몸에 받을 것이다. 반면에 '거래적 리더'는 철인통치자의 자질을 갖춘 정치인이 어떤 경우에도 멀리하고 본으로 삼지 말아할 저속하고 타락한 부패 정치인의 표본에 근접할 것이다.[28] 그러나 우리 인간이 실제로 경험하고 인지하는 역사현실 속에서 과연 위의 두 리더십 이론은 상호 모순적이며, 따라서 두 개념에 내포된 특성들이 한 명의 리더 안에서 병존하는 것은 전혀 불가능할까? 또한 번스가 주장하듯이 거래적 리더십을 발휘하는 현실 속의 지도자는 공동체의 변화나 발전과는 원칙적으로 거리가 먼 존재인가?

번스의 변혁적 리더십 담론을 비판적으로 발전시킨 바쓰(Bernard Morris Bass, 1925-2007)에 따르면, 앞의 두 리더십 개념은 번스의 주장과 달리 한 차원의 양 극단에서 존재하는 상호 모순적 개념이 결코 아니다. 오히려 이 둘은 각자 명백히 독립적인 개념인 동시에 경우에 따라서는 하나의 인격체 안에서 서로 공존할 수 있으며, 또한 현실에서는 거래적 리더십이 변혁적 리더십을 보완할 수 있다는 것이다.[29] 또한 나이(Joseph S. Nye, Jr., 1937~)에 따르면 우리가 번스의 이론을 좇아 쉽게 단정하는 것과 달리, 세상의 모든 거래적 리더가 단지 당근과 채찍으로 비유되는 '하드파워' 자원에 의존하며 현실적인 목표를 추구하거나 현상유지에만 만족하는 것은 결코 아니다. 역사 속에 등장했던 다수의 성공한 변혁적 리더들은 자신의 조직이나 공동체를 근본적으로 변화시킨다는 원대한 이상을 품고 또한 강력한 카리스마를 지녔으면서도, 목표에 도달하는 과정에서는 흔히 거래적 리더십으로 폄훼되는 수단과 방법을 자주 사용했다는 것이다.[30]

우리가 철인왕 담론이 전적으로 완벽하지는 않음을 인정할 수밖에 없다면, 그것은 아마도 플라톤이 제시한 철인통치자의 외적인 자격조건에 심각한 문제가 있거나 혹은 이른바 '이상국가'에서 추진하려한 다양한 국가정책이 지나치게 비현실적이기 때문은 아닐 것이다. 앞에서 살펴보았듯이, 오히려 그의 국정운영 담론은 현대인의 시각에서도 별로 흠잡기 어려울 정도로 합리적인 내용을 다수 포함하고 있다. 그럼에도 불구하고 플라톤의 국가운영 프로젝트 안에는 현실세계에서 통치자나 정치인이 자신의 이상을 구현하기 위해서는 어쩔 수 없이 현실과 일정 부분 타협할 수밖에 없다는 점이 사실상 간과된 것으로 보인다. 플라톤 스스로 지적하고 있듯이 현실세계 특히 정치의 영역은 엄밀한 '지식'(epistēmē)이 아니라 '의견'(doxa)에 의해 좌지우지된다. 따라서 현실에서는 자신의 사적인 욕망을 극복한 완벽한 도덕주의자나 최고 수준의 지식으로 무장한 이론가보다는, 위에서 소개한 두 가지 유형의 리더십을 시의적절하게 조합하고 활용할 줄 아는 인물이 성공한 통치자의 반열에 들어설 가능성이 훨씬 높다. 또한 실제로 그와 같은 자질을 갖춘 리더가 공적인 '이익'(utilitas) 즉 '공공성'(publicness)을 가장 효과적으로 구현할 수 있었음을 동서고금의 역사가 지속적으로 증명하고 있다.[31)]

5. 나오는 말

지금까지 2500여 년 전 플라톤이 기획했던 철인왕 프로젝트의 주요 내용과 현대적 의미에 관해 간략히 살펴보았다. 즉 『국가』에서 철인왕으로 지칭된 리더는 누구이며 어떤 능력과 자격을 갖추어야 하는지(존재론적 · 인식론적 차원의 자격), 그리고 어떻게 생각하고 행동할 때 올바로 리더십을 발휘할 수 있는지(도덕 · 윤리적 차원의 자격) 살펴보았다. 또한 철인왕은 이상적인 나라의 국정운영 밑그림을 어떻게 그려야 하며, 나아가 현실적인 문제에 대응하는 판단 원칙은 어떻게 정해야 하는지(실천적 · 정책적 차원의 자격), 이 작품의 다양한 맥락 속에서 단편적으로 제시된 단상들을 토대로 고찰해 보았다.

현대 리더십 용어를 차용하여 표현하면, 『국가』편은 '수기(修己)'(self-leadership)와 '헌신'(servant leadership)의 자세를 확립하고, '정당한 권위'(charisma leadership)를 바탕으로 국민(follower) 각자가 자신의 '소질을 최대한 발휘하도록 이끄는 능력'(empowering leadership)을 갖춘 '전인적 지도자'(authentic leader) 양성에 관한 인문학 차원의 '야전교범'(field manual)이라고 말할 수 있다. 다시 말해서 이 작품은 서구 문명사상 최초의 '국가 지혜 경영 컨설팅 보고서'인 것이다.

한국사회는 지난 세기 산업화와 민주화에서 괄목할만한 성과를 거두었음에도, 21세기에 접어든지 20여년의 세월이 흐른 오늘날 여전히 수많은 난제들에 포위되어 있는 형국이다. 누구나 리더를 자임하면서도 정작 '리더에게 요구되는 정신'을 소유하고 실천하는 인물은 눈을 씻고도 찾아보기 힘든 까닭이다. 그러나 오늘의 한국사회는 그 어느 때보다도 자신이 책임진 공동체가 지향해야 할 비전을 찾아내서 구성원과 함께 도달하기 위해 솔선수범할 줄 아는 리더를 필요로 하고 있다. 이천오백여 년 전 플라톤이 제시했던 리더의 자격과 역할에 관한 통찰은 오늘날 우리에게 필요한 지도자상 정립에 적지 않은 시사점을 제공하고 있다. 이러한 관점에서

『국가』편의 철인왕 프로젝트 제대로 읽기는, 21세기 한국사회에 리더와 리더십의 의미를 새롭게 일깨우고 한국인의 가슴 속에서 희망의 재생을 가능하게 만드는 마중물 역할을 할 것이다.

플라톤의 『국가』와 손자의 『손자병법』에 나타난 군사적 리더상

1. 들어가는 말

동서양을 막론하고 인문학의 역사를 일별해 보면, 문학과 철학 그리고 역사학의 다양한 작품들 속에서 전쟁은 죽음과 질병처럼 살아가는 가운데 결코 피할 수 없는 인간 조건(conditio humana)으로 묘사되곤 했다. 우리가 흔히 인문학을 인간의 생각과 말과 행위의 뚜렷한 흔적이자 기록이라고 칭하듯이, 사실상 전쟁은 인류의 삶과 늘 함께 해 왔기 때문이다.[1] 또한 우리는 치열한 전쟁이나 투쟁의 시기에, 오히려 인문학 담론은 평화의 시기보다 더욱 풍성해지고 깊이를 가지게 된다는 사실도 경험을 통해 확인해 왔다.[2]

다른 한편 현실정치 과정에서 위정자들은 적지 않은 경우, 전쟁 개시를 전후해서 공격과 침략 혹은 방어의 정당성을 확보하고자 철학이나 정치사상을 이용하기도 하였다. 고대 중국의 경우 황제의 지위에 오른 권력자들은 변방의 소국을 공략할 때마다 항상 중원의 평화와 오랑캐의 징벌을 앞세웠으며, 공자(孔子, BC 551-479) 같은 명망 있는 사상가들 역시 이른바 의전론(義戰論)을 내세우며 이념적 차원에서 침략의 구실을 제공하였다. 서양의 경우에도 로마가 제국화를 추구하며 정복전쟁을 벌일 때마다 내걸었던 주장(정의로운 전쟁, bellum justum)이나 그리스도교의 이슬람 침략(십자군 전쟁) 과정에서 내세웠던 성전(聖戰) 논리를 찾아볼 수 있다. 이처럼 대부분의 전쟁은 그것을 정당화하는 논리를 내세웠으며, 현실 속의 위대한 철학자나 사상가 중에서 전쟁 자체나 그에 수반되는 인간의 문제 내지 사회현상을 주제로 한번쯤 사색을 진행하지 않은 경우는 찾아보기 힘들다.

전쟁 관련 논의에서 철학자나 사상가들이 거의 예외 없이 심층적으로 논구해 온 테마 중 하나로, 군사 지도자의 자질과 리더십에 관한 고찰을 들 수 있다. 극단적인 폭력과 광기로 가득 찬 전투현장에서 승리를 위해 무기를 앞세우고 투쟁을 벌이는 것은 온전히 병사들의 몫이지만, 전쟁 자체의 승패는 결국 군사적 리더의 인간적인 지혜와 전술적 역량 그리고 전장에서의 냉철하고 이성적인 태도에 결정적으로 좌우될 수 있기 때문이다.[3] 이 글에서는 군사적 리더의 역할과 리더십을 강조했던 플라톤(BC 428/7-348/7)과 손자(BC 544?-496?)의 사상을 비교해 봄으로써, 21세기 4차 산업혁명과 융복합 시대에 부합하는 역동적인 군사적 리더의 모습을 사상적 차원에서 새롭게 조망해 보고자 한다.

이 글의 동기는, 일차적으로는 국내 학계에서는 거의 주목하고 있지 않으나 동서고금의 위대한 사상가들이 내면적으로 적지 않은 관심을 기울였던 '군사적 리더의 자질과 리더십 담론'을 사상적 관점에서 탐색한다는 지적 욕구의 발현과 충족에 있지만, 나아가 북한의 핵과 미사일 위기 그리고 한반도를 둘러싼 미 · 중 · 일 · 러 4대강국의 사활을 건 군사적 패권경쟁에도 불구하고, 한국전쟁 이후 지금까지 70여 년간 이어져온 불안한 평화 속에서 우리는 국방안보와 정신무장 그리고 뛰어난 군사리더 양성의 중요성을 점차 망각해가고 있으며, 유리병처럼 깨지기 쉬운 작금의 불안한 평화상태가 아무런 대비 없이도 마냥 지속될 수 있으리라는 희망적 관측(wishful thinking)에 막연히 젖어 있는 우리의 현실상황을 개선해야 한다는 문제의식과 연결되어 있다.

본격적인 논의에 앞서 이 글에서 특별히 동서양 고대의 사상가인 플라톤과 손자를 선택한 이유를 간단히 설명하고자 한다. 먼저 플라톤의 정치철학은 흔히 '이상국가 담론'이나 '철인왕 통치론'으로 알려져 있고, 따라서 현실에서의 삶과는 다소 거리가 있는 이상적이며 규범적인 통치사상이 전개된 것으로 오해받고 있으나 실상은 전혀 그렇지 않다. 오히려 플라톤의 정치철학은 전쟁을 논하지 않고서는 심층적으로 이해하기 어려운데, 그가 살았던 대부분의 생애는 다양한 전쟁의 시기와 겹쳐 있으며, 이에 그가 대표작인 『국가』편에서 전개한 통치이론에서 전쟁에 관한 논의는 상당히 비중 있게 다루어졌다. 다시 말해서 그는 서구 역사에서 최초로 체계적인 군사교육 시스템을 바탕으로 직업적 국방전문가(수호자)를 양성해야 함을 논리적으로 주장한 사상가이며, 이후에 서양에서 등장한 다양한 전쟁이론서나 전쟁철학은 플라톤의 군사사상의 영향하에 혹은 그에 대한 검토와 비판적 평가를 바탕으로 저술되었다고 말해도 과언이 아닐 것이다.[4)]

손자의 『손자병법』은 동서고금에 걸쳐 가장 유명하고 또한 가장 뛰어난 군사전략서로 평가되고 있다. 그런데 『손자병법』에 대한 기존의 연구들을 일별해 보면, 전쟁의 전략과 전술에 관한 논의는 비교적 폭넓게 그리고 다양한 관점에서 진행되었으나 이에 반해 손자가 소개한 군사적 리더의 자질 및 양성방법에 대한 담론은 아직 집중적으로 조명되지 않은 실정이다. 이에 플라톤과 손자의 군사사상 중에서 특히 군사적 리더의 육성에 관한 논의를 살펴보고 그 내용을 비교하는 연구 작업은, 세계 지성사에 영원히 기록될 고전에 속하는 동시에 사상적 차원에서 여전히 현대사회에 적지 않은 영향을 주고 있는 두 사상가의 전쟁철학 중에서 그동안 상대적으로 주목받지 못했던 테마를 집중적으로 조명한다는데 의의가 있다. 또한 이 두 철학자의 바람직한 군사지도자상에 관한 고찰은, 2021년 현재 대한민국의 군대지휘에서 가장 필요하지만 동시에 가장 찾아보기 힘들어진 가치개념인 '지휘관 리더십'의 재정립을 위한 이론적 토대를 제공할 수 있을 것으로 기대한다.[5)]

2. 플라톤의 전쟁(polemos)과 수호자(phylax)론[6)]

2.1 전쟁의 특성과 수호자 교육

서양사를 통해 잘 알려져 있듯이, 철학자 플라톤[7)]의 젊은 시절 대부분은 그와 동시대에 활동했던 역사가 투퀴디데스가 고대 그리스 역사상 최고의 악몽과도 같은 시기로 묘사했던 펠로폰네소스 전쟁 시기(기원전 431-401)를 관통하고 있으며,[8)] 그의 대부분의 대화편에서 극중 화자로 소개되는 소크라테스(기원전 470-399)의 담론들은 적지 않은 경우 펠로폰네소스 전쟁기간 내지 전쟁 전후를 시대적 배경으로 하고 있다. 이러한 사정을 고려해 볼 때 플라톤의 정치사상적 담론에는 사실상, 전쟁의 모순과 파국적인 결과 그리고 그것이 영혼에 끼친 해악에 대한 비판이 전제되어 있음을 유추해 볼

수 있다.[9)]

플라톤의 대표작인 『국가』편(2권)에 따르면, 본래 나라(polis)가 형성되는 이유는 어느 누구도 혼자만의 힘과 능력으로 살아갈 수 없으며, 따라서 생명의 보존을 향한 인간 각자의 욕구와 현실적 필요가 국가 성립의 기원으로 규정된다. 최초의 국가는 의식주 해결에 만족하는 "건강한 나라(hygiēs polis)"였지만, 인구의 팽창과 더불어 인간의 욕망도 덩달아 커지고 이를 충족시키기 위해 불필요한 사치품의 수요가 늘어나게 된다. 따라서 최초의 소박하고 건강했던 나라 모습은 사라지고 이제 겉으로는 화려하지만 내면은 곪아가고 있는 "염증상태의 나라(phlegmainousa polis)"가 등장하게 된다. 그런데 이러한 부정적인 변화를 개선해야 할 통치자들이 오히려 부풀어 오른 국민의 욕망을 충족시키기 위해 주변국을 침략하게 되고 급기야 대규모 "전쟁(polemos)"을 벌이게 된다. 이처럼 전쟁은 인간 안에 감추어져 있던 폭력적인 성향을 어떠한 고민도 없이 마음대로 드러내고, 이를 통해 물질적인 소유와 부귀를 쫓을 뿐만 아니라 심지어 무력에 의해 타인을 지배하고자 하는 극단적인 권력욕의 발현 현상 이외에 다른 것이 아니다.

플라톤은 동시대에 활동하며 전쟁의 특성과 귀결을 현실주의적 관점에서 분석했으며, 아테네의 제국주의적 행태에 대해 원칙적으로 비판적인 태도를 취하였으나 동시에 현실적인 힘의 우위와 이에 따른 강대국의 처신을 사실상 묵인했던 투퀴디데스에 비해 상대적으로 이상주의자였다. 그렇지만 그는 도덕적 당위성만을 내세우며 개인과 국가의 윤리적 태도를 통해 현실의 정치적 난제들을 해결할 수 있다고 본 소박한 이상주의자는 아니었다. 그는 페르시아 전쟁과 펠로폰네소스 전쟁을 직간접적으로 경험하면서 국가 간의 전쟁은 언제든 현실화될 수 있다는 점을 통찰하고, 전쟁의 원인은 무엇이며 국가 통치자는 어떻게 미래의 전쟁에 대비해야 하는가, 그리고 실전에서는 어떻게 싸워야 하는가에 상당한 관심을 기울였다. 그는 한 나라의 국정운영이 실패 없이 효과적으로 이루어지기 위해서는, 일차적으로는 평화와 공존의 정책을 마련하고 실천해야 하나, 현실적으로 전쟁을 막는 것이 불가능한 상황에서는 미리 준비된 효율적인 수단을 통해 적극적으로 대응해야 한다고 본 것이다. 결국 전쟁은 영혼 안에서 이른바 '욕구적인 부분'이 이성과 기개적인 부분을 제압하고 주도권을 잡아 사실상 불필요한 욕망을 극단적으로 충족시키고자 하는 병적인 상황에 다름 아니지만, 이러한 병적인 상태의 개선은 마치 영혼 안에서 욕망 자체를 온전히 제거할 수 있으리라는 기대가 사실상 현실감각을 상실한 주관적 희망에 불과하듯이, 전쟁을 영원히 피하거나 전쟁 자체가 사라지게 되기를 갈구함으로써 달성될 수 있는 것이 아니다.

이에 플라톤은 평상시 전쟁방지를 위해 정치적·외교적 차원의 노력을 기울이면서도, 동시에 전투현장의 주인공인 전사(戰士) 즉 "수호자(phylax)"들을 강건하게 양성하여 국가수호의 버팀목으로 적극 활용해야 한다고 주장하였다. 나아가 그는 수호자들이 각자의 능력을 오직 공적인 차원에서 공공선(정의)을 위해 사용하도록 인도하는 것이 나라의 안위와 직결된다는 점을 절감하여, 수호자들의 영혼이 타락함으로써 발생하는 문제들을 제도적인 차원에서 미연에 방지하기 위해 다양한 정책방안을 제시하였다.

플라톤에 따르면 "수호자들(phylakes)의 일(ergon)은 가장 중요한 것이기에, (...) 그 자체로 최대의 기술과 관심을 요하는 것"(374e)이며, 이들의 성향과 역할 그리고 양성방법 및 활용방안에 관한 심층적인 논의는 정의롭고 행복한 이상국가의 건설이라는 『국가』편의 궁극목표에 도달하기 위해서는 반드시 거쳐야만 하는 필수절차이다.[10] 수호자는 이상국가 내의 다른 두 계층인 통치자와는 일정 정도 유사성을 갖는 반면에 생산자 계층과는 뚜렷한 차이점을 보인다. 즉 수호자는 전쟁에서 승리하여 국체를 보존하고 국민들을 "구제(sōzein)"하는 역할을 기본임무로 삼고 있는데, 성격과 기질에서는 "온순하면서도 동시에 대담"(375c)해야 하며, 또한 기본적인 특성인 "격정적인 것에 더하여 기질 상으로 지혜를 사랑"(375e)하는 법도 배우고 익혀야 한다. 이에 수호자는 "혈통 좋은 강아지의 성향(physis)"(375a)을 지니고 있어서 유사시에는 국가와 국민 그리고 동료 전우를 위해 용맹하고 격정적인 자세로 전투에 임해야 하지만, 평상시에는 인격수양과 새로운 지식의 습득에 싫증내지 않음으로써 지혜로운 사람이 되고자 노력하는 기질을 타고나야 한다.(cf. 410c ff.) 이러한 수호자 후보자들의 기질적 특성이 현실에서 성공적으로 구현되기 위해서는 유년시절부터 국가의 관리와 책임 하에 상당 기간 동안 높은 수준의 교육이 체계적으로 진행되어야 한다. 즉 "훌륭하고 훌륭한(kalos kàgathos) 수호자"(376c)로 성장하기 위해 후보들은 유년기부터 20세 무렵까지 체육(gymnastikē), 시가(mousikē), 군사훈련, 종교교육을 바탕으로 육체와 영혼을 최대한 정화하고 단련시킬 것을 요구받게 된다. 이 과정을 통과한 후에는 개인의 능력에 따라 그리고 국가의 교육 프로그램에 맞추어 적절한 수련의 기회가 지속적으로 주어진다.

이 대목에서 한 가지 주목할 것은, 수호자 양성 프로그램의 최초 단계에서는 전사와 통치자가 명확하게 구분되지 않으며 이들 모두 '수호자'의 범주에 포함되는 것으로 묘사되고 있다는 점이다. 위에서 언급한 바와 같이 나라를 지키는 수호자는 육체적인 능력과 용맹한 기질 그리고 애국적 자세에 더하여 지적인 소양과 "현실 판단 능력(phronesis)"을 겸비해야 하는데, 이상국가를 운영하는 통치자는 이러한 능력을 갖추는 과정을 성공적으로 마친 후에 이에 더하여 최고 통치자로서의 자질을 쌓는 과정을 이어가야 한다는 것이다. 이처럼 플라톤은 수호자 양성에 관한 담론을 마친 다음 수호자와 철인통치자를 명확히 구분하고 각자의 역할을 세분화하는 작업에 착수하지만,[11] 이러한 구분 후에도 철인통치자의 군사적 리더로서의 역할은 지속적으로 강조된다.[12] 즉 철인왕의 자리는 "애지활동(philosophia)"으로 지칭되는 지적인 능력과 국가를 수호하는 전쟁 수행능력에서 동시에 최고의 경지에 도달한 사람에게만 허용되어야 한다. 전쟁기술은 철학적 자질과 더불어 한 나라를 제대로 운영하기 위한 기본조건이며, 이 두 가지 능력을 항상 발휘할 준비가 된 수호자와 통치자 계층은 일반적인 오해와 달리 서로 기능과 역할이 단절되거나 대립하는 위치에 있지 않은 것이다.

'철인왕' 양성과정에 대한 묘사에 따르면, 약 20세까지 수호자 교육을 성공적으로 수행한 청년들은 이후 30세까지 10년간 이른바

"예비교육"(propaideia)을 받게 되는데 이 교육과정의 커리큐럼은 산술, 기하학, 천문학 등 추상적 학문과 과학기술이 중심이 된다.[13) 철인왕 후보자들이 장기간 동안 이러한 교육에 집중해야 하는 이유는, 일차적으로는 추상적 학문들이 감각적 대상 배후에 존재하는 것으로 간주되는 존재와 진리를 파악하는 수단이기 때문이지만(cf. 525c ff., 527b ff.), 동시에 이러한 학문들은 유사시 현실 전투상황에서 직접 활용되는 전술교육의 성격을 내포하고 있기 때문이다(cf. 526d). 즉 플라톤의 입장에서 볼 때 "생성(genesis)에서 벗어나서 존재(본질: ousia)를 포착"(525b)할 수 있도록 인도하는 추상적 학문이나 과학기술은, 철인왕 후보자들이 유사시를 대비한 군사지식의 일환으로도 반드시 습득해 놓아야 하는 것이다. 예비교육 다음 과정으로 철인왕 후보들은 약 5년 간에 걸친 철학적 사고훈련(이데아에 대한 인식)을 마친 후에, 15년 정도 현실세계에서 다양한 방식으로 경험을 축적함으로써 국가통치에 필요한 실천적 지혜를 충분히 배양해야 하는데, 플라톤은 이 대목에서도 국가수호자로서의 전쟁지휘와 리더로서의 인내력 및 유사시 희생정신 테스트를 특별히 강조하였다.(cf. 539e)

2.2 수호자의 자기희생과 진정한 용기

플라톤은 국가가 타락하고 분열되는 가장 큰 이유는 바로 국민들 사이에 존재하는 지나친 "부와 빈곤"(421d)에 있음을 절감하였다. 즉 지나친 부는 부자들 사이에 "사치와 게으름 및 변혁을 초래"

하고, 역으로 지나친 빈곤은 가난한 사람들의 "노예근성과 기량의 저하를 초래"(422a)하게 된다는 것이다. 이에 당시 아테네처럼 부자와 빈자의 경제적인 수준차이가 극단적인 나라는 "한 나라(mia polis)"가 아니라, 서로 미워하고 불신하며 언제든 상대방을 붕괴시키려는 마음으로 가득 찬 "수많은 나라"에 다름 아니다. 결국 한 나라의 흥망성쇠는 지배층이 경제문제에 정당하게 대처할 수 있는 능력과 실천적 태도를 지니고 있는지 여부와 직결되며, 이에 경제정의의 실현은 "나라를 단결시켜 하나로 만드는" 것이고, 나라 안에서 "최대선"(462a)을 구현하는 첩경인 것이다.

이처럼 플라톤은 전쟁의 근원적인 발생원인인 경제문제를 원만히 해결하기 위해서는 가난한 국민들의 상대적인 빈곤감을 해소할 수 있도록 법과 제도의 차원에서 모순점을 바로잡아가야 하지만, 동시에 국민들이 내면의 욕망을 조절하여 올바른 삶을 영위하는 사회적 분위기를 조성함으로써 물질에 대한 의존성을 줄이도록 계도해야 한다는 입장을 표명하였다. 이와 연관해서 플라톤은 국가 운영과 수호의 양대 축인 통치자와 수호자 계층이 자신들의 애국심을 일상생활을 통해서도 분명히 보여줄 수 있어야 한다고 주장하였는데, 그것은 바로 경제적 차원의 무소유와 절제의 삶(사유재산·처자 소유금지, 공동식사와 공동생활 etc.)을 실천하는 것이었다.

즉 플라톤이 제시한 한 국가 안에서 경제정의가 실현될 수 있는 가장 빠르고 혁신적인 해결책은 바로, 통치자와 수호자 계층에게는 사유재산과 가족공동체 소유가 일체 허용되지 않은 채 공동생활을 영위하는 것인데, 그의 다소 극단적인 주장을 좀 더 완화해서 해석하면 이것은 결국 현대적 차원의 '정경분리원칙'이나 경제문제와 관련된 지배계층의 윤리적 솔선수범과 일맥상통한다고 말할 수 있을 것이다. 플라톤의 관찰에 따르면 통치(수호)계층에게 소유를 허용하게 되면 결국 자신의 권력과 힘(무력)을 사적인 차원의 욕구충족에 사용하게 된다. 따라서 통치자들은 개인적인 욕망을 억누름으로써 내면의 도덕성을 현실에서 증명해야 하는데, 특히 일반적으로 사람들이 큰 애착을 갖게 마련인 가족구성과 재산형성에서 초연한 자세를 보여야 한다는 것이다. 그런데 통치자 그룹이 삶 속에서 극단적으로 욕망을 억제하도록 강요받은 보다 근본적인 이유는 따로 있다. 플라톤은 통치계층이 일상 속에서 사적인 욕구를 억제하고 극복하기를 반복함으로써, 가족이나 사유재산의 소유보다 훨씬 더 큰 욕망의 대상인 자신들의 정치권력을 사유화하거나 남용하는 행태를 미연에 방지하고자 했던 것으로 보인다. 통치자들에게 강요된 욕망의 억제는, 그들의 영혼 속에서 더 본질적인 차원의 절제력이 생성되도록 유도하는 훈련의 일환이었던 것이다.[14]

플라톤이 수호자계층의 자질과 역할을 논하면서 강조했던 또 다른 측면은, 수호자가 자신의 기본 덕목으로 규정된 "용기(andreia)"의 진정한 의미를 바르게 인식하도록 항상 노력해야 한다는 점이다. 진정한 용기란 "두려워할 것들과 두려워하지 않을 것들에 관한 바르고 준법적인 소신의 지속적인 보전과 그런 능력"(430b)[15]으로 규정되는데, 여기서 두려워할 것은 전사로서의 양심과 국민의 시선일 것이고 두려워하지 않아야 할 것은 전장에서의 위험과 육체적인 고통에 대한 공포일 것이다. 이와 연관해서 플라톤은 수호자의 용기란 단순히 전투현장에서의 과단성과 임전무퇴의 자세를 보이는 것을 넘어서, 극단적으로 혼란스러운 전투상황 속에서도 영혼의 분열과 파괴를 스스로 방지하고 충동적인 행동을 자제할 수 있는 능력을 갖춘 경우에만 도달할 수 있는 능력임을 강조하였다. 이러한 차원에서 진정한 용기는 독립적인 영혼의 능력이라기보다는, '정의', '절제', '지혜'와 같은 덕목들(이른바 4주덕)과 연관 관계에 놓여있다는 점, 다시 말해서 전장에서 승리하려는 자는 우선 하나의 인격적 존재로서 올바로 판단하고 절제를 생활화함으로써 모범적으로 행동할 수 있어야 함을 함축하는 것이다. 이러한 수준의 용기가 갖추어진 사람만이 전장에서 자신의 능력을 유감없이 발휘할 수 있음은 물론이거니와, 평상시 자신의 힘과 능력을 사적인 욕망을 위해 사용하지 않음으로써 자신들을 전사로 양육시켜주고 이제는 생명을 의지하고 있는 다수의 국민들을 배반하는 행위, 즉 무력에 의한 국가전복기도(stasis)와 이를 통한 권력찬탈에의 유혹을 단호하게 거부할 수 있기 때문이다.[16)]

3. 손자가 통찰한 전쟁의 본질과 장수(將帥)의 자질

3.1 전쟁의 중대성과 위험성에 대한 통찰

주지하듯이 손자[17)]의 『손자병법』은 동서고금에 걸쳐 가장 오래되었을 뿐만 아니라(最古) 가장 뛰어난(最高) 군사전략서로 정평이

나있다. 또한 이 작품은 세계 정치사상의 고전으로, 인간관계의 형성과 유지 그리고 조직관리를 위한 처세서로, 도가(道家)적 사고를 바탕으로 하여 제자백가(諸子百家) 사상을 총체적으로 융합시킨 철학서[18]로서도 잘 알려져 있다. 『손자병법』은 첫 번째 시계편(始計篇)부터 마지막 용간편(用間篇)에 이르기까지 총 13편으로 구성되어 있는데, 이 중에서 군사적 리더의 자질과 역할에 관한 논의는 이 작품의 총론에 해당되며 군사학의 기초이론과 전략문제를 집중적으로 논의한 1편에서 우선적으로 찾아볼 수 있다.

손자는 1편에서 우선 전쟁과 국가 존망의 상관성을 통찰하고 있음을 드러낸다. 이것은 그가 서두에서 "전쟁이란 국가의 중대사이며, 백성의 생사를 가늠하는 마당이고, 나라의 존망을 결정짓는 큰 일이니 깊이 삼가며 생각하지 않으면 아니 된다"[19]고 말한 점에서 확인할 수 있다. 전쟁은 국가의 존망을 한순간에 좌우할 수 있는 중대사이기에 매사를 시중하게 결정해야 한다는 말의 함의는 크게 두 차원에서 생각해 볼 수 있다. 첫 번째는 처음부터 신중하게 결정해서 전쟁을 개시해야 하며 한 번 전쟁을 시작하면 반드시 승리해야 하기에, 전쟁과 그 과정 속의 개별 전투에 임하기 전에는 항시 객관적인 시각에서 형세를 명확히 파악하고 철저히 준비한 후 엄격하고 진지한 태도로 개전시기를 선택해야 한다(萬全之計), 즉 전쟁의 국면이 확실히 아군에게 유리하고 적에게 불리할 경우에만 전투를 개시해야 한다는 의미가 내포되어 있다.[20] 두 번째는, 최초의 전투 목표는 너무 크게 잡지 말고 안정된 역량을 기르는데 주의를 기울여야 한다는 의미가 담겨 있다. 즉 전쟁 초반의 첫 번째 전투는 군사지휘관의 입장에서는 경험이 부족하고 역량도 모자라는 상황일 수밖에 없기에, 첫 전투의 목표가 사전 준비태세와 군대의 전반적인 역량에 비해 너무 크면 속전속결이 어렵고 적의 역공을 받기도 쉽다. 이에 장수는 개전 초반에는 작은 성공을 반복함으로써 이를 계기로 경험과 실력을 축적해야만 점차 더욱 크고 강력한 목표로 나아갈 수 있음을 잊지 말아야 한다는 것이다.[21]

3.2 명장(名將)의 다섯 가지 조건

이처럼 전쟁에서의 신중한 판단과 처신의 중요성을 자각했던 손자는, 전쟁의 승패를 결정짓는 다섯 가지 기본요소(五事)[22]를 제시하였는데,[23] 이 중에서 네 번째로 장수의 뛰어난 능력과 자질을 말하였으며, 이 또한 다섯 가지로 구분하여 묘사하였다.

장수에게는 우선 지혜(智)가 있어야 하는데 이는 어떤 의미에서 보면 장수의 가장 중요한 덕목이라 할 수 있다. 지혜로운 군사지휘관만이 전장상황을 냉철하게 파악하고 싸울 때와 후퇴할 때를 정확히 결정함으로써 승리를 견인할 수 있으며, 이를 통해 병사를 사지(死地)에서 가능한 한 안전하게 이끌 수 있기 때문이다. 손자는 전쟁의 본질은 본래 적을 속이는데 있다고 단언하였는바,[24] 이러한 관점에서 보면 장수는 싸움을 벌일 때마다 적군을 기만하고 속이며 나아가 적의 허점을 파고들 수 있도록 최선을 다해야겠지만(虛虛實實), 아군과 똑같은 입장에서 고민하고 판단할 줄 아는 적군을 속이거나 약점을 파고드는 것은 생각만큼 쉬운 일이 아닐뿐더러 자칫 잘못했다가는 적에게 속내를 간파당해 역공 당할 수도 있다. 이에 장수의 지혜란 일차적으로 적이 아군의 전략과 전술을 제대로 알아채지 못하도록 깊이 감추고 숨기는 자세와 연결되어 있다고 보는 것이 더욱 실제 전장상황에 부합할 것이다. 나아가 장수의 지혜는 단순히 병법서를 통해 전쟁에 관한 이론이나 지식을 습득한 상태를 의미하지 않으며, 손자가 강조했듯이 산전(山戰), 수전(水戰), 택전(澤戰), 육전(陸戰) 등 다양한 전투현장의 경험을 바탕으로 전투지형이나 병사의 사기 등 전장상황 전반에 관한 직관적인 통찰력을 갖춘 상태를 뜻한다. 한마디로 완벽에 가까울 정도로 충분히 준비한 상태에서 임기응변(臨機應變)과 권모술수(權謀術數)를 통해 적군을 일거에 제압할 수 있도록 판단력과 실행력이 겸비된 상태를 의미한다. 이와 관련해서 손자는 다양한 논의를 전개하고 있지만 그가 특히 강조하는 점은, 장수는 "전쟁은 싸워서 이기려고 들어가는 것이 아니라, 승리를 만들어 놓고 확인하러 가는 것"(先勝求戰)이라는 점을 통찰하고 있어야 하며, 개전 이후 군사행동은 최대한 신속하게 진행함으로써(速戰速決) 적의 대응이나 역습이 불가능하도록 전장상황을 이끌어야 한다는 것이다. 전투개시 전 최대한의 준비와 개전 후 신속 정확한 작전지휘 능력은 장수가 지녀야 할 지혜의 핵심에 해당된다.[25]

다음으로 손자는 장수에 대한 부하들의 믿음(信)이 중요하다고 보았다. 신뢰는 치병(治兵)의 으뜸 원칙으로 이는 병사들의 입장에서 볼 때 군대의 리더가 전략전술상 불필요한데도 오직 개인의 명예를 위해 자신들을 전투상황으로 강요하지 않을 것이라는 믿음,

즉 리더와 팔로워가 서로 상생할 수 있다는 확신에서 비롯되는 것이다. 이러한 차원에서 손자는 모공편(謨攻篇)에서, "비록 백번 싸워 백번 이기더라도 그것은 결코 최상의 계책이 될 수 없다"고 주장한 것이다.[26] 싸움이 반복될수록 승리는 부분적으로 획득할 수 있을지언정 부하들의 불필요한 희생은 점점 더 늘어날 수밖에 없기 때문이다. 이처럼 장수는 평소 휘하의 부하나 병사를 사적인 명예나 출세의 수단으로 이용하려는 자세를 멀리해야 한다. 또한 장수는 전투현장 뿐만 아니라 평소 병영 내 일상에서도 부하들과 동고동락(同苦同樂)하며, 어렵고 힘든 상황일수록 희생하고 솔선수범(率先垂範)하는 태도를 보임으로써 부하의 입장에서 리더가 자신들과 조직을 위해 헌신한다는 믿음을 갖도록 부단히 노력해야 한다. 오늘날에도 전투현장의 지휘관이 진정으로 부하의 신뢰를 얻고 맡은 바 임무를 성공적으로 완수하고자 한다면 손자가 지형(地形)편에서 언급한 바, "병사를 어린아이처럼 보살펴주면 함께 깊은 계곡물 속으로 뛰어들 수 있고, 병사를 자식처럼 아껴주면 함께 죽을 수도 있다"는 말을 가슴 속 깊이 새겨야 할 것이다.

세 번째로 장수는 부하들에게 평소 자애롭고 인자(仁)한 모습을 보일 수 있어야 한다. 리더의 어진 태도는 조직의 활성화와 직결되며 어떤 의미에서 보면 조직에 영향을 미치는 가장 중요한 요소라고도 볼 수 있기 때문이다. 그런데 이때 어질고 인자함은 단순히 장수가 부하의 말이나 행동을 무조건 받아주는 안이한 태도를 의미하지 않으며, 오히려 부하를 일체의 선입견이나 속단을 통해 판단하지 않고 있는 그대로의 모습으로 평가함으로써 그가 스스로 능력과 가능성을 키울 수 있도록 기회를 부여하고 중용하려는 자세를 뜻한다. 나아가 장수가 부하를 사랑하고자 한다면 항시 상대방인 부하의 입장에서 생각할 줄 아는 태도(易地思之)를 유지하도록 힘써야 한다. 인간은 결코 나귀처럼 당근과 채찍만 가지고 마음대로 길들이고 부려먹거나 조종할 수 있는 존재가 아니다. 병사들이 비록 군 내부에서 지위는 낮고 역할은 미미할지언정 장수와 동일한 생각과 느낌을 가진 유정적(有情的) 존재임, 그리고 각자의 가정에서는 세상에서 가장 소중한 자식들임을 망각하지 않고 그들의 고충을 제대로 헤아릴 수 있을 경우에만 리더(장수)와 팔로워(병사) 간에 진솔한 유대관계가 형성될 수 있다는 것이다.

네 번째, 손자에 따르면 장수는 전장의 지휘자로서 남다른 용기(勇)가 있어야 한다. 이때 용기란 일차적으로 위험한 전투현장에서 과단성과 굳건한 자세를 지님으로써 강력한 적군 앞에서도 위축되어 전의를 상실하지 않고 불굴의 의지로 주어진 전투임무를 완수하는 모습을 의미하겠지만, 지나치게 맹목적인 전투의지는 상황에 따라 장수 자신과 부하들을 사지로 몰아넣는 실수로 이어질 수 있다. 따라서 장수는 적에게 위축되지 않으면서도 전장의 실제상황을 있는 그대로 파악하고 분석하여 공격과 방어 혹은 전략상 후퇴 여부를 결정할 수 있어야 한다.[27] 이에 손자는 전투승리의 첫 번째 조건으로 싸울 때와 싸우지 말아야 할 때를 정확히 파악할 것을 강조한 것이다.[28] 다시 말해서 장수의 용기는 전투에 임해서 힘껏 싸워야 할 때와 한순간의 비난을 무릅쓰고라도 회피해야 할 때에 대한 냉철한 구분, 진정으로 두려워해야 할 것과 두려워하지 말아야

할 것에 대한 합리적 판단을 전제로 하는 것이다.[29)]

마지막으로 손자는 장수의 자질로서 엄격(嚴)함을 제시하였다. 장수는 평상시 부대통솔이나 긴박한 전투지휘 중에 그리고 전투 이후의 논공행상(論功行賞)에서 사적인 감정에 휘둘리지 않고 항시 정해진 규율을 준수해야 하는데, 신상필벌(信賞必罰)에 명확한 태도를 보일 경우에만 부하들이 상관을 신뢰하고 용기를 다해 전투에 임할 수 있기 때문이다.[30)]

3.3 세(勢)의 형성과 군사지도자의 전략적 판단능력

손자에 따르면 전쟁에서는 병력과 무기 등 전력상의 객관적인 우위도 물론 중요하겠지만, 군사지도자가 특히 관심과 노력을 기울여야 할 점은 전투현장과 전쟁 자체의 전반적인 분위기 즉 '세(勢)'의 우위를 점하는 것이다.[31)] 세란 아군과 적군 사이의 우열관계를 지칭하며, 세를 확보하는 것은 손자가 여러 차례 강조한 최선의 승리 방법 즉 싸우지 않고도 이길 수 있는(不戰勝) 첩경에 해당된다. 따라서 장수가 전쟁이나 특정 전투현장에서 세를 확보하기 위해서는 전력상의 객관적인 조건들, 예컨대 병력, 무기, 군량 등의 직접적인 군사력 확보에 노력해야 할뿐만 아니라, 나아가 적군의 핵심정보 파악, 기만전술 활용, 공격과 방어 시기선택 등 전장에서 필요한 동물적 수준의 직관과 냉철한 계산을 바탕으로 상황을 파악하고 대처할 수 있어야 한다.

『손자병법』과 더불어 각각 동서양을 대표하는 전쟁이론서로 평가받고 있는 클라우제비츠의 『전쟁론』에는, 전쟁의 정치적 성격에 관한 논의[32]도 일부 포함되어 있지만 서술의 주안점은 현장 전투상황에 대비해서 어떻게 전력을 강화시키고, 나아가 강화된 전력을 어떻게 효과적으로 사용함으로써 승리를 견인할 수 있는가에 집중되어 있다. 이와 비교해 볼 때 『손자병법』은 전쟁담론을 개별 전투나 작전의 차원을 넘어서 정치 전략의 수준에서 다루고 있다고 말할 수 있다.[33] 전쟁은 국가의 존망을 결정지을 수 있는 중대사이기에 전쟁에 관한 논의는 전쟁의 개시와 진행 그리고 전후의 사안들을 포괄적이며 전체적으로 고려해서 진행해야 한다는 것이다.[34] 또한 이러한 관점에서 일단 전쟁을 개시하면 반드시 승리해야 하며 이를 위해서는 수단과 방법을 가리지 말아야 하는데, 장수가 수단과 방법을 가리지 않고 세를 형성하여 자신의 의도와 방식대로 전장을 지휘하는 능력은 전쟁 자체의 승패를 좌우하는 핵심에 해당되는 것이다.

세란 결코 전투상황이 개시된 후에 형성할 수 있는 것이 아니기에, 장수는 전투개시 이전에 이미 승리를 담보할 수 있을 만큼 충분히 세를 만들어 놓아야 하며 실제 전투에서는 준비된 형세를 이용하여 좌고우면하지 않고 적을 빠르고 거칠게 몰아세워 궤멸시켜야 한다. 이에 손자는 실제 전투현장에서 볼 수 있는 세의 모습에 대해 다음과 같이 묘사한 바 있다. "여울이 급하고 거세게 흐르면서 무거운 돌까지 뜨게 만드는 것을 기세(氣勢)라고 한다. 맹금(猛禽)이 질풍같이 달려가 다른 새를 잡아 죽이는 것을 절도(節度)라고 한다. 전쟁을 잘하는 자는 기세가 맹렬하다. 절도 또한 극히 간명하다.

거센 기세는 쇠뇌의 활시위를 팽팽히 당긴 듯하고, 간명한 절도는 당긴 화살이 마침내 시위를 떠나는 듯하다. (…)"[35)]

이처럼 세를 확보하고 이기는 전쟁을 하기 위해서는 상대방에 대한 철저한 이해와 분석이 선행되어야 하며, 『손자병법』 전체를 관통하는 일관된 논지라 할 수 있는 부전승의 지혜 역시 이러한 사전 준비와 계책을 통해 세를 형성함으로써 비로소 현실화될 수 있는 것이다. 결국 손자에 따르면 군사지도자는 거시적이며 전략적인 차원에서 전쟁 자체를 조망하고 미리 대비할 수 있도록 전인적 역량을 키우는데 매진해야 하며, 실전에 즉해서는 미리 철저히 준비한 세를 활용하여 신속하고 정확하게 적을 타격함으로써 단번에 승부를 결정지어야 한다. "전쟁을 잘하는 자는 승리의 관건을 전세에서 찾을 뿐, 일부 장병의 용맹에 기대지 않는다. 인재를 선발해 적소에 배치하는 방법으로 유리한 전세를 만들어 내는 것이 요체이다. 전세를 유리하게 이끄는 자는 병사를 지휘하는 것이 마치 통나무나 돌을 굴리는 것처럼 자유자재다. 통나무나 돌은 성질상 안정된 곳에 두면 가만히 있지만 비탈지고 위태로운 곳에 두면 쉽게 움직인다. 모난 나무와 돌은 정지하고, 둥근 나무나 돌은 저절로 가게 마련이다. 전쟁을 잘하는 자가 이끄는 전세를 보면 마치 천길 높은 산 위에서 둥근 돌을 굴리는 것과 같다. 이것이 바로 병세(兵勢)다."[36)]

손자에 따르면 군사지도자의 자격과 덕목은 단순히 전장에서의 용맹함만으로 판단할 수 있는 것이 결코 아니며, 그 밖에도 전쟁 자체나 개별 전장상황에 즉해서 세를 형성하고 활용할 수 있는 전략적 지혜를 갖추어야 하고, 나아가 군대조직 내에서 상하 간의 신뢰를 바탕으로 자발적인 복종을 이끌어낼 수 있는 덕성을 겸비해야 한다. 이처럼 군사지도자가 용장(勇將)의 단계를 넘어 지장(智將)으로 성장하고 마지막 단계인 덕장(德將)으로 거듭나기 위해서는, 군사지식과 전장경험을 바탕으로 한 실전능력 이외에도 자기 자신에 대한 성찰이 반드시 선행되어야 하며, 나아가 내면적 수양을 바탕으로 인간과 세상에 대한 넓고 깊은 이해가 전제되어야 함(文武兼全)을 『손자병법』의 논의를 통해 확인할 수 있는 것이다.

4. 나오는 말

이 글의 전반부에서는 플라톤이 『국가』에서 묘사한 전쟁의 특성과 수호자 교육 및 수호자의 자기희생과 진정한 용기에 대해 살펴보았고, 후반부에서는 손자가 『손자병법』에서 서술한 전쟁의 본질과 장수(將帥)의 다섯 가지 자질 및 세(勢)의 형성과 연관된 군사적 리더의 전략적 판단능력에 대해 고찰하였다. 『국가』와 『손자병법』은 동서양의 대표적인 인문고전 그룹에 속하지만, 저자들의 집필 목적이 서로 다르고 저술의 시대적 · 문화적 배경도 일치하지 않기 때문에 두 작품의 내용을 단순하게 비교하는 것은 큰 의미를 가지기 어려울 것이다. 그럼에도 불구하고 우리는 두 저술에서 묘사된 군사적 리더의 특성과 자격 및 기대역할과 관련해서 나름의 공통점과 차이점을 찾아볼 수 있으며, 이러한 논의가 6.25 전쟁 이후 여전히 분단 상황이 지속되고 있으며, 특히 근래에는 북한 핵무기 개발과 실전배치 동향으로 인해 전쟁의 위협을 시시각각으로 느낄 수밖에 없는 우리 한국사회에 어떤 의미가 있는지도 한번 쯤 되짚어 볼 수 있을 것이다.

우리의 주제와 관련해서 특별히 주목할 점은 플라톤과 손자 모두 군사적 리더의 자격을 논하는 과정에서, 단순히 전사로서의 용맹함이나 전문적 수준의 전투지휘 능력만을 언급하는데 만족하지 않았다는 사실이다. 플라톤에 따르면 국가의 수호자들은 오랜 세월 동안 키워온 각자의 무력을 오직 공적인 차원에서 국가방위와 국민보호이라는 공공선을 위해 사용할 수 있도록, 다시 말해서 언제든 사적인 욕망으로 향할 수 있는 영혼 내면의 감정을 스스로 잘 조절하고 관리할 수 있도록 아주 젊은 시절부터 인문적 차원의 정신교육을 충분히 그리고 지속적으로 수행해야 한다. 다른 한편 현실 제도적 차원에서도 수호자는 사유재산 소유와 가족 구성을 포기하는 등 무소유의 삶을 실천함으로써 내면의 애국심을 적극적으로 증명할 것이 요구되었는데, 이러한 조치 역시 수호자가 느끼는 개인적인 행복감보다 훨씬 큰 욕망의 대상이 될 수 있는 권력에의 욕망을 사전에 억제하고 근본적인 수준의 영혼의 절제가 가능하도록 유도하는 초극적 정신훈련의 역할을 하는 것임을 확인하였다. 나아가 최초에 선발된 수호자 그룹에서 가장 우수한 인재들이 도달하게 되는 통치그룹(철인왕)은 역할과 지위에 걸맞게 최고 수준의 지적 능력을 갖추고 인격적으로도 고매해야 하지만, 동시에 이러한 능력과 자질은 언제든 현실 국정문제의 해결에 활용될 수 있도록 실용성이 전제되어야 하며, 이에 플라톤은 특히 국가의 통치자들이 당시 일상화되다시피 했던 전쟁수행 능력을 철저히 배양해야 함을 강조하였던 것이다. 손자 역시 장수의 자질을 논하면서 단순히 전장에서의 용맹과 임전무퇴 정신을 강조하는데 만족하지 않았으며, 오히려 이론적 지식과 실천적 지혜, 상하 간의 믿음과 부하를 향한 인자한 태도와 같이 장기간의 지적인 연마와 자기성찰을 통해서만 도달할 수 있는 고도의 정신능력이 성공적인 군사적 리더의 전제조건임을 거듭 주장하였다.

21세기 현재 우리 한국사회에서 가장 찾아보기 힘들며, 특히 작금의 군대지휘에서는 희귀하기까지 한 가치개념이 바로 지도자의 철저한 사명감과 희생정신에 기반한 리더십이다. 이러한 현실을 극복하고 지금보다 개선된 군사지도자상을 정립하는 작업은 현재 우리 사회가 처한 정치적 · 군사적 상황을 고려해 볼 때 가장 시급하고 중요한 과제에 속한다고 말할 수 있을 것이다. 이를 위해 지금까지 우리가 그다지 관심을 기울이지 않았던 동서양 인문고전 속의 군사지도자상을 새롭게 음미해보고, 그 안에 내재된 의미와 가치를 현대적 차원에서 개발하는 작업이 이어질 수 있기를 기대해 본다.

옥타비아누스의 정치사상과 거래적 변혁리더십

1. 들어가는 말

리더십은 가정, 학교, 기업, 군대, 국가 등 다양한 유형의 공동체가 등장하기 시작한 이래 우리 인류가 가장 주목해 온 보편적 관심사 중 하나이다. 그런데 고금을 막론하고 리더십을 연구해온 사람들은, 진정한 리더는 단지 자신이 이끄는 조직의 관리 기술뿐만 아니라 공동체 전체의 긍정적인 변화와 발전을 견인할 수 있는 태도와 능력을 갖추고 있어야 한다는 점에 동의하고 있다. 이러한 의미에서 '리더에게 요구되는 정신'(leaderspirit)이란 공동체 구성원들이 지금 여기서 가장 필요로 하는 바, 즉 '시대정신'(Zeitgeist)을 정확히 파악하고 이를 새로운 '공유비전'(shared vision)으로 개념화한 후 다시 현실에서 구성원(follower)과 협력하여 성취할 수 있는 자세와 역량으로 규정할 수 있을 것이다. 20세기를 대표하는 리더십 연구자 중 한 사람인 맥스웰(John C. Maxwell)은 "리더란 길을 알고 길을 걸으며 길을 보여주는 사람"[1)]이라고 규정한 바 있다. 이 표현 역시 진정한 리더는 자신이 속한 공동체가 지향해야 할 비전을 찾아내서 공유하며 함께 도달하기 위해 솔선수범하는 모습에서 발견될 수 있음을 함축하고 있다.

동서양의 역사를 관찰해 보면 리더로서 구성원과 비전을 공유하며 이상의 실현을 위해 노력했던 인물을 종종 발견하게 된다. 흔히 역사서에서 최초의 '로마황제'(Imperator Romanus)이자 '존엄한 자'(Augustus)로 묘사되는 옥타비아누스가 이 범주에 속하는데[2)], 그는 로마 공화정 말기 백여 년간의 내전을 종식시키고 지중해 일대에 이른바 '로마의 평화'(Pax Romana)가 향후 이백년간 유지되도록 발판을 마련했던 인물이다.

이 글에서는 옥타비아누스가 로마 공화정 말기 치열했던 권력투쟁 과정과 이후 '원수정'(元帥政, principatus)으로 대변되는 오랜 통치기간 동안 보여준 현실 정치인으로서의 권모술수와 통치자로서의 비전을 리더십 스펙트럼을 통해 조망해 보고자 한다. 나아가 그가 사실상 내란과 다를 바 없는 정치상황 속으로 첫발을 내딛은 순간부터 품었던 정치적 이상을 실현하기 위해 현실에서는 어떤 길을 택할 수밖에 없었는지, 또한 그의 통치자로서의 행보가 고금의 비판적인 시각에도 불구하고 우리 현대인에게는 리더십 차원에서 어떤 교훈을 줄 수 있는지 음미해 볼 것이다.

본격적인 논의에 앞서 이 글에서 고대 로마의 정치가인 옥타비아누스의 리더십을 논구하게 된 이유를 간단히 언급하고자 한다. 옥타비아누스 집권기의 시대상과 그의 통치행위에 관한 연구는 국내외를 막론하고 주로 역사학계에서 진행된 것으로 보이며, 근래 들어 국내에서도 고대사 연구자들을 중심으로 그의 업적과 정치공학적 특성에 관한 체계적인 연구가 시도된 바 있다.[3] 이러한 아우구스투스 연구 추세에 반해 그가 통치자로서 오랜 세월에 걸쳐 쌓은 업적을 리더십 차원에서 조명한 연구는 매우 드물 뿐더러, 기존의 예외적인 연구들에서 조차 그가 펼쳤던 리더십의 특성이 명확히 드러나지는 않았다는 인상을 받게 된다.[4] 즉 현대 리더십이론의 관점에서 보면, 옥타비아누스의 현실 정치인으로서의 특성과 통치과정에서의 제반 행태는 '거래적 리더십'의 전형에 해당되며 이와 대비되는 '변혁적 리더십'의 요소는 별반 갖추지 못한 것으로 평가되곤 한다.[5] 그러나 이 글에서는 옥타비아누스가 거래적 리더와 변혁적 리더의 특성을 거의 예외적으로 동시에 갖추고 있었다는 점, 다시 말해서 표면상 상반되는 두 리더십 개념의 특성을 지혜롭게 조합하고 활용함으로써 현실정치에서 대성한 보기 드문 인물의 범주에 속한다는 사실을 밝히고자 한다. 이러한 논구를 통해서 그를 리더십 차원에서 일면적으로 해석하거나 지나치게 평가절하하려는 시도는 왜 그리고 어떤 문제를 노정할 수밖에 없는지도 간접적으로 드러날 것으로 기대한다.

이 글에서 옥타비아누스에 관한 논의는 주로 그가 BC 31년 초가을(9.2)에 벌어진 악티움 해전에서 승리하여 명실상부하게 로마의 일인자로 등극한 이후 당시로서는 고령의 나이(77세)로 죽음에 이르기까지 이어졌던 기나긴 통치기간(BC32-AD14) 동안 보여준 정치지도자로서의 자세와 업적을 중심으로 진행하고자 한다.[6] 사실 옥타비아누스가 일생을 통해 정치인으로서 선택하고 경험해야 했던 수많은 도전과 사건들 중에서 대중적으로 가장 많이 알려져 있고 또한 관심의 대상이 된 것은, 카이사르(Gaius Julius Caesar, BC 100-44)의 죽음과 동시에 어떠한 준비도 갖추지 못한 상태에서 정치의 최전선에 뛰어들었고 자신보다 모든 면에서 월등한 정적들과 2차 삼두정(BC 43-33) 체제[7]를 힘겹게 이끌었으며 악티움에서 안토니우스(Marcus Antonius, BC 83-30)와 클레오파트라(Cleopatra, BC 69-30)의 연합군을 물리치기까지 10 여년의 세월 동안 발생했던 다양한 에피소드일 것이다.[8] 그러나 옥타비아누스가 로마시민에게 보여준

지도자로서의 자세와 노력 그리고 업적은 오히려 일반대중의 관심에서는 사실상 벗어나 있는 제국 일인자로서의 통치시기에 훨씬 더 명확하게 드러나며, 이 시기에 선보인 그의 다양한 역할행동과 통치 일화들은 21세기를 살아가는 우리 현대인에게도 리더십 차원에서 적지 않은 교훈과 사유거리를 제공할 수 있으리라 생각된다.

옥타비아누스의 리더십에 관한 본격적인 논의에 앞서, 20세기 중반 이후부터 오늘날에 이르기까지 리더십 이론가들 사이에서 활발하게 거론되고 또한 서로 비교되곤 하는 두 개념인 거래적 리더십과 변혁적 리더십을 옥타비아누스의 리더로서의 자세와 행동을 분석하는 툴로 사용할 것임을 밝힌다. 이에 두 리더십 개념의 특성에 관해 먼저 간단히 살펴볼 것이다.

2. 거래적 리더십 vs. 변혁적 리더십

리더십을 현대적 학문체계로 새롭게 정립한 인물로 평가받고 있는 번스(James McGregor Burns, 1918-2014)에 따르면, 역사 속에서 등장했던 리더십의 다양한 유형들 내지 리더들의 행동특성은 적지 않은 경우 '거래적 리더십'(transactional leadership) 개념을 통해 분석 가능하다.[9] 주지하듯이 거래적 리더십은 한 조직의 리더와 나머지 구성원 사이의 관계를 원칙적으로 '교환관계'(exchanging relation)로 상정한다. 리더는 구성원들의 욕구를 세밀히 파악하면서 그들이 기대 수준의 열정과 성과를 보이면 그에 상응하는 보상[10]을 제공하고, 역으로 구성원들은 자신에게 주어진 보상수준에 비례해서 업무를 수행한다는 것이다. 이처럼 리더와 구성원 사이에는 사실상 교환 차원의 상호성과 서로의 역할에 대한 기대감이 자리 잡고 있다. 인간관계의 거래적 성격을 체득한 리더는 원활한 업무처리나 성과창출을 위해 합리적으로 사고하고 구성원을 이성적으로 설득하면서도 현실적으로는 가시적이며 단기적인 성과에 만족하는 경향이 강하다는 것이다.

번스에 따르면 단기적인 성과와 조직의 안정에 만족하고 보상 차원의 동기유발을 지향하는 거래적 리더십과 달리, '변혁적 리더십' (transformational leadership)은 구성원들이 공동으로 추구해야 할 조직의 장기 목표 즉 미래에 대한 공유비전을 제시하고, 그것이 현실적으로 가능할 수 있도록 구성원들에 대한 전혀 새로운 차원의 접근과 소통을 추구한다. 즉 구성원들이 보상 중심적 사고내지 이익 지향적 태도에서 탈피하여 공동체의 비전과 사명감을 중시하는 내면적 변화가 일어날 경우에만 조직의 진정한 발전을 기대할 수 있기에, 변혁을 지향하는 리더는 구성원 각자가 내면의 변화 의지를 스스로 발견하고 실천할 수 있도록 다양한 노력을 기울여야 한다. 예컨대 거래적 리더와 달리 변혁적 리더는 구성원과의 관계를 원칙적으로 수평적인 것으로 인식해야 하며 나아가 상호 간에 감정이입이 가능한 수준으로 유대관계를 형성할 필요가 있다. 정서적 차원의 상호존중과 이해를 바탕으로 이제 리더는 구성원이 물질적 욕구충족만이 아닌 정신적 충만감에서 살아있는 기쁨을 발견하도록 그리고 이익 중심적 사고에서 비전 중심의 사고로 전환하도록 유도할 수 있게 된다. 역으로 구성원들은 진정성을 토대로 한 리더의 친화적 태도와 비전 중심적 가치관을 경험하면서 그를 향한 신뢰와 존경의 감정을 지니게 된다.

지금까지 살펴본 바와 같이 번스의 리더십 담론에서 거래적 리더십과 변혁적 리더십은 특성과 지향점, 대상과 효과 등 여러 면에서 대비되는 양상을 띠고 있다. 특히 번스에 따르면 리더가 구성원과의 정서적 유대와 일체감을 적극적으로 형성할 수 있을 경우에, 나아가 리더가 구성원에게 비전을 제시하며 공공선을 함께 추구하도록 자극하고 영혼을 고양시키는 경우에 그렇지 않은 경우보다 더 큰 도덕적 가치를 부여할 수 있다.

그런데 우리 인간이 경험하고 인지하는 역사현실 속에서 과연 두 리더십 이론은 상호 모순적이며, 따라서 두 개념에 내포된 특성들이 한 명의 리더 안에서 병존하는 것은 전혀 불가능한 것일까? 또한 번스가 주장하듯이 거래적 리더십을 발휘하는 현실속의 지도자는 공동체의 변화나 발전과는 원칙적으로 거리가 먼 존재인가?

번스의 변혁적 리더십 담론을 비판적으로 발전시킨 바쓰(Bernard Morris Bass, 1925-2007)에 따르면, 앞의 두 리더십 개념은 번스의 주장과 달리 한 차원의 양 극단에서 존재하는 상호 모순적 개념이 결코 아니다. 오히려 이 둘은 각자 명백히 독립적인 개념인 동시에 경우에 따라서는 하나의 인격체 안에서 서로 공존할 수 있으며, 또한 현실에서는 거래적 리더십이 변혁적 리더십을 보완할 수 있다는 것이다.[11] 또한 나이(Joseph S. Nye, Jr., 1937~)에 따르면 우리가 번스의 이론을 좇아 쉽게 단정하는 것과 달리, 세상의 모든 거래적 리더가 단지 당근과 채찍으로 비유되는 '하드파워' 자원에 의존하며 현실적인 목표를 추구하거나 현상유지에만 만족하는 것은 결코 아니다. 역사 속에 등장했던 다수의 성공한 변혁적 리더들은 자신의 조직이나 공동체를 근본적으로 변화시킨다는 원대한 이상을 품고 또한 강력한 카리스마를 지녔으면서도, 그 목표에 도달하는 과정에서는 일반적으로 거래적 리더십으로 간주되는 수단과 방법을 자주 사용하곤 했다는 것이다.[12] 이하에서는 옥타비아누스가 이 두 가지 리더십의 특성을 시의적절하게 조합하고 활용함으로써 서양 정치사에서 가장 성공한 통치자의 반열에 들어선 인물이라는 관점에서, 그의 정치활동 기간 중에서 특히 일인자로 활동했던 시기의 일면을 살펴보기로 한다.

3. 옥타비아누스 리더십에 대한 부정적 평가

서양 고대의 통치자들 가운데 사실상 가장 탁월한 업적을 남겼으며 또한 사후 이천년 간 이어진 유럽 역사의 흐름에 결정적인 영향을 끼쳤던 옥타비아누스에 대한 후대 사가들의 평가는 기대만큼 호의적이지 않으며, 특히 리더십 차원의 평가는 더욱 박하다는 인상을 지울 수 없다.

그 이유는 여러 측면에서 생각해 볼 수 있을 것이다. 우선 옥타비아누스의 양부(養父)인 카이사르와 비교하여 옥타비아누스의 리더십이 빈약해 보일 수 있다. 카이사르는 극적인 죽음을 통해 대중에게 깊이 각인되었을 뿐만 아니라 갈리아 원정과 루비콘 도하를 통해 영웅적인 풍모와 카리스마를 보여주었다. 이에 반해 옥타비아누스는 극적인 영웅담이 거의 전무하며, 그 신중한 정치행태나 내향적인 성격으로 인해 리더십 차원에서 주목받기 어려웠을 것이다.

나아가 그는 고대 로마에서 최상위 정치 지도자로 성장하기 위해 갖추어야 하는 필수조건들을 대체로 결여한 것으로 평가되어 왔다.[13] 즉 그는 당대 최고의 수사학자이자 현실정치인으로 활동했던 키케로(Marcus Tullius Cicero, BC 106-43)처럼 군중을 감동시킬 수 있는 웅변술을 뽐내거나 문학적 재능을 발휘하지 못했으며, 원로원을 구성했던 전통적인 로마 귀족가문의 일원이 아닌 한낱 지방의 '기사 계층'(ordo equester) 출신이었기에 정치적 성장 과정에서 출신성분을 이유로 안토니우스 같은 정적들에게 조롱당하기기 일쑤였다. 더욱이 그는 카이사르나 폼페이우스(Gnaeus Pompeius Magnus, BC 106-48) 같이 탁월한 군사적 업적을 통해 '영예'(gloria)로운 지도자의 반열에 올랐던 선배 정치인들의 '위엄'(dignitas)을 갖추지도 못했다.

다른 한편, 옥타비아누스는 정치적으로 극단적인 입장을 취했고 따라서 현실적인 결과와는 별개로 후대 사가나 민중들 사이에서 신념과 절의의 상징으로 각인되었던 공화정 말기의 여타 정치인들과 반대의 길을 걸었다.[14] 즉 그는 권력투쟁에서의 실질적인 승리와 정계입문 당시부터 품어왔던 정치적 이상의 궁극적인 실현을 위해 주변의 동료들은 물론이거니와 정적들과도 가식적인 소통과 현실적인 타협 그리고 적절한 수준의 양보를 결코 주저하지도 않았고 비굴한 것으로 간주하지도 않았다. 그런데 그가 현실 정치인으로서 보여준 극단적인 자제력과 불굴의 인내심 그리고 타협과 거래를 중시하는 태도는 오히려 후대인들 사이에서 지나치게 현실주의적이라거나 정치적 마키아벨리즘을 선취하고 있다는 식의 평가와 더불어 모범적인 리더의 모습과는 거리가 있다는 판단의 근거가 되어왔다.

4. 정치 천재의 거래적 리더십

옥타비아누스는 악티움 해전을 승리로 장식함으로써 십여 년간 지속되던 내란을 마감하고 권력투쟁의 최종 승자이자 로마의 일인자로 등극했음을 만방에 과시할 수 있었다. 이후 그는 수차례의 비교적 사소한 정치적 위기를 제외하면 고령으로 죽음에 이르기까지 큰 난관 없이 제국 통치자의 길을 걸었던 것으로 역사는 기록하고 있다. 그러나 그가 44년 세월 동안 외형상 큰 문제없이 제국의 지배자로서 권력을 누릴 수 있었던 것은, 단순히 카이사르의 양자라는 유산을 손에 쥐고 정치무대에 등장했다거나 당시의 혼란스런 시대상황과 운이 맞아 떨어졌다거나 고대세계 대부분의 통치자들처럼 냉혹한 독재자의 면모를 지니고 있었기 때문이 아니다.

옥타비아누스는 치세 기간 내내 동시대의 통치자 중에서 누구보다 성실한 자세로 통치업무에 임하였고 오직 실적을 통해 시민들로부터 평가받기를 원했던 것으로 이미 고대 사가들 사이에서 정평이 나 있다.[15] 나아가 옥타비아누스는 통치과정 전반에서 원로원 귀족세력을 비롯한 경쟁자들이나 자신의 출신성분이자 정치적 지지기반인 "이탈리아 기사 신분 출신"[16] 관료들과 끊임없이 소통함으로써 그들의 의견이나 입장을 이해하고 수용하고자 노력했다. 동시에 옥타비아누스는 그들이 자신과 순순히 타협하거나 적절한 수준의 정치거래에 자발적으로 임할 수 있도록 상황을 연출하는 모습을 보이기도 했다. 이처럼 옥타비아누스가 통치자로서 보여준 리더십은 외형적으로 볼 때 거래적 리더십의 전형에 해당되는 것으로 평가할 수 있다. 이 장에서는 옥타비아누스가 통치기간 중에 보인 행적 중 몇 가지를 선별하여 간단히 검토함으로써 그의 거래적 리더로서의 면모를 조망해 보도록 한다.

4.1 공공사업과 사회통합

기원후 1-2세기에 활동했던 로마의 전기작가 수에토니우스(Gaius Suetonius Tranquillus, AD 69-122)에 따르면, 옥타비아누스는 재임 중 언젠가 로마의 외관을 크게 개선한 후 다음과 같이 자랑스럽게 외쳤다고 한다. "내가 발견한 로마는 벽돌로 되어 있었지만, 내가 남기는 로마는 대리석으로 되어 있을 것이다."[17] 이 발언은 옥타비아누스가 통치기간 중에 이룩한 업적을 놓고 볼 때 결코 과장된 것이 아니며 오히려 사실에 근접해 있다고 말할 수 있다. 그는 집권 이후부터 재임기간 내내 지난 백여 년간의 내전으로 황폐화된 로마의 재건을 위해 상당한 노력을 기울였기 때문이다. 이러한 노력은 한편으로 로마가 지중해 최강국이자 세계제국의 수도에 부합하는 외형과 권위를 지녀야 한다는 확고한 신념에 기인하는 것이었으며, 다른 한 편 시민들에게 자신의 통치 하에서 이전에는 상상하기 힘들 만큼 위생적이며 안락한 삶을 영위할 수 있게 되었다는 점을 각인시키고자 했기 때문이다. 예컨대 그는 집권 초기 즉 이집트에서 귀환하여 본격적으로 통치 기반을 다지기 시작한 BC 33년에 평생의 정치적 동반자이자 분신과도 같았던 아그리파(Marcus Vipsanius Agrippa, BC ca.64/62-12)를 '중급정무관'(aedilis)으로 임명하여 당시 로마시민의 일상에서 핵심 현안에 속했던 상수도 시스템을 현저히 개선하고자 했으며, 이때 신설된 것이 유명한 '율리우스 상수도'(Aqua Iulia)이다. 이 새로운 상수도가 완공됨으로써 로마 시민들은 이전과는 비교할 수 없을 정도로 충분한 물을 공급받아 생활만족도가 향상되는데, 일례로 상수도 신설과 각종 수도 사업에 힘입어 당시 로마 시내에 설치된 170여개의 목욕탕이 연주 무휴로 개방되었고 더불어 로마의 목욕문화가 획기적으로 발전하게 된다.[18)]

다른 한편 옥타비아누스는 자신의 현존하는 유일한 기록인 『업적록』(Res Gestae Divi Augusti, 19)에서, "내가 여섯 번째 집정관의 지위에 있을 때(BC 28), 나는 원로원의 권위(auctoritas)에 의거하여 로마에서 복구할 필요가 있던 82개의 신전을 예외 없이 다시 지었다"고 술회한 바 있다. 사실 그가 집권기간 동안 신축하거나 재건한 신전 혹은 비슷한 기능을 가진 기념공간은 상당히 많다. 예컨대 포룸 로마눔 중심부에 양부 카이사르를 신격화하고 숭배하는 장소로 만든 율리우스 카이사르 신전(BC 29.8.18 봉헌)과 당대에 "로마인들과 신들의 관계를 중재하는 역할"을 수행 했으며 또한 '팍스 로마나'로 일컬어지는 "아우구스투스 프로파간다(propaganda)의 결정체"[19]로 평가받는 '아우구스투스 평화제단'(Ara Pacis Augustae)을 들 수 있다.

그는 왜 공공건축 사업 중에서도 특별히 대규모 신전 복원에 지대한 관심을 기울였을까? 사실 옥타비아누스는 정치입문 당시부터 이미지 관리의 중요성을 간파하고 권력투쟁 시기와 통치기간 내내 대내외적으로 긍정적인 이미지가 형성될 수 있도록 신경 쓴 것으로 알려져 있다. 특히 그는 집권 초기에 장기간의 내전으로 인해 피폐해진 로마 시민들의 몸과 마음을 위로하고 치유하는 정책을 자주 펼쳤으며, 처음에는 치유와 정화를 상징하는 아폴론 신을 위해 벼락 맞은 자신의 집터를 성역으로 기증하는 등 숭배하는 모습을 보이다가 나중에는 자신을 아폴론과 동일시하기에 이른다. 즉 평소 종교의 사회통합 기능에 주목했던 옥타비아누스는 정치적 상징조작 차원에서 자신만이 로마의 오래된 상처를 치유할 수 있는 지도자이자 신적인 존재임을 강조하였다.[20] 나아가 그는 대규모 신전건축 사업과 국가 차원의 종교의식 활성화[21]를 통해 내전의 혼란기 속에서 사실상 유명무실해진 전통종교와 관습이 윤리적 정화기능을 회복하고자 했다. 그리고 이를 바탕으로 시민들이 초기 로마에서 중시되었던 '덕목'(virtus)들, 즉 검소함과 절제 있는 생활을 유지하는 가운데 전통을 존중하며 개인 간 신의와 사회적 책임을 다하는 모습으로 회귀하기를 원했던 것이다.[22] 또한 장기간

계속된 신전건축 사업 덕분에 일반 시민들은 생계를 해결할 수 있는 일자리를 얻게 되었고, 이 상황은 다시 경제적 안정과 더불어 사회 불안요소가 점차 감소되는 효과를 낳았다.[23)]

벽돌의 로마를 대리석의 로마로 바꾸어 놓고자 한 옥타비아누스의 일련의 기획을 공공건물 건축이나 대규모 시설투자를 통해 통치체제의 정당성을 확보하고 나아가 장기집권의 토대를 마련하려 한 젊은 거래적 리더의 노회한 책략이라고 비판할 수도 있을 것이다. 사실 양부 카이사르를 포함해서 옥타비아누스의 통치 시기 이전에 명멸했던 대다수 귀족출신 정치인들은 주로 권력투쟁에 몰두하거나 자신의 업적을 과시하기 위해 거대한 기념물을 경쟁적으로 세우는 일에만 열을 올렸다. 반면에 옥타비아누스는 시민들의 생활에 구체적으로 관심을 기울이고 다양한 도시 관리사업(상수도, 하수도, 도로 등)을 통해 삶의 질을 개선하고자 노력했으며, 나아가 내전으로 인해 분열된 사회의 실질적인 치유와 통합을 위해 고심하던 지도자였음에 주목할 필요가 있다. 이런 관점에서 보면 우리는 그를 적어도 동시대의 수많은 야심가들 중에서 최초로 혹은 상대적으로 가장 명확하게 공적인 '이익'(utilitas)[24)]의 의미와 가치를 이해하고 실천하려 했던 인물로 평가해도 무리가 없을 것이다.

4.2 공화정 재건이라는 프로파간다

카시우스 디오가 『로마사』(53권, 8)에서 전하는 바에 따르면, 옥타비아누스는 BC 27년 초(1.13) 원로원에 출석하여 뜻밖에도 공직사퇴를 공개적으로 선언한다. "이제 나는 지중해 거의 전체를 지배하고 있으며 (...) 여러분 모두 평화롭게 살고 있는 현 시점에서 (...) 내가 지닌 모든 관직을 내려놓고 여러분에게 국정에 관한 모든 것을 이양하고자 합니다."[25] 역사는 이날의 사건을 옥타비아누스의 공직사퇴 표명인 동시에 이른바 '공화정 회복'(res publica restituta) 선언으로 묘사하고 있다. 그러나 이후의 역사가 증명하듯이 옥타비아누스의 사퇴 선언은 오히려 자신의 권력을 더욱 공고히 하려는 시도의 출발점일 뿐만 아니라, 전통적인 국가운영 시스템인 공화정을 껍데기만 남겨둔 채 이른바 '원수정'(Principatus)의 이름으로 사실상 제정(帝政) 체제를 도입하기 위한 지능적 퍼포먼스에 불과했다.[26] 왜 그는 이처럼 뻔한 거짓말을 공개적으로 준비해야 했을까?

옥타비아누스는 전통적인 귀족가문 출신이 아니면서도, 공개적으로 살해당한 카이사르의 양아들이라는 이유만으로 단번에 정계진출에 성공하였다. 따라서 그는 정치입문 초기에 지지기반이 되어준 카이사르 휘하 군단병들과 '민중파'(populares)인 카이사르의 죽음에 분개하는 시민들에게 자신의 모든 정치적 행위는 궁극적으로 양부의 죽음에 대한 복수, 즉 '효심'(pietas)에 기인하는 것이라는 점을 부각시킬 필요가 있었다. 이를 위해 그는 2차 삼두정을 위한 협상이 진행되던 BC 43 여름, 그동안 안토니우스의 방해 등으로 미루어 왔던 입양절차를 마무리하고 역사 속의 이름인 '가이우스 율리우스 카이사르 옥타비아누스'로 개명하게 된다. 곧이어(BC 42) 그는 카이사르를 살해한 원로원 내 공화파에 대한 응징을 명목으로 살생부를 만들어 정적들을 잔혹하게 숙청했으며,[27] 동시에 원로원이 '카이사르에 대한 신격화'(Divus Julius) 조치를 의결하도록 강요하였다. 또한 그해 가을에는 그리스 중부에 위치한 필리피(philippes)에서 두 차례의 대규모 전투를 통해 카이사르 모살사건의 주범인 브루투스와 카시우스(Gaius Cassius Longinus, BC 85-42)를 물리치고 복수에 성공하게 된다.

이처럼 옥타비아누스는 정치입문 초기에 카이사르에 대한 애정을 과시하는 행동을 지속적으로 선보였으나, 다른 한 편 바로 그 시기에 자신의 양부는 원로원 귀족이 중심인 로마 정치판에서 어떤 경우에도 닮지 말아야 할 반면교사의 인물로 낙인찍힌 상태였음을 인지하고 있었다. 카이사르는 갈리아 원정을 마치고 로마로 귀환한 후 공화파의 지지를 받던 폼페이우스와의 권력투쟁을 통해 정권을 쟁취하였다. 곧이어 그는 본래 6개월을 넘길 수 없는 비상시 직책인 독재관에 10년 기한으로 취임하고 다시 종신 독재관이 됨으로써, BC 509년 공화정 체제가 도입된 이래 로마인들 특히 귀족계층이 가장 싫어하는 정치상황인 '왕정'에로의 복귀를 시도한다는 의심을 강하게 받았다. 따라서 카이사르 모살은 브루투스와 카시우스 같은 일단의 핵심 주동자들뿐만 아니라 귀족 사회 전반의 동조와 묵인 하에 기획된 것으로 볼 수 있다. 옥타비아누스는 이런 귀족사회의 분위기를 인지하고 있었기 때문에, 권력투쟁에서 승리한 후에는 엘리트 세력인 원로원 귀족들을 진심으로 포용하고 국정운영에 동참시키는 방안을 적극적으로 모색할 수밖에 없었다.

권력을 손에 쥔 옥타비아누스는 더 이상 자신이 독재관 카이사르의 양자라는 사실을 공개적으로 거론할 필요가 없었고, 역으로 기회가 있을 때마다 자신은 결코 국가권력을 사유화할 의도가 없으며 공화정의 중심인 원로원의 권위와 역할을 최대한 존중한다는 사실을 지속적으로 표명해야만 했다. BC 27년의 공직사퇴와 권력 이양 퍼포먼스는 이러한 맥락에서 의도를 추적할 수 있을 것이다. 나아가 옥타비아누스는 집권 초반기에도 여전히 원로원의 주류를 형성하고 있던 공화주의자 그룹과의 관계를 고려하여, 과거 카이사르와 직접적으로 대립했던 공화파 인물들, 예컨대 폼페이우스, 술라, 키케로 등을 추앙하는 정치성 행사를 묵인하거나 경우에 따라서는 지원하기도 하였다.[28] 또한 그들의 후손도 실력이 어느 정도 입증되면 주저 없이 고위직에 등용하는 등 개방적인 태도를 취했다.[29]

그렇다면 옥타비아누스의 진심은 무엇이었을까? 이 질문에 답하기 위해서는 우선 공화정 말기 로마가 직면했던 정치 · 사회 상황에 잠시 주목할 필요가 있다. 로마사 연구자 권에 따르면,[30] 기원전 2세기 말 혼란스러운 대내외 정세 속에서 탁월한 군사 능력을 바탕으로 일곱 번이나 집정관에 선출되었던 마리우스(Gaius Marius, BC 157-86)가 등장하고 뒤를 이은 귀족 출신 군벌들의 경쟁적인 영토 확장으로 인해 로마는 사실상 제국주의의 길로 들어서게 된다. 로마는 이제 더 이상 초기 공화정처럼 원로원의 영향력 하에 소극적으로 평화와 안정을 추구하던 시절로 돌아갈 수 없게 된 것이다. 비록 공화주의자이자 비교적 청렴한 독재자였던 술라가 대규모 개혁을 통해 원로원의 위상을 강화시키는 등 과거 공화정의 영광을 되살리고자 시도했지만, 이미 시대는 폼페이우스나 카이사르 같이 출중한 군사지도자들의 거침없는 행로에 편승하는 분위기였다. 이미 제국화가 진행되고 있던 로마는 이전과 달리 훨씬 강력하고 효율적인 통치 시스템을 필요로 했기 때문이다. 본래 이탈리아 반도 중부에서 소규모 도시국가(polis)로 출발한 로마가 에트루리아(Etruria) 등 주변의 선진문명 세력에 대항하기 위해 발명한 정체(politeia)였던 "공화정은 자신의 성공의 희생물"[31]이 될 수밖에 없었던 것이다. 또한 당시 공화정의 본질적 성격 역시 후세인들이 각자의 정치적 필요에 따라 마치 역사 속에서 가장 민주적이며 이상적인 통치체제인양 미화했던 것과 달리[32], 중기 이후에는 사실상 "원로원에 근거한 귀족의 과두적 지배"[33] 체제에 불과했음도 부인할 수 없는 사실이다. 이때 부패하고 소극적인 공화정 시스템으로는 제국으로 변모하고 있는 로마의 미래를 담보할 수 없음을 가장 먼저 인식한 인물은 바로 "강력하고 찬란한 마음을 가지고 있던 카이사르"[34]였다. 당대의 공화파 정치인들이나 후대의 역사가들 중 일부는 그가 종신 독재관직에 올랐다는 이유만으로 그를 왕정복고를 시도한 과거 회귀적이며 반민주적인 인물로 낙인찍어 왔으나, 사실 그는 갈리아 정복전쟁에서 귀환한 직후부터 생의 마지막 순간까지 낙후된 조국의 정치시스템과 사회제도를 새로운 시대에 맞춰 변혁시키고자 했던 혁명가였다.[35]

옥타비아누스의 집권기 행적은 그가 로마의 미래에 관한 카이사르의 청사진을 가장 정확히 파악하고 있었음을 확인시켜 준다. 그는 권력 획득 후 정국이 어느 정도 안정되자, 로마가 지중해 최강국의 지위를 확고히 하는데 필요한 일련의 개혁조치를 위해 자신의 좌우명처럼 "천천히 서둘렀기"(festina lente) 때문이다. 오랜 세월에 걸쳐 추진된 개혁과제들 중에서 '공화정의 재건'이라는 정치적 프로파간다와 연관해서 가장 큰 의미를 부여할 수 있는 업적은, 옥타비아누스가 로마의 전통적인 정치체제(원로원과 민회 등)를 표면상 유지하고 존중함으로써 사회 내부의 안정을 도모하면서도, 다른 한편 단계적이고 철저한 행정개혁을 통해 제국 전역이 향후 명확한 비전과 시스템에 따라 통치될 수 있는 기반을 마련했다는 사실이다.[36] 이하에서는 이러한 명확한 비전제시를 통한 통치를 변혁적 리더십의 관점에서 고찰해 보고자 한다.

5. 공유 비전과 변혁적 리더십

옥타비아누스는 팔로워들에게 그들이 가장 열망하는 미래를 '새롭게 만들어서 보여주는' 변혁적 리더의 자질을 가지고 있었다. 또한 그는 자신의 정치적 이상을 냉철한 판단력과 불굴의 용기 그리고 현대 경영학 용어를 빌려 표현하면, 당시로서는 새로운 차원의 "목표관리"[37] 시스템 도입을 통해 현실화하고자 하였다. 특히 이 과정에서 옥타비아누스는 양부 카이사르의 성급한 개혁과 갑작스러운 죽음을 반면교사로 삼았다. 즉 그는 아무리 훌륭한 비전과 계획을 가졌더라도 너무 일찍 죽거나 권력을 상실하게 되면 모든 것이 일장춘몽과 다를 바 없게 된다는 교훈을 바탕으로 매번 자신의 정책을 대단히 신중하게 추진하였다. 또한 그는 이 과정에서 구성원들과의 소통과 타협을 통해 그들이 확신 속에서 자신이 보여주는 바를 믿을 수 있도록 유도하였다. 옥타비아누스는 "달팽이 걸음으로 나아가는 개혁가"[38]였던 것이다.

옥타비아누스는 두 가지 차원에서 로마사회 구성원들과 비전을 공유함으로써 로마사회를 새롭게 구축해 나아갔다. 그는 로마 사회 전반에 새롭게 질서 잡힌 관리체계를 도입함으로써 과거와는 다른 세상의 도래를 촉발시켰으면서도, 이러한 변화를 귀족과 평민 계층 모두 별다른 저항이나 거부감 없이 수용할 수 있도록 그들의 영혼에 뿌리박힌 욕구를 이해하고 그것을 공유비전으로 제시했던 것이다. 우선, 오랫동안 지배세력으로 군림했던 귀족 계층과 공유한 비전은 '공화정 재건'이었다. 즉 옥타비아누스는 카이사르 시대 이후 서서히 약화되어온 원로원의 '권위'(auctoritas)를 회복시키고 구성원들과의 유대감을 형성하기 위해 노력했다. 예컨대 그는 국정의 주요현안에 대해 거의 예외 없이 원로원의 자문을 구하였고, 공개토론과 심의를 통해 의결된 사항은 적극 수용하는 자세를 보였다. 옥타비아누스는 원로원에서 부여한 수많은 명예 칭호들[39] 중에서 특히 '동등한 자들 중에서 첫 번째 인물'을 의미하는 '프린켑스'를 선호했던 것으로 알려져 있는데,[40] 이것은 자신은 독점적으로 권력을 행사하는 별개의 존재(왕)가 아니라 로마라는 공동운명체의 일원이며 그 중에서도 '원로원 구성원 중 한 사람'이라는 점을 의도적으로 부각시키기 위함이었다. 또한 옥타비아누스는 당시 만연해 있던 국정운영의 비효율성과 예측불가능성을 최소화하기 위해 주요 공직을 체계화하는 개혁을 단행하였다. 이 조치는 공직을 희망하는 귀족 출신의 젊은이가 다양한 행정 · 관리 직책을 수행한 후 성과에 따라 단계적으로 상승하도록 유도하는 것으로,[41] 궁극적으로는 집정관(consul)과 속주 총독을 거쳐 원로원 의원의 자리에 들어서도록 규정되어 있었다. 이러한 개혁은 일차적으로 로마제국의 행정이 근대적 공공관료제의 초기 형태를 선취하는 계기를 제공하였으며, 동시에 관료직의 종착점인 원로원의 권위와 위상을 이전보다 강화시키는 기제로 작용하였다.[42]

다른 한 편, 옥타비아누스는 일반 민중들과 '평화'와 '경제'적 안정을 통한 생활조건의 개선이라는 비전을 공유하였다. 앞에서 간략히 살펴본 바와 같이 옥타비아누스는 상하수도 확충 같은 건설사업을 통해 환경개선에 매진하였고, 홍수 등 자연재해로 인해 식량이 부족할 경우 사재를 털어 구제에 힘쓰는 등 일반 민중들의 생활조건이 더 나아질 수 있도록 다양한 노력을 기울였다. 또한 그는 10여년에 걸친 내전 종결 이후 더 이상 시민이나 병사들이 전란의 소용돌이 속에서 헛되이 쓰러지지 않도록 로마군단의 규모를 전시의 절반 이하로 대폭 축소하였고, 주로 국경선 방어 위주의 국방정책을 실시함으로써 불필요한 군사행위를 미연에 방지하도록 하였다. 이러한 노력을 통해 지중해 일대에는 이른바 '로마에 의한 평화'가 서서히 도래할 수 있었고, 이제 로마 민중들은 적어도 공화정 말기보다는 훨씬 더 예측 가능하고 안정된 삶을 영위할 수 있게 되었다.[43] 옥타비아누스는 이 상황을 『업적록』(13)에서 다음과 같이 자랑스럽게 기록하고 있다. "육지와 바다를 포함한 로마 인민의 전

영토에서 전쟁의 승리로 인해 평화가 왔을 때마다 우리의 조상들이 문을 닫으라고 명했던 그 야누스 신전을 (...) 원로원은 내가 프린켑스일 때 야누스 신전의 문을 세 번이나 닫도록 결의했다."

나아가 옥타비아누스는 자신이 제시하고 추진한 공유비전과 관련하여, 자신의 통치행위가 본래 공화주의 정치사상을 기반으로 하고 있음을 이념적으로 증명하고자 하였다. 이것은 대부분 지식인 그룹에 속하는 귀족들과의 진정한 소통과 연대를 위해서 반드시 거쳐야 할 과정이었다. 그리고 이 지점에서 그동안 로마사회에서 공개적으로 호명되기 어려웠던 인물인 키케로가 다시 소환된다. 키케로는 살아서는 공화정의 원로이자 실세로서 국정운영에 막강한 영향력을 행사했으며, 사망한 이후에는 귀족들 사이에서 공화정 수호를 위해 초개와 같이 목숨을 바친 영웅으로 은밀하게 평가받고 있었기 때문이다.[44] 이에 옥타비아누스는 이론과 실천 양 측면에서 공화정의 대부로 통하는 키케로의 사상을 자신의 통치 프로파간다 기법에 적극 활용하고자 하였다. 따라서 이하에서는 키케로의 정치철학이 무엇이었고, 그것이 어떻게 옥타비아누스에게 수용되었는지를 살펴보고자 한다.

5.1 키케로의 공화주의 정치철학

키케로는 국가의 본질, 인민의 정의, 통치자의 자격, 이상적인 정치체제 등과 같은 자신의 정치철학적 구상을, 현재는 주요내용이 상당부분 유실된 『국가론(De re publica)』을 중심으로 전개하였다.[45] 키케로의 『국가론』은 스키피오 같이 실제 로마의 역사 속에서 활동했던 인물들이 대화의 주체로 등장하여 자신들이 고민하고 해결해야 했던 사건들을 직접 거론하는 가운데, 국가란 무엇이고 어떻게 운영되어야 하며(1-3권) 국가의 지도자는 어떤 자질과 능력을 바탕으로 국정에 참여해야 하는가(4-6권)를 집중적으로 고찰하고 있다. 또한 키케로는 플라톤을 비롯한 그리스 사상가들의 학문적 성과를 부분적으로 수용하면서도, 현실적인 관점에서 로마의 실제 정치상황(내란)과 과거 공화정의 역사적 경험을 모델로 자신의 국가철학을 전개하였다.[46]

키케로는 국가를 인민의 "이익공동체(utilitatis communio)"인 동시에 "법적 동의(iuris consensus)"에 의한 집단으로 규정하였다.[47] 국가에 대한 이러한 정의에 따르면, 국가 구성원인 인민은 자연인과 명백히 구분되는 바, 전자는 법이 보장하는 동등한 권리를 지니고 있으며 또한 구속력 있는 합의를 바탕으로 상호 간에 공동의 이익을 추구하는 주체이다. 또한 국가는 인민이 "각자 자기의 것을 소유하도록(suum quisque tenere)" 최대한 뒷받침하되, 개인적 이익의 핵심인 사유재산에 대해 절대로 간섭하거나 침해해서는 아니 된다. 나아가 인민이 향유하는 이익과 그것을 위한 상호 간의 동의는 오직 합법적인 절차에 따를 경우에만 효력을 지닐 수 있다. 국가는 인민의 실질적인 권리증진 및 이익창출을 위하여 법을 통한 정의 추구와 사유재산 보호에 최선을 다해야 한다는 것이다.

이처럼 키케로는 인민 각자의 권리보호와 이익창출의 중요성을 언급하면서도, 동시에 국가의 성립근거 및 목적과 관련해서 국가가 공적인 성격을 띠고 있는 집단임을 강조하였다. 인간이 사회와 국가를 형성하게 된 이유는 흔히 근대 계약론자들이 생각하듯 단순히 생존경쟁에서 살아남기 위함이 아니라는 것이다. 인간의 내면에는 공동체의 틀 안에서 자아를 실현하고 나아가 공동체 자체를 유지하고 발전시키려는 보다 근원적인 욕구가 내재해 있다. 이러한 관점에서 그는 인간의 사회성을 자연이 부여한 "어떤 씨앗(quasi semina)"(『국가론』, I. 41)으로 표현하기도 하였다. 국가의 안위, 즉 '공공의 안녕'을 지키는 것은 인간이 자연으로부터 부여받은 원초적 덕목이라는 것이다.[48]

나아가 키케로에 따르면 국가의 명운이 걸린 중대사는 법에 따른 "심의(consilium)"를 통해 결정되고 추진되어야 한다. 국정운영 과정에서는 단순히 인민의 현실적인 이익을 충족시키거나 국정의 대표자 선출이 동의에 따라 이루어지는 것에 만족해서는 아니 된다. 즉 국정운영과 이익창출 과정에서는 인민의 참여와 소통이 반드시 전제되어야 하는데, 국가는 원칙적으로 인민의 것이며 법적 절차에 따른 합의를 바탕으로 유지되는 집단이기 때문이다.(cf. 『국가론』, III. 43) 역사에 기록되어 있듯이, 키케로는 집정관(BC 64)과 실리시아 총독(BC 51) 등 고위관직을 두루 거치는 동안 현실정치의 비정함과 무상함을 여러 차례 경험하였다. 그럼에도 불구하고 그는 이상적인 정치가는 사적인 이익에 골몰하거나 상황논리를 통해 자신의 정략적 행동을 정당화해서는 아니 되며, 오직 선과 정의의 추구를 정치활동의 대의로 삼아야 함을 역설하였다. 국가는 '인민의 합의'와 '이익의 공유'를 근간으로 유지되는 조직이며, 나아가 현실에서 어떤 형태의 정체가 등장하든 간에 선과 정의의 추구가 국가 운영의 대전제가 되어야 함은 불문가지라는 것이다.(cf. 『국가론』, III. 개요)

5.2 옥타비아누스의 키케로 수용

일반적으로는 키케로가 주축이 된 원로원이, 마치 카이사르의 후계자인양 행세하던 집정관 안토니우스를 견제하는 수단으로 활용하기 위해, 아직 어리고 미숙하지만 카이사르의 양자가 된 옥타비아누스를 급히 정치무대에 끌어들인 것으로 알려져 있다. 그런데 키케로와 그의 죽마고우로 알려진 '아티쿠스'(Quintus Caecilius Pomponianus Atticus, BC 109-32) 사이에 오간 일련의 서신교환을 분석해 보면, 옥타비아누스 역시 키케로에게 손을 내밀고 정치참여에 필요한 후원과 보호를 적극적으로 요청한 것으로 나타난다.[49] 이 사실은 옥타비아누스가 카이사르의 암살 직후 불안정한 정세 속에서 자신의 후원자이자 보호막으로 원로원의 실세였던 키케로를 활용하고자 했음을 보여준다. 어쨌든 키케로는 옥타비아누스가 원로원으로부터 '전직 법무관의 권한'(imperium propraetore)을 부여받고 정계에 진출할 수 있도록 동료들을 설득한다. 나아가 키케로는 안토니우스를 견제할 목적으로 근 8개월(BC 44.9-43.4) 동안 14차례에 걸쳐 행한 이른바 '필리피카'(Philippika) 연설에서, 19살의 젊은이 옥타비아누스를 폭군에 대항하여 공화정을 구원할 인물이며 신이 보낸 존재라는 식으로 칭찬을 아끼지 않는다.[50] 그리고 얼마 후 2

차 삼두정이 시작되자마자(BC 43), 오랫동안 안토니우스를 비판해 온 키케로는 옥타비아누스의 철저한 외면 속에서 첫 번째 정치적 희생자로 생을 마감한다. 시간이 흘러 로마 정계의 일인자가 된 옥타비아누스는 키케로의 큰 아들이 집정관과 속주 총독의 자리에 오를 수 있도록 길을 열어준다.

이상에서 살펴본 바와 같이, 옥타비아누스와 키케로의 인간관계는 여러 가지 이유로 오래 지속되지 못하였다. 그리고 옥타비아누스가 남긴 자료 속에는 키케로에 대한 구체적인 언급이 나타나지 않는다. 또한 동시대의 기록이나 후대의 역사서에도 두 사람의 사상적 영향관계에 관한 기록은 거의 존재하지 않는다. 그럼에도 불구하고 옥타비아누스가 공유비전을 제시하고 나름대로 실천하는 과정에서 키케로 사상의 기본원칙과 정치적 개념들을 적절히 활용하였음을 지적하고자 한다.[51] 우리는 어떻게 옥타비아누스와 키케로 사이의 사상적 영향관계를 확인하고 또한 해석할 수 있을까? 이 점은 그의 현존하는 유일한 기록인 『업적록』에 대한 분석과 정치활동의 주요장면을 통해 유추해 볼 수 있다.

주지하듯이 옥타비아누스는 『업적록』에서 자신이 일생을 통해 이룩한 정치적 성과와 치적에 대해 간단명료하면서도 자랑스럽게 서술하고 있다. 그런데 그는 이 기록의 전반부에서 자신은 원로원과 시민들로부터 수차례에 걸쳐 "독재관"(dictator) 자리를 제안 받았으나 모두 거절하였고(5), 또한 원로원과 시민들이 한마음으로 법과 풍속을 다루는 "관리관"(curator) 직책을 제안했을 때에도 미련 없이 거부함으로써(6), 공화정 수립 이후 지속되어온 조상들의 관습에 위배되는 행동을 전혀 하지 않았다는 점을 반복해서 강조하고 있다. 이것은 옥타비아누스가 키케로를 추앙하는 동시대의 로마인들에게 그리고 미래의 후손들에게 공화정 전통의 충실한 계승자로 기억되고자 하는 욕망의 발로라고 추정할 수 있다.

옥타비아누스가 가장 즐겨 사용한 호칭으로 알려진 프린켑스[52]는 본래 '원로원에서 첫 번째 발언권을 지닌 유력 정치인'(princeps senatus)을 의미하는 표현이었다. 그런데 키케로가 바로 이 단어를 즐겨 사용하였는데, 폼페이우스나 카이사르 같이 권력과 명망의 정점에 오른 인물을 지칭할 때 사용하였고, 카탈리나 국가전복 기도의 적발과 분쇄 같이 매우 중요하고 시급한 정치 문제를 처리하는 자신의 모습을 묘사할 경우에도 이 표현을 사용하였다.[53] 나아가 키케로가 자신의 정치철학의 결정판이라 할 수 있는 『국가론』에서, 공화정의 대의에 충실한 상태에서 나라를 원만하게 운영할 수 있는 정치지도자를 묘사할 때 사용한 표현 중에도 '프린켑스 키비타티스'(princeps civitatis), 즉 '나라의 제일시민'이 포함되어 있다.[54] 이 맥락에서 키케로가 동시에 사용한 다른 단어들(통치자, 키잡이, 의사, 국가 조정자 etc.)은 대부분 수사적인 분위기를 풍기거나 다소 일반적인 표현인데 반해, '프린켑스'는 기나긴 공화정의 전통 속에서 심중한 의미를 내포해 왔다는 점에서 그의 정치적 사유를 반영하는 중심개념으로 평가할 수 있을 것이다. 이런 관점에서 볼 때, 평소 정치활동에서 이미지 관리의 중요성을 누구보다 명확히 인식하고 있던 옥타비아누스가 앞에서 언급된 방식으로 호명되고 기억되도록 행동한 것은 단순히 우연이라고 보기 어려우며, 오히

려 키케로의 사상과 표현방식에 대한 지속적인 의식의 산물로 평가하는 것이 좀 더 합리적일 것이다.[55)]

『업적록』에서 우리의 시선을 끄는 또 다른 특징은, 옥타비아누스가 제국의 운영은 원칙적으로 '법'(lex)과 '풍습'(mos)을 토대로 하며, 나아가 자신에게 주어진 지위와 '명예호칭'(pater patriae) 수여를 포함해서 일상의 주요 업무는 '로마 인민'(populus Romanus) 전체를 위해 그리고 인민의 '동의'(consensus)를 거쳐 처리되었다는 식으로 서술한다는 점이다. 이러한 주장은 키케로가 『국가론』 1권에서 국가를 '법적 동의에 따라 운영되는 집단이자 인민의 이익을 위한 공동체'로 규정한 사실을 연상시킨다. 이처럼 키케로의 단어를 자주 사용한 옥타비아누스가 장기간의 통치 중에 구성원 전체의 실질적인 권리증진과 이익창출을 위해 나름대로 노력했다는 점 역시, 그가 키케로식 국가관의 영향 하에서 통치에 임했음을 함축하는 것이다.

키케로에 따르면 한 국가가 지속되기 위해서는 가능한 한 최선의 정체를 통해서 운영되어야 한다. 역사적으로 확인과 평가가 가능한 세 가지 정체(왕정, 귀족정, 민주정) 중에서 하나를 선택해야할 경우에는 왕정이 가장 바람직하다.(cf. 『국가론』, I. 54) 그렇지만 이 세 유형의 정체는 각각의 한계와 문제점을 지니고 있으며, 따라서 가능한 한 장점은 부각시키고 단점은 최소화하는 방식으로 새로운 정체를 구상해야 한다. 즉 키케로는 원초적인 정체의 성격을 넘어서서, 비례적 평등 관념에 입각한 '혼합정'을 구상하는 것이 바람직하다고 보았던 것이다. 여기서 혼합정이란 각 분야별로 가장 탁월한 개인(콘술)과 귀족(원로원)과 인민(민회)에 의한 국정 참여가 보장되고 나아가 이들이 서로 견제와 균형을 통해 조화에 도달하는 정체를 의미한다.[56)57)] 사실 키케로가 구상한 바람직한 공화정 체제로서의 혼합정은 집정관의 통치권과 인민의 정치참여를 어느 정도 보장하되, 국가운영의 핵심축은 사실상 원로원이 되어야 한다는 보수적인 입장이 전제된 것이었다. 옥타비아누스도 나라 구성원들의 권리와 이익 그리고 각각의 역할을 매우 중시하였으나, 국정운영은 원칙적으로 원로원이 중심이 되어야 한다는 키케로의 판단을 통치의 원칙으로 삼았으며 이에 자신을 항상 원로원 구성원 중에서 첫 번째 인물로 지칭했던 것이다.

또한 옥타비아누스가 원로원과 공존관계를 유지함으로써 원로원 위상을 지켜주고자 했음을, '아우구스투스 평화제단'에서도 확인할 수 있다.[58)] 주지하듯이 평화제단의 건립은 옥타비아누스가 "시각매체를 통해 로마제국의 새로운 신화와 프린켑스의 권력에 관한 새로운 의식을 확립"시키는데 목적이 있었다. 이러한 목적에 부응할 수 있도록 제단 내부는 로물루스와 누마 폼필리우스 같은 로마 건국 초기의 대표적인 지도자들, 옥타비아누스 통치시기에 사회의 지배층을 구성하는 원로원 의원들과 황실가족(율리우스 가문)의 행렬, 로마 여신과 텔루스 여신 같이 풍요와 영광을 상징하는 신들을 묘사한 조각상으로 구성되어 있으며, 각각은 로마의 과거와 현재 그리고 미래를 상징적으로 표현한 것이다. 여기서 주목을 끄는 것은 원로원 집단과 황실가족 행렬 조각상을 통해 로마의 현재 상황이 묘사되고 있다는 사실이다. 이 모습은 옥타비아누스의 통치기간 동안 공화정 체제가 근본적으로 변경되거나 폐지되지 않았음을 상징적으로 보여준다고 할 수 있다. 옥타비아누스는 원로원 의원들의 지위와 권한을 최대한 존중하는 태도를 취하였고 나아가 계급세습을 원칙적으로 허용함으로써, 명목상의 공화정체제를 유지시키는 동시에 이에 대한 반대급부로 원수정 체제를 수용하거나 최소한 공개적으로 부정하지는 못하도록 상황을 조성했던 것이다. 오랫동안 공화정 체제의 기반이 되어온 원로원 의원직은 전통적으로 혈연에 근거한 세습제적 성격을 내포하고 있었다. 그런데 백여 년에 걸친 내란으로 인해 상당수의 원로원 가문은 막대한 피해를 입으며 급속히 약화되었고 이로 인해 공화정 체제는 붕괴 위기에 직면하게 된다. 현실상황을 극복하기 위해 옥타비아누스는 내란과정에서 자신과 로마에 헌신적이었던 기사계층을 중심으로 20여개 가문을 원로원 의원 가문으로 격상시키고 지위 세습을 용인하였다. 이러한 일련의 조치를 통해 그는 자연스럽게 원로원 집단의 충성을 유도하였고 동시에 권력을 더욱 강화시키는 계기를 마련했던 것이다.

6. 나오는 말

이 글에서는 로마제국의 초대 황제로 간주되는 옥타비아누스가 거래적 리더십과 변혁적 리더십의 특성을 지혜롭게 조합하고 활용함으로써 현실정치에서 성공을 거두게 되는 과정을 살펴보았다.

흔히 리더십의 본질적인 요소로는 '목표달성'(goal attainment)과 '영향력'(influence) 두 가지가 거론된다. 리더십이란 '특정한 목표를 달성하기 위해 누군가에게 영향을 미치는 과정'이라는 것이다. 옥타비아누스는 이러한 리더십의 조건을 최상의 수준에서 충족시킨 인물이다. 그는 로마인들이 가장 열망하는 미래를 새롭게 만들어서 보여주는 변혁적 리더의 자질을 지니고 있었다. 다른 한 편 옥타비아누스는 권력투쟁의 승리와 정치적 이상의 궁극적 실현을 위해 현실적인 타협과 적당한 양보도 주저하지 않는 거래적 리더의 행보를 보였다. 이로 인해 그는 역사 속에서 지나치게 현실주의적이라는 비판을 받곤 했다. 그러나 그는 동시대인들 중 거의 유일하게 제국화 되어가는 로마의 현재와 미래를 책임져야 할 위치에 서 있음을 자각한 리더였다. 또한 그는 최상의 자제력과 불굴의 인내심 그리고 한없이 신중하고 겸손한 태도를 무기로 공익을 위해 헌신할 줄 아는 인물이었다.

한국사회는 지난 세기 산업화와 민주화에서 괄목할만한 성과를 거두었음에도, 21세기에 접어든지 20여년의 세월이 흐른 오늘날 여전히 수많은 난제들에 포위되어 있는 형국이다. 누구나 리더를 자임하면서도 정작 사회가 필요로 하는 리더정신은 부재하기 때문일 것이다. 옥타비아누스가 보여준 리더로서의 통찰과 실천궁행은 21세기 한국사회에 필요한 지도자상 정립 과정에서 다양한 시사점을 제공할 수 있을 것이다.

마키아벨리와 클라우제비츠의 전쟁관과 리더십론

1. 들어가는 말

서양의 경우 근대로 접어들면서 전쟁이 인간과 사회 그리고 정치의 영역에서 지니는 의미에 관한 논의가 활발히 진행되었다. 이 글에서는 전쟁의 본성과 현실적인 기능에 관해 심층적으로 논구했던 근대 사상가들 중에서 특히 마키아벨리(Nicolő Machiavelli, 1469-1527)와 클라우제비츠(Carl von Clausewitz, 1780-1831)의 전쟁론을 살펴보고, 그 연장선상에서 두 사상가의 리더십 담론을 고찰할 것이다. 즉 우리는 일차적으로 마키아벨리와 클라우제비츠의 전쟁론에 내포되어 있는 이념적 특성과 그것의 한계를 면밀히 분석할 것이다. 나아가 국가통치자 내지 최고 지휘관의 리더십은 어떠해야 하며 이들의 리더 역량이 전쟁의 승패에 어떤 영향을 줄 수 있는지 심층적으로 논구할 것이다. 우리는 이를 바탕으로 해방 이후 서구 정치사상의 수용과 해석에 집중함으로써 사상적 · 현실적 차원에서 막대한 영향을 받아 왔지만, 정치적으로 여전히 분단과 휴전 상태에 머물고 있으며 독자적인 차원의 이론 정립에 아직 도달하지 못한 상황에서 한국사회에 꼭 필요한 공공성과 리더십의 방향은 무엇인지 음미할 것이다.

2. 마키아벨리의 『군주론』에 나타난 군주의 리더십과 선군(先軍)정치론

2.1 인물

이탈리아 르네상스 초기에 활동했던 정치사상가 니콜로 마키아벨리(Nicolŏ Machiavelli, 1469-1527)는, 13세기 이래 다수의 고위행정관을 배출한 피렌체의 명망가 집안에서 태어났으나, 법률가였던 아버지의 파산으로 유년기를 경제적으로 어렵게 보낸 것으로 알려져 있다. 그는 29세에 피렌체 공화정에 참여하여 외교업무를 담당함으로써 공직생활을 시작하였지만, 피렌체에서 외세의 침략으로 인해 공화정이 무너지고 18년 만에 '메디치(the Medici)' 가문의 통치가 복원되자 공직에서 추방되었다. 마키아벨리는 메디치 가문 치하에서 다시 공직에 참여하기 위해 『군주론』(Il Principe, 1513)을 집필하여 당시 집권자였던 로렌초 메디치(Lorenzo de Medici, 1449-1492)에게 헌정하였다. 그는 이 저작을 통해 신생군주가 어떻게 하면 정치권력을 획득하고 오랫동안 유지할 수 있는가에 관해 체계적으로 조언했던 것이다. 그러나 그의 작품들은 메디치 가문으로부터 별다른 주목을 받지 못하고 공직활동 역시 주로 한직에 머문다. 이 시기에 그는 피렌체 교외에 있는 코시모 루첼라이(Cosimo Rucellai)의 정원에서 진행된 인문주의자 모임에 참여하는 등 주로 학술 활동에 주력하였다. 대표작으로는 『군주론』 이외에도 『정략론』, 『로마사 논고』, 『피렌체사』, 희곡 『만드라 골라』 등이 있다.

사실 마키아벨리는 시대를 불문하고 대부분의 사상가와 일반인들 사이에서 이중인격자로 불리며 경멸과 증오의 대상이 되었던 인물이다. 그가 도덕주의자나 보수주의자뿐만 아니라 좌파혁명가와 사회주의자에게도 교활함과 불신의 대명사로 비판받았던 이유는, 『군주론』을 중심으로 전개된 그의 통치사상이 좌우를 막론하고 정치활동의 윤리적 기초에 큰 위협을 주는 것으로 간주되었기 때문이다. 그렇지만 마키아벨리는 정치사상사에서 주목할 만한 업적을 남긴 것으로 평가되기도 한다. 그는 정치가 윤리나 종교와 구별되는 독자적인 영역이라는 점에 주목하여, 정치행위는 종교와 도덕에서 내세우는 가치판단으로부터 자유로워야 한다는 점을 강력히 주장하였다. 즉 마키아벨리는 르네상스와 더불어 시작된 중세 유럽의 세속화 경향을 정치영역에서 강도 높게 추구함으로써 서양 정치사상사에서 근대의 기원을 열었을 뿐만 아니라, 현실적으로도 '절대왕정'의 정당성을 옹호함으로써 중앙집권적 근대국가의 형성과정에서 이론적으로 기여한 것으로 평가된다.

2.2 『군주론』의 시대적 배경과 저술 의도

일반적으로 마키아벨리즘은 공사를 불문하고 자신의 이익을 위해 수단과 방법을 가리지 않으며 타인의 희생을 강요하는 처세방식을 의미한다. 그렇지만 마키아벨리가 『군주론』에서 강조한 것은, 통치자가 국가의 이익을 위해서라면 정치적 행위의 수단이 도덕적으로 선한지 혹은 악한지를 따지기 이전에 먼저 그것의 효율성과 결과를 고려해야 한다는 점이다. 따라서 본래의 의도와 무관하게 많은 사람들에게 오해의 대상이 되었던 마키아벨리의 정치사상의 올바른 이해를 위해서는, 먼저 그가 사상가와 공직자로 활동했던 당시의 역사적 상황에 주목할 필요가 있다.

마키아벨리가 본격적으로 정치활동을 시작했던 15세기 후반 유럽은 이전까지 유지되어온 '정치는 신성로마황제가 지배하지만 정신은 로마교황이 지배한다.'는 식의 중세적 질서관념이 무너지기 시작한 시대이다. 즉 이전에는 성직자, 귀족, 의회, 자치지역 등에 분산되었던 정치권력이 군주에게 집중됨으로써 절대군주정이 확립되기 시작하였으며, 이와 더불어 이른바 '왕권신수설'이 등장하기도 하였다. 다른 한편 사회적으로는 신대륙이 발견되고 이로 인해 해외무역이 급격하게 성장하게 됨에 따라, 이전의 중세적 자치도시체제 보다는 큰 규모의 정부가 필요하게 된다. 이러한 사회상의 변화와 더불어 새롭게 등장한 신흥 상인계급은, 자신의 이익추구를 위해 마찬가지로 새롭게 세력을 확장하던 군주와 손잡게 된다. 마키아벨리의 조국인 이탈리아는 당시 5개의 도시국가(교회국가, 나폴리, 베네치아, 밀라노, 피렌체)로 분리되어 상호견제와 균형을 이루고 있었다. 그런데 이 다섯 나라들은 용병제도, 가톨릭교회의 내분 조장, 스페인, 프랑스, 독일, 스위스 등 주변국의 정치적 개입 등을 악용해서 서로가 서로에 대한 공격과 방어를 이어감으로써 내분이 끊이지 않았고, 통일된 민족국가의 면모를 갖출 수 없었다. 이러한 상황 속에서 마키아벨리는 용병제를 비롯한 외세의 간섭이나 외세에 대한 의존 그리고 교회권력의 정치적 간섭에 강력히 반대하였으며, 통일된 민족국가의 수립을 갈망하면서 『군주론』에서 이를 위한 방안을 제시한 것이다.

2.3 『군주론』의 주요 내용

앞에서 언급된 바와 같이, 『군주론』은 통치자(전제군주)가 정치권력을 지속적으로 유지하고 확대시키기 위해서는 일반적인 차원의 윤리적 고려를 전적으로 배제할 것을 강권하는 정치 공학적 논의가 중심이 된 작품이다. 또한 이 작품의 현실적인 목적은 마키아벨리가 당대의 집권세력인 메디치 가문의 환심을 사기 위함이었지만, 보다 근본적으로는 당시 사분오열되어 있던 조국 이탈리아가 맞닥뜨린 정치의 위기상황을 사실적으로 분석하고 그 대응책을 마련함으로써, 정치인들과 지식인들의 총체적인 의식 제고를 위해 집필된 것이다.

마키아벨리의 현실인식에 따르면, 이탈리아가 현재의 분열 상황에 처한 직접적인 이유는 바로 로마교회에 있다. 당시의 교회는 이탈리아를 통일시킬만한 힘은 없지만 다른 정치세력이 등장하여 조국을 하나로 통일시키는 것을 방해할 만한 능력은 갖추고 있었고, 이를 정치적으로 극대화 하였던 것이다. 따라서 마키아벨리가 보기에 가장 중요한 것은 이탈리아 반도를 통일시킬 강력한 군주의 등장이었으며, 자신은 이러한 야심을 품은 실력자의 후견인을 자처하고자 했던 것이다. 『군주론』에서는 '통치자가 어떻게 자신의 통치대상인 백성과 영토에 대한 지배권을 확립하고 유지할 수 있는가?'와 관련된 다양한 논의가 전개되는데, 이는 대략 다음과 같이 정리해 볼 수 있다.

2.3.1 정치영역의 독자성과 자율성

『군주론』의 역사적 의미는 무엇보다도, 정치영역의 독자성과 자율성을 강조함으로써 근대 정치사상의 새로운 기반을 형성하였다는 사실에서 찾을 수 있다. 서양의 경우, 그리스와 로마로 대변되는 고대세계에서는 정치가 도덕과 윤리적 당위에 종속됨과 더불어 이성과 자연법을 바탕으로 한 형이상학적 국가론이 대세를 이루었다. 중세에서는 대부분의 정치적 활동이 교회를 중심으로 한 종교적 질서체계의 하부구조를 형성하였기 때문에 엄밀한 의미에서의 정치적 자율성이란 사실상 존재하지 않았다. 이에 대해 마키아벨리는 정치적 활동에서 윤리나 종교적 가치와 역할을 최소화하고, 논의의 중심을 순수하게 권력의 획득과 유지 및 팽창에 두어야 함을 지속적으로 강조한다.

고대와 중세의 철학 및 정치사상에서 통치자에게 바람직한 덕목으로 강조되었던 것은 이성, 정의감, 용기, 절제, 겸손, 자선, 경건, 희생과 봉사 등 주로 윤리적 차원의 가치들이었다. 이에 반해 마키아벨리는 통치자인 군주에게 현실적으로 필요한 것은 무엇보다, 남성답고 용맹스러우며 기민한 상황 판단능력을 바탕으로 현실을 분석한 후 이를 이용해서 단호하게 행동할 수 있는 태도라고 말한다. 이것은 정치인의 '덕(virtú)'이 더 이상 생활세계의 일반인들 사이에서 통용되는 윤리적인 덕과 일치할 수 없다는 점, 더불어 정치와 윤리의 영역은 서로 독립되어 있다는 점을 상징하는 것이다. 이처럼 마키아벨리는 정치의 영역에서는 개인적인 윤리규범이 통용될 수 없으며, 나아가 마키아벨리는 사적인 영역에서 비윤리적으로 비난받는 행위가 정치라는 공적영역에서는 덕목으로 칭송될 수도 있다고 주장한다. 적국이나 정적을 속이거나 그들을 폭력적으로 대하는 태도가 자신이 통치하는 공동체 전체에 유익한 결과를 가져온다면 그것은 유덕한 행위가 될 수 있다는 것이다. "군주가 좋다고 생각되는 성품을 모두 갖추고 있다면, 그야말로 가장 칭송받을 만하며, 모든 사람들이 이를 기꺼이 인정할 것이라는 점을 나는 알고 있다. 그러나 이 모든 것을 갖추는 것이 가능하지 않고, 게다가 인간의 상황이란 그러한 성품들을 전적으로 발휘하는 미덕의 삶을 영위하는 것을 용납하지 않기 때문에, 신중한 사람이라면 자신의 권력기반을 파괴할 정도의 악덕으로 인해서 악명을 떨치는 것을 피하고, 또 정치적으로 위험을 초래하지 않는 악덕일지라도 가급적 피하도록 노력해야 한다. (...) 그러나 악덕 없이는 권력을 보존하기가 어려울 때에는 그 악덕으로 인해서 악명을 떨치는 것도 개의치 말아야 할 것이다. 모든 것을 신중하게 고려할 때, 일견 미덕으로 보이는 일을 하는 것이 자신의 파멸을 초래하는 반면, 일견 악덕으로 보이는 다른 일을 하는 것이 결과적으로 자신의 안전을 확보하고 번영을 가져오는 경우가 있기 때문이다."[1)]

왜 마키아벨리는 이처럼 정치와 윤리의 완전한 분리라는 극단적인 결론에 도달하였는가? 그가 보기에 정치적 행동이 이루어지는 현실상황은 항상 불안정하고 유동적이다. 따라서 국가와 그 구성원인 국민에 대한 통치는 개인을 상대할 때와는 전혀 다른 방식으로 이루어져야 하며, 이 점을 수긍하기 어려운 사람은 정치활동과 거리를 두어야 한다. 정치는 어차피 최선도 차선도 아닌 차악을 추구하는 활동이다. 정치적 상황은 선과 악 중에서 양자택일할 수 있는 것이 아니라, '악'과 '보다 적은 악' 중에서 '보다 적은 악'을 선택하는 행위라는 것이다. 그렇지만 이처럼 현실에 대한 냉소적인 입장에도 불구하고, 마키아벨리는 정치적인 삶보다는 한 개인으로서의 삶이 우월할 수 있으며, 정치를 포기하고 영혼의 구원을 추구할 수 있는 사람이 정치인보다 더 행복하다고 말하기도 하였다.

2.3.2 정치에서 상징과 외양

마키아벨리는 현실정치의 핵심적 특징을 '상징'과 '외양(appearance)'에서 찾았다. 그가 정치에서 특별히 외양을 강조하는 이유는, 정치는 본질의 영역이 아니라 외양을 중시하는 현상의 영역에 속하기 때문이다. 현실정치는 끝없는 변화를 특징으로 하기 때문에, 형이상학이나 종교에서 추구하는 영원한 진리는 사실상 적용될 수 없다. 정치에서 권력획득을 통해 궁극적으로 추구하는 개인의 명예와 영광은 영혼의 완성도 진리의 구현도 아니며, 단지 대중의 호응과 동의에 힘입은 외양에 불과하다. 따라서 정치인은 현실적인 정치활동 과정에서 어느 정도 권모술수를 사용하고 대중 앞에서 위선적인 태도를 취할 수밖에 없다. 통치자가 일반적인 도덕률에 따라 처신을 하면 정적에게 쉽게 공격의 빌미를 제공하여 결국 파멸하게 된다. 다른 한편 권력은 궁극적으로 대중의 동의와 지지에서 나오기 때문에 통치자는 권좌에 있는 한 항상 대중의 호감을 얻을 수 있도록 노력해야 한다.

외적의 침입으로부터 자국의 주권을 지켜내든 내부의 정적들로부터 자신의 권력을 보호하든 간에, 위장과 기만 그리고 이를 바탕으로 한 대중과의 교감은 통치자가 자신의 정치적 생명력을 연장시키기 위해 사용할 수 있는 최적의 수단이다. 또한 통치자는 거짓말이나 위선 같은 비윤리적 행위가 대중에게 발각되더라도, 평소 생각해 두었던 그럴듯한 구실을 통해 반감을 무마시킴으로써 이로 인해 발생할 수 있는 정치적 충격을 최소화해야 한다. 그런데 이러한 대처는 통치자가 평소에도 정직하고 관대한 군주의 이미지, 즉 대중들이 통치자에게 기대하는 긍정적인 모습을 끊임없이 보여줌으로써만 가능하다. "싸움에는 두 가지 방법이 있다는 점을 알 필요가 있다. 그 하나는 법에 의지하는 것이고, 다른 하나는 힘에 의지하는 것이다. 첫째 방법은 인간에게 합당한 것이고, 둘째 방법은 짐승에게 합당한 것이다. 그러나 전자로는 많은 경우에 불충분하기에 후자에 의지해야 한다. 따라서 군주는 모름지기 짐승의 방법과 인간의 방법을 모두 이용할 줄 알아야 한다. (...) 그렇다면 군주는 짐승의 방법을 잘 이용할 줄 알아야 한다. 그중에서도 여우와 사자를 모방해야 한다. 사자는 함정에 쉽게 빠지고 여우는 늑대를 물리칠 수 없기 때문이다. 함정을 알아차리기 위해서는 여우가 되어야 하고 늑대를 혼내주려면 사자가 되어야 한다. 단순히 사자의 방식에만 의지하는 자는 이 사태를 제대로 이해하지 못한다. 현명한 군주는 신의를 지키는 것이 그에게 불리할 때 그리고 약속을 맺은 이유가 소멸되었을 때, 약속을 지킬 수 없으며 또 지켜서도 안 된다. 이 조언은 모든 인간이 선하다면 온당하지 못할 것이다. 그러나 인간이란 사악하고 당신과 맺은 약속을 지키려고 하지 않기 때문에, 당신 자신이 그들과 맺은 약속에 구속되어서는 안 된다."[2)]

다른 한편 마키아벨리는 현실정치인의 기만적인 태도를 부정적으로만 평가할 필요는 없다고 주장하였다. 그에 따르면 위선적인 행위는 그 반도덕성에도 불구하고 덕이 악덕에 비해 우월함을 끊임없이 인정하는 태도로 해석될 수 있기 때문이다. 어떤 악한 인간이 이미지 조작을 통해 대중이나 정적들 앞에서 올바른 사람으로 보이고자 노력한다면, 그것은 악에 대한 선과 정의의 우월성을 자신과 타인 앞에서 고백하는 행위에 다름 아니기 때문이다. 이 위선적인 정치인은 적어도 평소에는 가능한 한 일반인의 윤리와 도덕률을 존중하는 태도를 취함으로써 자신의 심리적 부담을 덜고자 할 것이며, 이러한 이미지 조작을 위한 노력이 비록 궁극적인 차원은 아니지만 적어도 현실 속에서 최악의 도덕적 타락은 방지하는 수단으로 기능할 것이라고 마키아벨리는 생각했던 것이다.

2.3.3 정치의 궁극 목표로서 자유

마키아벨리는 정치의 궁극적인 목표가 자유에 있음을 명확히 하였다. 자유란 개인적인 차원에서는 주변상황에 대해 항상 주체적인 방식으로 대처하는 모습이며, 정치적인 차원에서는 대내적으로 자유로운 정부를 구성하고 대외적으로 독립을 유지하는 것이다.

오직 자신의 힘으로 독립을 유지할 수 있는 국가만이 오랫동안 존립할 수 있으며, 따라서 자신 보다 강한 이웃나라와의 동맹이나 협약은 가능한 한 피해야 한다. 특히 외부의 지원이나 원조는 최후의 불가피한 수단으로서 어쩔 수 없는 경우에만 사용해야 하는데, 이것은 결과적으로 자국의 안위와 통치자의 권력유지에 가장 큰 위협이 되기 때문이다. 군주는 권력의 유지를 위해서 철저히 자신의 힘에 의존해야 한다. 타국의 도움이나 간섭 없이 자유롭게 출발한 국가는 당장은 약소국일지라도 성공할 가능성이 높으나, 종속된 지위에서 출발한 국가는 시간이 흘러도 타국의 지배에서 벗어나기가 쉽지 않기 때문이다.

군주는 권좌에 있는 동안 인민의 지지를 받아야 하지만, 인민의 사랑을 받기보다는 두려움의 대상이 되어야 한다. 군주는 사랑보다 두려움을 받는 쪽이 훨씬 안전한데, 사랑은 사랑하는 사람의 마음에 의해 주어지기도 하고 탈취되기도 하지만, 두려움은 두려움을 만드는 사람의 수중에서 결정되기 때문이다. 따라서 사랑은 군주의 수중에서 통제되지 않지만 공포감은 지배자가 통치과정에서 효과적으로 사용할 수 있는 변수가 된다. "현명한 군주는 자신의 신민들의 결속을 유지할 수 있다면, 잔인하다는 비난을 받는 것을 걱정해서는 안 된다. 너무 자비롭기 때문에 무질서를 방치해서 그 결과 많은 사람이 죽거나 약탈당하게 하는 군주보다는 소수의 몇몇을 시범적으로 처벌함으로써 기강을 바로잡는 군주가 실제로는 훨씬 더 자비로운 셈이 될 것이다. (...) 사랑을 느끼게 하는 것과 두려움을 느끼게 하는 것 중에서 어느 편이 더 나은가에 대해서는 논쟁이 있었다. 내 견해는 사랑도 느끼게 하고 동시에 두려움도 느끼게 하는 것이 바람직하다. 그러나 동시에 둘 다 얻는 것이 어렵다면 나는 사랑을 느끼게 하는 것보다 두려움을 느끼게 하는 것이 훨씬 더 안전하다고 생각한다."[3)]

통치자는 플라톤의 '철인왕' 같이 전통적으로 선한 통치자 상에서 과감히 탈피하여 "사물의 실제적인 진실"을 파악하기 위해 항상 노력해야 한다. 통치자가 세상을 효과적으로 지배하기 위해서는 설득을 위한 수사술과 더불어 폭력과 같이 범죄적인 수단도 마련해 두어야 한다. 나아가 통치자는 정념이나 욕망 같은 일시적인 충동에 의해 좌우되지 않고 어떤 상황에서도 합리적인 판단과 의지에 따라 계산적으로 행동해야 하며, 그럴 경우에만 정치행위에서 일정한 예측가능성과 안정성을 획득할 수 있다. 예컨대 격양된 감정과 행동이 수반되는 폭력 역시 마치 과학자가 실험 대상을 객관적으로 관찰하거나 의사가 환자에게 처방전을 내리는 것처럼 냉정하게 사용할 수 있어야 한다.

2.3.4 『군주론』의 영향과 한계

강력한 민족국가를 향한 마키아벨리의 열망은 후대의 정치사상가들에게 적지 않은 영향을 끼쳤다. 17-18세기에는 몽테스키외, 루소, 볼테르 등의 대표적인 계몽주의 사상가들이 마키아벨리가 이룩한 사상적 업적을 새롭게 조명하였으며, 19세기 들어서도 헤겔과 같은 국가주의적 지식인들에 의해 민족주의 사상의 선구로서 평가받았다. 그의 사상은 이후 나치즘 등 전체주의 사상의 형성에도 일정 정도 영향을 끼친 것으로 알려져 있다.

마키아벨리의 사상은 동서고금을 막론하고 권력을 추구하는 정치 상황에서는 어디서든 적용이 가능하다는 장점을 지니고 있다. 그렇지만 그의 정치관은 권력지향성 이외에도 정치현실을 구성하는 다양한 요소들, 예컨대 사회경제적인 요소, 종교와 윤리적 측면, 지리적 조건이나 자연환경이 정치에 미치는 영향에 주의를 기울이지 않았다.

2.4 『군주론』에 나타난 선군(先軍)정치론

『군주론』에는 국가통치에 필요한 정치적 책략에 대한 논의 이외에도 전쟁의 의미와 역할에 대한 분석이 상세하게 제시되고 있으며, 나아가 주변국과의 군사적 동맹, 용병술, 전투 수행방법 등과 같이 전쟁과 관련된 주요사안들에서 군주가 취해야할 자세와 행동방식에 대한 언급이 자주 등장하고 있다. 이러한 논의는 이후 군주나 정치인들뿐만 아니라 군대지휘관들이 철저히 따르고 준수해야 할 군사적 행동의 모범으로 간주되어 왔다.

2.4.1 『군주론』의 군사 · 정치사상

앞에서 언급했듯이 마키아벨리가 『군주론』에서 특별히 강조한 것은, 통치자가 국가의 이익을 위해서라면 정치적 · 군사적 행위의 수단이 도덕적으로 선한지 혹은 악한지를 따지기 이전에 먼저 그것의 효율성과 결과를 고려해야 한다는 점이다. 이러한 관점에서 그는 군주가 정치인의 덕목을 갖추고 자신의 권력을 유지하기 위해서는 원칙적으로 문사(文士)가 아닌 전사(戰士)의 기질을 배우고 익혀야 하며, 또한 제반 군사업무에 능통할 수 있도록 평화 시에도 항상 심신을 단련해야 함을 역설하였다.[4] 또한 그는 바람직한 국가의 토대는 훌륭한 법률의 제정과 준수임을 인정하였으나, 본래 한 나라의 제도나 법률이 제대로 시행되기 위해서는 엄격한 규율과 충성심으로 무장한 군사조직의 뒷받침이 반드시 필요하다고 보았다. 즉 후자(군대)로부터 전자가 나올 수는 있으나 그 역은 아님을 주장하였다.[5]

나아가 마키아벨리는 당시에 유럽 국가들이 흔히 채용했던 용병이나 이웃나라의 원군 내지 혼성군의 문제점과 폐해를 역사적인 사례를 들어 조목조목 밝힌 후에, 권력유지를 원하는 군주는 반드시 자신의 군대를 양성하는데 진력하고 이후에는 스스로 지휘할 수 있는 능력을 갖추어야 한다고 주장하였다. 오직 자신의 힘으로 독립을 유지할 수 있는 국가만이 오랫동안 존립할 수 있으며, 따라서 자신 보다 강한 이웃나라와의 동맹이나 협약은 가능한 한 피해야 한다는 것이다. 특히 외부의 지원이나 원조는 최후의 불가피한 수단으로써 어쩔 수 없는 경우에만 사용해야 하는데, 이것은 결과적으로 자국의 안위와 통치자의 권력유지에 가장 큰 위협이 될 수 있기 때문이다. 나아가 마키아벨리는 군주는 권력의 유지를 위해서 철저히 자신의 힘에 의존해야 함을 강조하였다. 타국의 도움이나 간섭 없이 자유롭게 출발한 국가는 당장은 약소국일지라도 성공할 가능성이 높으나, 종속된 지위에서 출발한 국가는 시간이 흘

러도 타국의 지배에서 벗어나기가 쉽지 않기 때문이다.[6)]

이처럼 군주는 오직 확고한 군사적 기반 위에서만 자신의 정치적 의도를 실현할 수 있는데, 전쟁 상황과 마찬가지로 현실 정치세계 역시 숭고한 이상만을 내세울 수 없는 영역이기에, 이 세계에서도 군사 활동에서 중요한 덕목으로 간주되는 행동방식들을 철저히 적용할 줄 알아야 한다. 이러한 차원에서 마키아벨리는 현실정치의 핵심적인 특징을 '상징'과 '외양(appearance)'에서 찾았다. 그가 정치에서 특별히 외양을 강조하는 이유는, 정치는 본질의 영역이 아니라 외양을 중시하는 현상의 영역에 속하기 때문이다. 정치에서 권력획득을 통해 궁극적으로 추구하는 개인의 명예와 영광은 영혼의 완성도 진리의 구현도 아니며, 단지 대중의 호응과 동의에 힘입은 외양에 불과하다. 따라서 정치인은 현실적인 정치활동 과정에서 권모술수에 능하고 대중 앞에서 어느 정도 위선적인 태도를 취할 수밖에 없다. 통치자가 일반적인 도덕률에 따라 처신을 하면 정적에게 쉽게 공격의 빌미를 제공하여 결국 파멸하게 된다. 외적의 침입으로부터 자국의 주권을 지켜내든 내부의 적들로부터 자신의 권력을 보호하든 간에, 위장과 기만 그리고 이를 바탕으로 한 대중과의 교감은 통치자가 자신의 정치적 생명력을 연장시키기 위해 사용할 수 있는 최적의 수단이다.[7)]

2.4.2 마키아벨리 군사사상의 한계

『군주론』은 통치자(전제군주)가 정치권력을 지속적으로 유지하고 확대시키기 위해서는 일반적인 차원의 윤리적 고려를 전적으로 배제할 것을 강권하는 정치 공학적 논의가 중심이 된 작품이다. 또한 이 작품은 당시 사분오열되어 있던 그의 조국 이탈리아가 맞닥뜨린 정치의 위기상황을 사실적으로 분석하고 그 대응책을 철저히 군사적 차원에서 마련하도록 촉구함으로써, 탁상공론에 빠져있던 당대의 정치인들에게 강렬한 인상을 심어주었으며 후대의 현실주의 지식인그룹이나 군사사상가들에게도 적지 않은 영향을 끼쳤다. 그러나 그는 국가 간에 발생하는 대부분의 문제를 군사적인 수단을 통해 해결할 수 있고 따라서 군주는 주로 전쟁의 준비와 실행에만 관심을 기울여야 한다는 생각에 사로잡힘으로써[8], 정치현실의 다양하고 복잡한 측면을 자신의 이론 속에 포섭하지 못한 한계를 지닌 것으로 볼 수 있다.

3. 클라우제비츠의 『전쟁론』에 나타난 전쟁이론과 전쟁천재 사상

3.1 인물

『전쟁론』(Vom Kriege, On War)의 저자로 잘 알려진 카알 폰 클라우제비츠는 전쟁의 본질과 특성을 체계적으로 연구한 독창적인 사상가였을 뿐만 아니라, 평생을 전장에서 보낸 직업군인(장군)이었다.[9] 그는 1780년 독일(프로이센)에서 출생한 후 부모의 희망에 따라 12세에 군대에 입대하였고, 이미 13세에 최초의 전투를 경험하였다. 또한 그는 15세에 소위로 임관한 후 5년간 수비대에서 근무하며 소규모 전투에 관한 광범위한 지식을 쌓았다. 그는 21세에 베를린 군사학교에 입학하여 학업에 정진 한 후 23세에 그곳을 수석으로 졸업하였고, 곧이어 프로이센의 아우구스트 왕자의 전속부관으로 활동하였다. 이후 수많은 전투경험을 바탕으로 군인으로서 승진과 출세를 거듭하다가 1818년부터 약 12년 간 베를린의 군사학교의 교장으로 재직하면서 『전쟁론』을 집필할 기회를 얻게 되었다. 그렇지만 클라우제비츠는 젊은 시절부터 지속되었던 전투와 고된 군대 업무로 인해 말년에 심신이 급격히 쇠약해졌고, 1831년 당시 창궐했던 콜레라에 감염되어 51세의 비교적 젊은 나이로 사망하였다.

3.2 『전쟁론』의 배경 및 전쟁이론

3.2.1 클라우제비츠 이전의 전쟁이론

클라우제비츠의 저서는 서구의 군사 및 정치사상사를 통틀어 전쟁의 본질과 특성에 대해 가장 체계적이며 의미심장한 내용을 전달하고 있는 역저로 평가받고 있다. 잘 알려진 바와 같이, 클라우제비츠가 이 저술을 집필한 배경에는 기존의 군사이론에 대한 그의 비판이 자리 잡고 있다. 그가 보기에 과거와 현재의 대다수 군사전략가들은 순전히 수학적으로 전략을 짜고 이를 전쟁에 적용함으로써 승리할 수 있다고 생각하였다. 예컨대 동시대의 저명한 군사

전략가였던 조미니(Antoine- Henri Jomini, 1779~1869)는 군대 기지가 어디에 위치하고 전방에서 전투에 임하는 병사들의 무리와 이 무리의 각도가 어느 정도인가에 따라서 승리할 수 있고 또한 패배할 수도 있다고 주장함으로써 전쟁과 전투를 수학적 · 과학적으로 설명하고자 하였다.[10] 이러한 태도는 18세기 급속히 발전한 자연과학의 영향에 따른 것이며, 이 경우 인간 개개인의 자질과 능력은 전쟁의 승리를 위한 고려사항에서 배제된다.

이처럼 과거에는 주로 병력, 장비, 무기 등의 통계수치에 따라 전략을 수립하고 승패를 예견하였으나, 나폴레옹이 등장하면서 이러한 사고방식은 붕괴를 맞는다. 즉 나폴레옹의 전쟁술을 심층적으로 분석한 클라우제비츠는, 전쟁 역시 인간의 활동이기 때문에 다양한 인간적인 요소들(행운과 불운, 가능성과 개연성 etc.)이 개입할 수밖에 없다는 점을 확인하고, 이 모든 것들을 포함하는 전쟁이론을 만들고자 시도하였다. 특히 그는 인간의 정신적인 측면(전투의지, 사기, 욕기, 자신감, 대담성)을 고려한 전쟁이론을 수립하는 것이 중요함을 자각했던 것이다.

3.2.2 『전쟁론』에 나타난 전쟁의 본질

클라우제비츠는 『전쟁론』 1권 1장에서 전쟁을 "나의 의지를 실현하려고 적에게 복종을 요구하는 일련의 폭력행위"로 규정하였다.[11] 그의 정의 안에는 전쟁의 목적과 목표 그리고 수단이라는 세 가지 요소가 함축되어 있다. 전쟁의 목적은 '나의 의지를 상대방에게 강요하는 것'이며, 전쟁의 목표는 '적이 저항할 수 없도록 만들어 복종을 요구하는 것'이고, 전쟁의 수단은 '물리적 수단을 동원한 폭력행위'라는 것이다. 클라우제비츠에 따르면 기본적으로 전쟁은 "절대전쟁"과 "현실전쟁"으로 구분될 수 있다. 여기서 절대전쟁이란 우리가 상상 속에서만 경험할 수 있는 전쟁 형태로서, 대립하는 두 진영 중에서 어느 한쪽이 완전히 전멸할 때까지 지속되는 전쟁을 의미한다. 그러나 현실에서 절대전쟁의 상황이 발생하는 경우는 거의 없는데, 대부분의 경우는 형세가 불리해진 쪽이 항복하거나 휴전을 요청하기 때문이다. 적이 저항을 멈추고 항복함으로써 앞에서 언급한 전쟁의 목적이 달성되면 특별한 경우를 제외하고는 승자 쪽에서도 더 이상의 불필요한 전투를 진행하지 않는다. 그럼에도 클라우제비츠는 전쟁을 직접 수행하는 지휘관은 전쟁이 절대전쟁처럼 전개될 것이라는 마음가짐을 늘 유지할 것을 강조한다. 전투에서는 절대적인 승리를 목표로 하며 늘 최악의 상황을 염두에 두어야 한다는 것이다.

나아가 클라우제비츠는 이처럼 이성적 판단에 기초한 준비와 계획을 넘어 우연이나 개연성이 침투하는 현실전쟁의 특성을 도박과 카드놀이에 비유하기도 하였다. 전쟁에서 휴전이 성립하는 이유가 현실에서는 개연성이 많이 작용하기 때문이듯이, 실제 전투가 벌어지는 현장에서는 날씨와 기후, 적정의 상황, 병사들의 군기, 보급품 상태, 지휘부의 판단착오를 비롯해서 여러 가지 우연적인 요소들이 승패에 지속적으로 영향을 미치게 된다. 이 때문에 현실전쟁에서는 인적, 물적 자원의 투입에 비례해서 전투의 결과를 예측하는 것이 사실상 불가능하며, 조미니 같은 당대의 군사전략가가 주장한 바와 달리 절대로 수학적이거나 통계적인 방식으로 승패를 예측하거나 판단할 수 없다. 한마디로 전쟁의 성격은 확률과 우연이 결합된 도박에 가깝다는 것이다.[12)]

클라우제비츠의 전쟁이론에서 가장 독창적인 내용은, 전쟁의 세 가지 특성(폭력성-개연성-정치성)에 관한 그의 설명(전쟁의 삼중성 내지 전쟁의 삼위일체론)에서 찾아볼 수 있다.[13)] 첫 번째, 전쟁의 개시와 전개과정에서는 적과 적국에 대해서 증오와 적대감을 갖게 되며, 따라서 전쟁은 본능적이며 원초적인 폭력성을 띠게 마련이다. 한 국가가 다른 국가와 전쟁을 치루는 동안에 맹목적인 본능의 산물인 폭력성을 지니고 적을 증오하며 전투에 임하는 주체는 일반 국민들이다. 두 번째, 전쟁은 현실 속에서 발발하고 진행되기 때문에 개연성과 우연이 결합된 도박의 성격을 띠지 않을 수 없다. 이러한 전쟁의 도박적 성격으로 인해, 전투상황 속에서는 지휘관이 매 순간 어떤 판단을 하느냐가 특별히 중요성을 지니게 된다. 국민이 지닌 폭력성이 맹목적으로 적을 증오하고 적보다 많은 폭력을 동원해서 적을 굴복시키는 상황에만 초점을 맞춘 것이라면, 전쟁의 두 번째 특성인 개연성은 국민(병사)을 직접 지휘하는 지휘관의 자유로운 정신활동과 밀접하게 관련되어 있다. 전혀 예상치 못했던 상황이나 우연적인 요소들이 무수히 등장하는 실제 전투현장에서 지휘관이 어떠한 활동과 자질을 보여줄 수 있으며, 돌발적인 문제 상황에서 어떤 방식으로 적절히 대응할 수 있는지가 관건이 된다. 세 번째, 클라우제비츠는 전쟁과 정치의 연관성에 특별히 주목하였으며, "전쟁은 (폭력이라는 수단에 의한) 정치의 연속"[14)]임을 강조하였다. 군대의 지휘관이 복잡하고 혼돈스러운 실제 전투 현장에서 최소한의 병력과 장비 손실을 통해 최대한의 효과를 얻고 승리의 목표를 달성하는데 궁극적인 관심을 가지고 있다면, 이 전쟁을 지속할 것인지 중지할 것인지 중지한다면 어떤 조건 하에 종전을 이끌어내야 하는지와 같이 전쟁 자체에 대해 판단하는 것은 군인이 아닌 정치가의 몫이 된다. 따라서 정치가는 잔혹한 폭력으로 얼룩진 전쟁 상황 속에서조차 냉철한 이성을 바탕으로 국익을 위한 최선의 선택에 도달할 수 있어야 한다. 이처럼 전쟁은 본래 정치의 수단으로 이해되어야 하기에, 전쟁의 세 특성 중에서 정치가 맨 위에 있고, 전쟁의 고유한 특성이라 할 수 있는 폭력성과 개연성은 하부에 위치한다고 생각할 수도 있으나, 그는 이 특성들 사이에서 우위를 가리는 것은 큰 의미가 없다고 본 것 같다. 전쟁의 성격에 따라 어떤 경우에는 정치적인 특성이 좀 더 강하게 나타날 수 있지만, 다른 전쟁에서는 전자보다 폭력적인 특성이나 개연성이 더욱 두드러져 보일 수 있기 때문이다. 어쨌든 현실 속의 전쟁에서는 지금까지 살펴본 폭력성과 개연성 그리고 정치성이 모두 등장하며, 클라우제비츠는 이들 각각의 성격과 상호관계를 독창적으로 규명한 것으로 평가할 수 있을 것이다.

3.2.3 클라우제비츠 전쟁이론의 영향과 한계

『전쟁론』은 출간된 후 약 170여 년이 흐르는 동안, 수많은 지휘관과 군사 전략가들이 연구의 대상으로 삼은 군사이론서이자, 정치와 전쟁 양자의 관계를 심층적으로 이해하고자 한 정치인들이 탐독한 실용적 정치이론서로 각광받아 왔다. 또한 이 저술은 오늘날 일반인들도 각자의 고단한 현실 문제를 해결하는 과정에서 참고하고 도움을 받음으로써, 이제 명실상부하게 세계의 고전의 반열에 오른 것으로 평가되고 있다.

그런데 클라우제비츠는 그의 저술에서 전쟁 자체에 대한 가치평가를 시도하거나, 이러한 평가에 기초하여 전쟁 방지책을 제시하는 데는 소극적이었다. 아마도 그는 전쟁 자체에 대한 평가는 전문적인 철학자나 사상가의 몫으로 돌리고자 했던 것으로 보인다. 즉 그는 전쟁 현상이나 전쟁의 발발을 인간사에서 피할 수 없는 경험칙으로 받아들이고, 직업군인 출신인 자신은 다만 어떻게 하면 효과적으로 전투를 수행하여 적이 더 이상 저항할 수 없도록 만들고, 승리라는 전쟁의 궁극목적에 도달할 수 있는가에만 사고와 관심을 집중한 것 같다. 이러한 태도는 『전쟁론』의 저술목적에 대한 그의 설명을 통해서 유추해 볼 수 있으며, 또한 직업군인으로서의 그의 일생을 고려해보더라도 이해할 수 없는 바는 아니다. 그럼에도 아쉬운 점이 남는다. 클라우제비츠는 전쟁의 참혹함을 당대의 누구보다도 잘 알고 경험한 사람으로서, 단지 전투에서의 직접적인 승리만이 아니라 참혹한 전쟁을 치루지 않고도 이길 수 있는 방안에 대해 좀 더 생각해 보고, 나아가 전쟁과 승리의 유혹을 넘어서 화해와 평화의 길을 모색하는 방안에 대해 좀 더 고민했었더라면 그의 생각은 단지 사유 속에서만 전쟁을 상상하고 묘사했던 그 어느 사상가의 발언보다 세상에서 큰 공명을 울렸을 것이다.[15)]

3.3 전쟁천재 사상

클라우제비츠는 『전쟁론』 1권 1편 제3장에서 이른바 '전쟁천재'(der kriegerische Genius)에 관한 흥미로운 논의를 전개하였다. 그에 따르면 천재란 "우수한 업적을 내는 지성과 감성의 독특한 자질", 다시 말해서 "지성과 감성이 독특하게 한 인간에게 섞여서 구현되어 드러나는 것"이다. 특히 그는 전쟁천재란 '전쟁 활동에 필요한 많은 정신적인 요소를 조화롭게 연합할 수 있는 사람이나 능력'으로 규정하였다.

클라우제비츠가 소개한 전쟁천재란, 헐리우드식 전쟁영화 속에 등장하는 싸움에 특별한 소질을 지닌 인물을 지칭하는 것이 아니라, 병사들의 다양한 정신적 능력이나 성향을 조화시킬 수 있는 지휘관의 자질과 관련된 것이다. 『전쟁론』에서 클라우제비츠가 든 전쟁천재의 모델로 제시한 인물은 자신과 동시대에 활동하거나 한 세대 앞서 뛰어난 능력을 발휘한 인물인, 프랑스의 나폴레옹 보나파르트(Napoléon Bonaparte, 1769.08.15-1821.05.05)과 프로이센의 프리드리히 2세(Friedrich der Grosse, 1712.01.24-1786.08.17)이다.[16] 이처럼 전쟁천재에 관한 그의 논의는 전투 현장에서 직접 병사들을 진두지휘하는 하급지휘자가 아니라, 군주, 사령관 등 국가의 군대를 대규모로 통솔하는 최고지휘관을 대상으로 서술된 것이며, 이들이 어떤 자질과 성품을 갖추어야 하는가에 대해 상세히 묘사하고 있다. 따라서 역사적으로 볼 때 많은 지휘관이나 전략가들은 『전쟁론』 전체 내용 중에서도 특히 '전쟁천재' 담론에 큰 관심을 보여 왔다.

3.3.1 전쟁의 분위기를 형성하는 요소들

클라우제비츠는 전쟁천재를 논하는 『전쟁론』 서두에서 전쟁의 분위기를 형성하는 네 가지 요소, 즉 전쟁을 힘들고 곤란하게 만드는 네 가지 요소에 관해 상세히 묘사하였다.

전쟁의 분위기를 형성하는 첫 번째 요소는 위험이다. 전쟁은 세상에서 가장 위험스러운 분위기 속에서 진행되며, 인명과 재산의 막대한 피해를 초래한다. 일상생활이 상호이해와 협력 그리고 선의의 경쟁을 바탕으로 화기애애하게 진행된다면, 전쟁의 일반적인 분위기는 위험 자체라고 말할 수 있다. 이처럼 피할 수 없는 전장의 위험을 극복하기 위해 필요한 정신적인 능력은 무엇보다도 용기이다. 그리고 진정한 용기란 단지 전장의 위험 상황에서도 물불 가리지 않고 돌진하거나 최초의 목표를 달성하기 위해 어떠한 희생도 마다하지 않는 저돌적인 태도가 아니라, 전장에서 진정으로 두려워해야 할 것과 두려워하지 않을 것을 구별하고 실천할 수 있는 능력이다. 따라서 전술상 필요하다면 수많은 부하의 생명을 책임진 지휘관으로서 작전상 후퇴 여부도 빠르게 판단하고 실천에 옮길 수 있는 자세가 요구된다.

두 번째 요소는 육체적 긴장과 극심한 고통이다. 전투 수행 중에는 죽을 고비를 무수히 맞이하게 되고, 정상적인 수면이나 휴식을 취할 수 없음은 물론이며 제대로 된 식사를 하는 것도 불가능한 경우가 태반이다, 또한 예측이 거의 불가능한 가운데 적의 공격에 대비하는 과정에서 지속적인 긴장 상태를 유지할 수밖에 없다. 이처럼 전쟁 시기에는 평소의 정상적인 생활과는 비교할 수 없을 정도로 심한 육체적 긴장과 고통이 수반되게 마련이다. 결국 전장에서 겪어야 하는 고통을 극복하고 궁극적으로 승리를 쟁취하기 위해서는 평소 강인한 체력을 기르고 정신 무장을 철저히 할 수밖에 없다. '훈련 중에 흘리는 땀 한 방울은 실전에서의 피 한 방울'이라는 구호는 결코 허언이 아니다.

세 번째 요소는 불확실성이다. 전쟁 수행 중에 적진으로부터 입수된 첩보를 대하는 첫 번째 원칙은 절대로 입수된 정보자료를 그대로 믿지 말아야 한다는 것이다. 적군이 작전상 혼란을 초래할 목적으로 가짜 정보를 일부러 퍼뜨린 것일 수 있기 때문이다. 일상생활 가운데서도 불확실한 경우가 적지 않지만, 상대에 대한 기만과 위장 그리고 거짓 정보흘리기를 대단히 중요한 전략적 요소이자 덕목으로 간주하는 전쟁에서만큼 심하지는 않다. 이러한 전장의 불확실성을 극복하기 위해서 지휘관은 항상 날카롭고 예리한 지성으로 무장하고 있어야 한다. 또한 그는 다양한 경험을 축적해 둠으로써 매 순간 정보의 진위여부를 직관적으로 판단할 수 있어야 한다.

네 번째 요소는 우연이다. 앞에서 언급한 바와 같이, 클라우제비츠는 현실의 전쟁을 확률과 우연이 결합된 도박과 같은 것으로 묘사하였다. 대부분의 전투 현장에서는 미처 예상하지 못한 우연적인 요소들이 끊임없이 개입되며, 따라서 최초 지휘관과 참모들이 수립한 작전계획에 따라 전투가 진행되는 경우는 거의 없다. 클라우제비츠는 전쟁에 우연적인 요소들이 개입하는 경우 실질적으로 그것을 극복하는 방법은 반복된 훈련을 통해 숙달된 전투기술과 수많은 전장 경험뿐이라고 주장하였다. 지휘관 같은 고급 장교뿐만 아니라 많은 실전 경험을 가진 병사라면 전투 중 전혀 예상하지 못한 상황이 발생하더라도 자신의 과거 경험을 바탕으로 위기를 잘 극복할 수 있다는 것이다.

3.3.2 전쟁천재의 자질인 지성의 역할

클라우제비츠에 따르면, 전쟁의 분위기를 형성하는 앞의 네 요소(위험, 육체적 긴장과 고통, 불확실성, 우연)를 극복할 수 있는 정신적인 특성(용기, 체력과 정신력, 지성, 계획과 경험)은 결국 지성에서 나오거나 지성에 의해 일깨워진다. 즉 용기, 체력, 정신력, 경험 등은 모두 지성의 자각을 출발점으로 한다는 것이다. 따라서 클라우제비츠는 전쟁에서 지성의 역할을 특별히 강조하였다. 일반적으로 어떤 사람의 지성이 발달했다고 말하는 경우는, 그가 남들보다 뛰어난 이해력과 암기력 그리고 순발력을 갖추고 있다는 의미로 해석된다. 이에 반해 클라우제비츠는 지성을 "극도로 혼란한 가운데에도 인간의 정신을 진실로 인도하는 내면의 불빛"으로 규정하였다. 전쟁은 아무리 작전대로 수행되더라도 상당히 혼란스러울 수밖에 없는 위험한 상황의 연속이다. 이러한 혼란 속에서도 인간 특히 지휘관의 정신을 진실로 이끄는, 다시 말해서 전쟁에서 승리하도록 올바로 이끄는 내면의 불빛이 바로 지성이다. 결국 클라우제비츠가 생각한 지성이란 혼란스러운 상황을 극복하기 위해 발휘되는 지휘관의 통찰력을 의미한다고 말할 수 있다.

클라우제비츠는 지성의 역할을 논하는 과정에서 지성과 용기의 관계를 예로 들었다. 누군가가 용감한 것은 필요한 상황에서 지성의 능력이 적절하게 발휘되었기 때문이다. 이러한 관점에서 클라우제비츠는 용기를 “지성이라는 불꽃을 따르는 힘”으로 규정하였다. 그런데 용기는 결단력으로 지칭할 수 있는 감정이며, 따라서 전쟁의 결단력(용기)은 통찰력(지성)으로부터 나오는 것으로 볼 수 있다. 또한 그는 지휘관이 지녀야 할 통찰력을 “시공간의 상황에 대한 직관적이며 정확한 판단을 통해 신속하게 결정을 내리는 힘”으로 규정하였다. 결국 용기란 단순히 감정이나 충동적인 태도에서 나오는 것이 아니라, 지성적인 판단을 토대로 영혼의 감성적인 측면이 질서있게 힘을 발휘할 때 나오는 능력이다.

3.3.3 전쟁천재가 지녀야 할 요건들

클라우제비츠에 따르면 전쟁 중에는 지휘관의 통찰력과 결단력 그리고 침착성이 화학적으로 결합하여 상황에 따라 적절하게 분출되는데, 그는 이것을 전쟁천재가 지니고 있어야 할 일곱 가지 요건으로 구분하여 설명하였다.

첫 번째로 전쟁천재에게는 전쟁행위의 동기로서 에너지가 넘쳐나야 하는데, 지휘관의 명예욕이 강렬하면 전투를 수행하거나 군사업무를 추진하는데 필요한 열정이 증가한다. 두 번째로 전쟁천재는 단호해야 한다. 클라우제비츠가 말하는 단호함이란, 싸움의 강도와 관련된 의지의 힘이다. 군대가 공격이나 방어 과정에서 강렬한 태도를 보일 때 단호하다고 말할 수 있다. 세 번째로 천쟁천재는 완강해야 한다. 클라우제비츠가 말하는 완강함이란, 싸움의 기간과 관련된 의지의 힘이다. 군대가 투지를 갖고 오랫동안 싸우거나 버틸 경우 완강하다고 말할 수 있다. 네 번째로 전쟁천재에게는 감성이 있어야 한다. 이때 클라우제비츠가 말하는 감성은 특히 자제력을 의미하는 바, "격렬한 정신적 흥분과 동요에도 불구하고 균형을 잡으려는 노력"으로 규정할 수 있다.[17] 다섯 번째로 전쟁천재에게는 성품이 중요하다. 여기서 성품이란 의심스럽고 불확실한 전장 상황에서 지휘관이 자신의 신념을 확고하게 지키는 것이다. 여섯 번째로 전쟁천재에게는 지형감각이 있어야 한다. 지형감각이란 전투 중에 필요한 방향감각, 공간감각, 위치감각 등으로 표현할 수 있으며, 주로 지성과 관련된다. 일곱 번째로 전쟁천재에게는 국가정세에 관한 이해가 필요하다. 즉 최고 지휘관에게는 군사적인 능력뿐만 아니라 자국이나 외국의 정세에 대한 이해가 필요하며, 이는 주로 지성과 관련되는 부분이라고 말할 수 있다.

결국 클라우제비츠에 따르면, 전쟁천재란 "창의적이기보다는 치밀하고, 한 분야에 치우쳐 편협하기보다는 포괄적인 능력을 갖추고 있으며, 열정적이기보다는 냉철한 사람"이다. 편협하다는 표현은 군인이 자기 분야에서 특수한 군사기술만 가지고 있음을 의미한다. 이에 반해 최고 지휘관은 군사 지식과 관련된 전반적인 사항을 알고 있어야 하며, 따라서 군사적 능력을 포괄적으로 지니고 있다고 말할 수 있다. 열정적이라는 말은 성격이 예민하고 상황에 따라서 감정이 격렬하게 폭발하지만, 분출된 감정이 오랫동안 지속되지 못함을 의미한다. 이에 반해 최고 지휘관은 절대로 쉽게 감정에 노출되지 말아야 한다. 그는 냉철한 지성을 바탕으로 매 순간 상황을 고려하며 단계적으로 행동하는 성품의 소유자이어야 한다.

『페더럴리스트 페이퍼』를 통해 본 자유와 권력을 향한 리더의 조건

1. 들어가는 말

『페더럴리스트 페이퍼(The Federalist Papers)』는 미국 건국의 이념(자유민주주의와 대의제 그리고 연방주의를 토대로 한 광대한 공화국 건설)을 가장 명확하게 제시하였으며 나아가 미국 국체(國體)의 실질적인 내용을 포괄적으로 소개한, 당대의 대표적인 대중정치 교양서이자 사상서이다.[1] 이 글에서는 21세기 현대 민주주의 사회에서 '자유'란 어떤 의미를 지닌 가치이어야 하며, 이 자유의 편재(遍在)적인 구현을 위해 통치리더 그룹은 자신들의 '권력'을 국가 · 사회적 차원에서 어떻게 이해하고 사용해야 하는가를 『페더럴리스트 페이퍼』를 중심으로 논하고자 한다.

이 글을 쓰게 된 계기는 한편으로, 해방 이후 좌우의 극심한 정치적 대립과 혼란 속에서 우리는 서구권에서도 특별히 미국을 통해 접한 자유민주주의 사상을 신생 대한민국의 건국이념으로 받아들였으며, 『페더럴리스트 페이퍼』에 내재된 정치철학적 사유는 사실상 이 자유민주주의 이념의 사상적 뿌리에 해당되기 때문이다. 다시 말해서 이 저술에 대한 명확한 이해는, 70여 년 전 우리가 자유민주주의를 정치체제의 근본이념으로 받아들였으면서도 이 이념의 본래 모습과 내재적 가치를 서구사상사의 스펙트럼 속에서 제대로 파악하지 못한 채 단편적인 해석으로 일관해 왔으며, 또한 오랜 기간 지속된 공산권과의 이념적 대립 속에서 자유민주주의 이념이 일부 권위주의 정권에 의해 자의적으로 왜곡 · 유포되고 정권유지의 이념적 수단으로 악용됨으로써, 아직도 일반인들의 의식 속에 자유민주주의에 대한 부정적인 인식이 자리 잡고 있는 상황을 이제는 점진적으로나마 개선해야 한다는 문제의식과 연결되어 있다.

다른 한편 이 글은 『페더럴리스트 페이퍼』에 대한 심층적인 이해가 우리 한국사회에 리더십과 관련해서 적지 않은 교훈과 시사점을 제공할 수 있다는 판단을 배경으로 한다. 우리 한국사회는 지난 20세기 중반 이후 지구상에서 거의 유일하게 산업화와 민주화를 동시에 달성했다는 자부심을 가지고 있으면서도, 21세기에 접어든 오늘날 경제적 양극화, 지역 · 계층 · 세대 간 갈등, 청년실업문제, 환경문제, 법률 불신풍조, 북핵 위기와 통일문제 등 사회 곳곳에 도사리고 있는 수많은 난제들을 제대로 해결하지 못한 채 이른바 '헬조선'으로 전락할 위기에 처해 있으며, 청년들은 이른바 '금수저-흙수저' 담론을 통해 기성세대와 사회전반에 대한 근본적 불신을 드러내고 있는 실정이다. 그 주된 원인은 우리 사회 각계각층의 지도급 인사들 특히 국가경영에 직간접적으로 참여하고 있는 지위의 사람들이 가치지향적이며 헌신적인 리더의 모습과는 정반대의 길을 선택함으로써, 자유, 정의, 평등, 질서, 안전 같은 공공선의 추구를 통해 공동체에 새로운 가치와 비전을 제시하려는 노력은 등한시 한 채, 오직 사적인 이익과 허명 같은 개인의 영달만을 뒤쫓는 삶에 만족해왔기 때문일 것이다. 이처럼 2021년 현재 우리 한국사회의 모든 영역에서 무엇보다 절실히 요청되고 있지만, 동시에 좀처럼 찾아보기 힘들며 특히 국가경영의 영역에서는 희귀하기까지 한 가치개념이 바로 책임감과 명예의식 그리고 희생과 봉사정신을 바탕으로 한 리더십(leadership)과 리더 정신(leaderspirit)인 것이다.

이 글에서는 국내 학계에서는 아직 본격적으로 논구되고 있지 않은[2) 『페더럴리스트 페이퍼』의 기원과 내용구성 및 서술상의 특징에 대해 먼저 간략히 소개한 후에, 이 작품의 사상적 특징과 지향점은 무엇인지 서구사상사의 스펙트럼 안에서 살펴보고, 마지막으로 리더십의 관점에서 이 작품이 우리 한국사회에 주는 교훈은 무엇인지 고찰하고자 한다.

2. 『페더럴리스트 페이퍼』는 왜 저술되었으며, 어떤 내용을 담고 있는가?

2.1 작품의 기원과 배경

역사적으로 잘 알려져 있듯이, 크리스토퍼 콜럼부스(Christopher Columbus, 1451-1506)는 1492년 4월 서인도 바하마 제도에 도착하여 유럽에 신대륙의 존재를 소개하였다. 신대륙 발견이후 미국 독립 전후까지 아메리카의 역사는, 한마디로 유럽인의 아메리카 원주민 학살의 역사라고 칭할 수 있을 것이다. 역사학계에서는 콜럼부스의 발견 이후 아메리카 대륙으로 몰려가서 허영과 탐욕을 채우려 했던 유럽인들(상인 · 광산업자 · 군인 · 종교인 etc.)이 1세기 동안 약

6000만 명에서 1억 명 가량의 원주민을 무참히 학살한 것으로 추정하고 있으며, 21세기 현재 잔존하는 원주민은 불과 25만 명 내외인 것으로 알려져 있기 때문이다.[3)]

아메리카 원주민들이 멸종의 위험에 처한 상황이 지속되던 와중에, 이른바 필그림 파더스(Pilgrim Fathers)로 불린 일군의 청교도(Protestant)들은 유럽에서의 종교박해를 피해 메이플라워(Mayflower)호에 몸을 싣고 1620년 잉글랜드 남서부 플리머스에서 출발하여 네덜란드를 거쳐 신대륙 식민지(현재의 메사추세츠 주 플리머스)에 도착하였고, 이들의 도착과 더불어 탐욕과 수탈의 인간사냥터로 전락했던 아메리카 대륙에 또 다른 역사가 시작되었다.[4)]

아메리카 대륙의 새로운 서양인 사회는 자유와 평등을 갈망하는 유럽 이주민들을 중심으로 서서히 형성되어 갔는데, 시간의 흐름과 더불어 식민지 사회와 영국 본토와의 불화가 점점 더 빈번하고 심해졌으며, 잘 알려진 '보스턴 차 사건(1773)' 등 일련의 항쟁을 도화선으로 하여 자유의 쟁취를 위한 독립운동이 본격적으로 전개되었다. 즉 1774년 필라델피아에서는 아메리카 대륙 13개 식민지의 대표들이 모인 1차 대표자회의(일명 대륙회의, Continental Congress)가 개최되었으며, 1776년(7월 4일)에는 식민지 13주의 결정으로 유명한 '아메리카 독립선언'[5)]이 공포되었고, 1777년 2차 대륙회의에서는 '연합헌장'(일명 연맹규약, the Articles of Confederation and Perpetual Union)의 초안이 마련되었다. 이에 독립을 불허하는 영국과의 독립전쟁(1776-1781)이 발발하였다. 영국과 패권경쟁 중이던 프랑스의 지원을 받은 식민지 독립군은 총사령관 워싱턴 장군의 지휘 하에

'요크타운 전투'에서 최종적인 승리를 거둠으로써 전쟁은 종결되고(1781년 10월 19일) 마침내 그토록 갈망하던 자유를 쟁취하게 된다. 독립전쟁의 종결과 더불어 위에서 언급한 1777년의 연합헌장이 비준되었고(1781년) 이후 약 12년간 사실상 미국헌법의 역할을 담당하게 된다. 그러나 독립전쟁 이후 아메리카 대륙에는 하나의 통일된 국가가 등장한 것이 아니라, 기존의 식민지들이 주축이 된 이른바 '독립 13주(Original Thirteen States) 연맹'이 성립되었으며, 이는 사실상 독립적인 '나라들'(states)의 연합체 성격을 띠고 있었다. 이러한 정치상황으로 인해 독립된 '나라들'은 식민지 시절부터 가지고 있던 주권의 지속을 주장하였고, 대륙 전체의 입장에서 볼 때는 세금징수와 외교권한 부재 등의 한계에 따른 혼란을 피할 수 없었다. 이처럼 '연합헌장'을 통해서는 혼란스런 상황에 효율적으로 대처할 수 없음이 드러나자, 1787년 필라델피아에서 최초의 아메리카 '제헌회의'(the Constitutional Convention, 5월 25일-9월 17일)가 소집되었다. 오랜 진통 끝에 결국 이 회의에 참석한 13개 주 대표들 중 39명이 서명한 '미합중국 헌법'이 최종적으로 공포되었고, 각 주별 비준작업을 거쳐 1789년 3월 마침내 헌법이 발효되었는바, 바로 이 미합중국 헌법을 통해 아메리카 대륙에는 비로소 하나의 국가 성립과 대통령 선출이 가능하게 되었다. 『페더럴리스트 페이퍼』는 새 헌법에 대한 각 주(state)의 비준 과정에서, 이것의 필요성과 당위성을 일반 대중에게 설파하고 정적들의 주장을 극복하기 위해서 때로는 철학과 이념의 수준에서, 때로는 현실 정치적인 차원에서 논자들의 입장을 설명한 신문 칼럼 모음집인 것이다.

오늘날에는 『페더럴리스트 페이퍼』가 마치 미국 건국 초기의 정치사상을 유일하게 대변하는 작품처럼 비춰지기도 하지만, 사실 이 저술의 출판 당시에는 '연방주의자들'(federalists)과 '반연방주의자들'(anti-federalists) 사이에 극심한 사상적 · 정치적 대립이 존재하였다. 그렇지만 이러한 대립은 양측의 대변인들이 개인적인 사리사욕이나 정파적 당리당략에 빠져 무의미한 정치투쟁을 벌였다기보다는, 대(對)영국전쟁이라는 유혈투쟁을 거친 후에 새로운 나라를 건립함에 있어 각자 나름의 정치사회적 이상을 효과적으로 구현하려는 선의에서 비롯되었다고 보는 편이 보다 합당할 것이다. 즉 우리는 『페더럴리스트 페이퍼』 탄생의 가장 중요한 정치사상적 배경으로 당시 '연방파'(federalists)와 '공화파'(republicans) 사이의 경쟁과 대립을 꼽을 수 있다.[6] 먼저 연방파의 경우에는 주로 동북부와 중부 해안지대의 보수적이며 국가주의적인 상공업 세력들이 주축을 이룬 것으로 알려져 있는데, 이들은 인간 본성에 대해 성악설적인 관점을 지니고 있었으며, 겉으로 드러나는 이성 능력이나 합리적인 태도보다는 인간 내면 깊숙이 자리 잡고 있는 감정과 욕망을 생각과 판단과 행동의 근본동인으로 간주하였다. 연방파는 중앙집권적 권위와 정교한 상업경제를 갖춘 국민국가를 지향했으며, 또한 이를 기반으로 하는 강력한 연방정부의 건립을 갈망하였다. 나아가 국가의 통치와 정부 운영 역시 교양과 책임감을 지닌 유산계급에 의해 이루어져야 한다고 보았으며, 민중들의 정치참여는 원칙적으로 배제되어야 한다는 입장을 고수하였다. 이에 반해 공화파는 남부와 서부의 급진적이며 지방 분권적 농업세력들이 주축을 이뤘으며, 인간의 본성은 본래 선하다는 성선설의 입장에서 혈통과 출신에 관계없이 누구라도 교육과 계몽을 통해 내면의 이성능력을 유감없이 발휘할 수 있다는 입장을 견지하였다. 공화파와 달리 연방파의 일원들은 민중과 가까우며 지방분권적인 작은 정부를 지향했으며, 일정 정도의 계몽이 이루어진 민중들이 가능한 한 직접 정치에 참여할 수 있도록 제도를 확충하고 기회를 늘려야 한다고 주장하였다. 이처럼 지방을 거점으로 한 농업세력이 주축을 이루었던 공화파는, 자영농민의 자율성을 극대화하고 나아가 이들의 정치경제적인 참여기회가 최대한 확대되어야 한다는 점을 강조하였는 바, 이들은 정치적 이상을 신장된 농본주의적 민주공화국의 건설에 두었던 것이다.7)

2.2 작품의 구성적 특징과 지향점

그렇다면 자유주의와 연방공화국 수립의 바이블로 일컬어지는 『페더럴리스트 페이퍼』는 구체적으로 어떤 내용으로 구성되었는가, 또한 이 작품의 핵심적인 특징은 무엇이며 사상적 지향점은 어디에 있는가? 이에 대해 구체적으로 소개하기 전에, 우선 건국 이후부터 21세기 현시점에도 유지되고 있는 미연방 정치제도의 근본 특징과 관련해서 다음의 두 질문을 염두에 둘 필요가 있다. 즉, 왜 미국 대통령 선거제도는 건국 이후 현재까지도 직선제가 아니라, 주(state)별 선거인단(the electoral college)에 의한 간선제(indirect election)이며 승자독식제('winner-takes-all' system)가 유지되고 있는가? 그리고 미합중국 연방정부(the central (federal) government)와 주정부(the state government)의 권한은 어떻게 구분되는가?[8] 『페더럴리스트 페이퍼』에서 다루고 있는 중심 주제들과 다양한 논의들의 궁극적인 지향점은 이 두 가지 질문에 대한 대답과 밀접히 연관되어 있기 때문이다. 역으로 말하면, 우리는 이 두 질문에 대한 해답과 더불어 『페더럴리스트 페이퍼』의 저자들의 저술의도 내지 작품의 대의를 파악할 수 있다.

『페더럴리스트 페이퍼』는 총 85편의 논설문(article)으로 구성되어 있는데, 대략 해밀턴이 51편, 매디슨이 26편, 제이가 5편, 그리고 매디슨과 해밀턴의 공동작이 3편으로 알려져 있다. 작품 안에서 논구된 주제로는 ①시민의 정치적 번영을 위한 연맹의 유용성(14편), ②연맹을 보존하기에 부적당한 현재의 식민지 연맹체제(8편), ③목적 달성을 위해 적어도 현재 제안된 정부와 같은 강력한 정부의 필요성(14편), ④공화정부의 신뢰할 만한 원칙에 대해 제안된 헌법의 적합성(48편), ⑤제안된 헌법과 여러 주정부 헌법 사이의 유사성(1편), ⑥제안된 헌법이 채택됨으로써 얻을 수 있는 공화정부, 자유 그리고 재산의 보호에 대한 추가적 보증(1편) 등이 있다.[9]

이 작품의 명시적인 주제가 앞에서 언급된 1781년의 '연맹규약'(the Articles of Confederation and Perpetual Union)에 의거한 느슨한 연맹체제의 문제점을 개선할 수 있는, 하나의 새롭고 획기적인 '연방공화국'(federal republic)의 구성방안이었다면, 헤밀턴과 메디슨, 제이 같은 저자들이 논설문을 구상하고 집필하는 과정에서 지녔던 심층적인 문제의식은, '본성상 부정적인 면이 강한 인간 개개인들의 이익을 효과적으로 충족시키면서도 이 과정에서 발생할 수 있는 이해충돌을 최대한 방지하기 위해, 어떻게 바람직한 공동체를 건설할 것인가?'와 '미국인들이 대륙으로부터의 이주와 독립전쟁 등 역경으로 가득찬 삶의 체험 속에서 가장 중요한 가치로 간주했던, 개인의 자유를 어떻게 최대한 보장하는가?'라는 두 질문에 내포되어 있었다고 말할 수 있을 것이다.

3. 『페더럴리스트 페이퍼』의 핵심 사상

3.1 고대 정치철학과의 내적 연관성

서양정치사상사에서 잘 알려져 있듯이, 플라톤은 자신의 주저(主著)로 손꼽히는 『국가』편에서 '정의(dikaiosynê)란 무엇이며, 정의로운 생각을 하고 이를 실천하는 사람에게는 행복한 삶이 보장되는가?'라는 질문을 던지고, 정의롭고 행복한 사회를 구현하는 방안으로 이른바 '철인왕'(philosopher king)들에 의해 통치되는 '이상국가'를 제시한 바 있다.[10] 나아가 플라톤은 자신의 『서간문』을 통해 밝히고 있듯이, 시라쿠스에서 이상국가론의 실현 가능성을 시험해 보았으나, 그의 철학과 이상을 제대로 이해하지 못한 현실 정치세력들을 상대하면서 현실의 벽을 절감하기도 하였다. 이후 죽음을 목전에 둔 말년의 플라톤은 유작이 된 『법률』편을 통해, 이상국가의 실현가능성을 부정하지는 않았지만[11] 이제는 좀 더 현실적인 차원에서 법에 의해 통치되는 국가인 '마그네시아'에 관한 논의를 진행하였으며, 특히 나라의 성립과정에서 가장 핵심적인 과제 중의 하나인 법률의 제정 및 집행에 대한 설명을 포괄적으로 제시하였다. 그런데 우리의 논의와 연관해서 『법률』편이 주목을 끄는 점은, 작품 속에서 제시된 법의 제정과 집행 그리고 법률수호에 관한 논의 와중에, 이후 수많은 사상가들에게 영감을 주며 다양한 담론을 촉발시켰던 '혼합정체론'의 단초들이 비교적 자세하게 묘사되고 있다는 사실이다.[12)]

플라톤은 『법률』편에서 바람직한 혼합정체의 모습을 당시 실제로 존재했던 정치체제들 중에서 특별히 군주정과 민주정의 장점을 결합한 형태에서 찾았는데, 그 이유는 이 두 정체를 나머지 다양한 정체들의 근원에 해당하는 것으로 간주하였기 때문이다.[13)] 그렇다면 이 두 현실 정치체제의 근원적인 한계를 어떻게 극복하고, 내재된 특징과 장점들 중에서 무엇을 취사선택할 것인가? 이와 관련해서 플라톤은 먼저 실제적인 권력행사를 누가 해야 할 것인가에 대한 입장을 제시한다. 물론 최선의 군주정은 완벽한 지성능력과 감수성 그리고 권력에 대한 절제능력을 갖춘 철인왕이 다스리는 정체이겠으나 이는 현실적으로 거의 불가능하며 설혹 그러한 상황이 한 순간 가능하더라도 결코 지속되기 어렵기에, 누가 통치자의 역할을 수행하든 모든 권력행사는 오직 (인간의 영혼 안에 존재하지만 자체로서 신적인 능력이라 할 수 있는 지성(nous)에 따라 제정된) 법률[14)]에 의거해서만 가능하게 해야 한다는 것이다. 이것은 어떠한 권력행사라도 통치자의 자의가 아니라 법률에 의거할 경우에만 정당성을 가질 수 있으며, 역으로 국정을 담당하는 사람은 그가 누구이든지 단지 법률의 집행자 내지 대리인에 불과함을 의미한다.[15)]

나아가 플라톤은 이러한 '법에 의한 통치' 이념에 따라, 철저하게 지성에 의해 통치됨을 전제하며 따라서 통치의 주체가 상당한 정도의 정무적 판단을 하는 것이 용인되는 철인왕 체제와 달리, 혼합정체에서의 권력행사는 오직 필요한 만큼 제한적으로 그리고 집단적으로만 가능하며, 또한 통치행위의 주체들 간에는 엄격한 분리와 상호견제가 필요함을 강조하였다. 이것은 플라톤이 권력의 독점으로 인한 정부의 타락을 미연에 방지하기 위해, 현실 민주정체의 특징들 중에서 권력의 평등적 분배 내지 권력기관 상호 간의 견제라는 기본원리를 발전적으로 계승한 것으로 볼 수 있을 것이다.

이와 관련된 사항을 좀 더 살펴보면, 플라톤은 법치와 정의로운 사회구현을 위한 제도적 장치로서 '호법관'(nomophylax), '사정관'(euthynthēs), '3심제', '야간회의'(ho nykterinos syllogos) 등을 제안하였다.[16)] 호법관은 법률을 온전히 제정하지 못한 상태에서 죽거나 법률제정 기간이 지나 자리에서 물러나야 하는 입법자가 자신의 임무를 계승하고 수행하도록 지정해 놓은 대리 입법자라고 말할 수 있다. 호법관은 역할은 주로 법률을 수호하거나 기존 법률을 보완하고, 시민들의 법규준수에 관한 포괄적인 감독 업무를 수행하는 것이다. 예를 들어 호법관은 행정관들을 감독하거나 징계하고, 문제가 발견되었을 경우 법정이나 조사관에 회부함으로써 누구든 자신의 공적인 행위에 대해 책임을 지도록 강제할 수 있다. 나아가 호법관은 시민이 자신의 가족이나 재산과 관련해서 중요하거나 자체 해결이 불가능한 일처리를 위임하는 경우 이를 규정에 따라 처리할 수도 있다.[17] 다른 한편 사정관은 공직 종사자의 잘못을 임기 후에 바로잡는 역할을 수행하도록 고안되었다. 즉 사정관은 나라의 정의와 공직기강을 바로세우며, 공직 종사자의 부정으로 인해 내분이 발생하지 않고 실질적으로 단합된 상태를 유지시키는 임무를 맡는다. 예컨대 법률 제정 및 집행과 관련해서 막강한 권한을 지닌 호법관 역시, 임기를 마친 후에는 직무수행의 내용 및 절차와 관련해서 사정관의 철저한 감사를 받게 되어 있다. 이처럼 마그네시아의 공직자는 누구나 공무수행과 관련해서 서로가 서로의 통제대상이 되었으며, 이것은 법치국가에서는 어느 한쪽으로의 권력집중 현상으로 인해 발생할 수 있는 부정부패를 원천적으로 차단할 수 있는 권력간 견제와 균형의 장치가 마련되어야 함을 저자 플라톤이 강조한 것으로 볼 수 있다.

플라톤의 '혼합정체'에 관한 사상적 단초를 비판적으로 발전시킨 아리스토텔레스는 자신의 저서 『정치학』에서, 모든 정체는 기본적으로 세 부분으로 나눌 수 있다고 보았다. 그것은 바로 심의권과 집행권 그리고 재판권이다.[18] 이러한 구분은 서양정치사상사에서 최초로 정식화된 '권력분립'(separation of powers) 이론으로 평가될 수 있을 것이다. 나아가 아리스토텔레스는 『정치학』 4권을 중심으로 다양한 정치체제를 분석하였으며, 현실적으로 가능한 최선의 정체는 어떠해야 하는가에 관한 논의를 전개하였다.[19] 그의 분석에 따르면, 최악의 정체는 왕정이 타락한 형태인 참주정이다. 여기서는 독재자만 유일하게 삶에 만족하며, 나머지 사람들은 공포와 고통 속에 빠져 있기 때문이다. 귀족정의 타락한 형태인 과두정은 권력을 장악하고 나누어 가진 소수의 지배자들에 의해 억압과 공포정치가 자행되는 상태이며, 여기서는 사회의 부익부 빈익빈 현상이 점점 더 가중되어 국가의 존립 자체가 위태롭게 된다. 민주정은 국정참여와 부의 배분 등에서 국가구성원 각 개인의 가치와 능력이 전혀 고려되지 않은 채, 오직 산술적이며 획일적인 평등이 일방적으로 적용되는 상태이며, 여기서는 다수의 횡포에 휘둘림으로써 법치의 이념이 쉽게 무시될 수 있다. 이에 대해 올바른 정체의 경우를 살펴보면, 먼저 통치자의 자격을 갖춘 인물의 현명한 국가운영을 의미하는 왕정은 자체로서는 이상적일지 모르지만 현실화되기 매우 어려운 것이 사실이다. 또한 역사 속에서 적지 않은 수의 왕정은 절대 권력의 획득과 더불어 태도를 바꾸어 참주정으로 전락하곤 하였다. 두 번째, 귀족정은 윤리적 덕목과 정치적 능력을 고루 갖춘 소수의 유능한 인물들에 의한 합법적이며 합리적인 통치를 의미하며, 토론과 합의 등을 통해 경솔하거나 성급한 정책적 판단을 예방할 수 있기에 만약 현실화되면 바람직하겠지만 그것은 왕정과 마찬가지로 실현되기 어렵다. 또한 귀족정은 권력을 쥔 소수에 의한 담합으로 인해 과두정으로 전락하기 쉬우며, 시민의 자격을 갖춘 다수의 사람들의 국정참여를 권장하는 아리스토텔레스의 관점에서 보면, 탁월한 능력을 갖춘 소수의 인물들이 나라를 잘 다스리더라도 그것은 결과적으로 나머지 시민들이 공직에 참여함으로써 명예를 추구할 수 있는 기회를 박탈하는 것이다.

이에 아리스토텔레스는 자신의 정치철학적 이상이 포함되는 동시에 현실에서도 어느 정도 실현 가능하며, 따라서 정치적 안정성과 지속성을 동시에 담보할 수 있는 정체로서 '혼합정'을 제시하였다. 혼합정은 민주정과 마찬가지로 다수가 지배에 참여하지만 대중영합주의에 빠지기 쉬운 민주정과는 달리 공공선을 추구하기에, 지배에 참여하는 다수는 각각의 장점에 따라 통치의 기능을 효율적으로 분할하며, 따라서 국정 운영에서 구성원 상호간의 견제와 균형 그리고 역할배분이 가능한 통치체제라 말할 수 있다. 그는 혼합정의 구체적이며 현실적인 모습을 과두정과 민주정의 이상적인 조합에서 찾았는데, 이를 통해 다수의 시민으로부터 나오는 정치적 안정감과 소수의 유능한 인물들의 탁월한 능력이 조화롭게 결합될 수 있다고 보았기 때문이다. 그런데 아리스토텔레스는 자신의 윤리학적 전제인 중용(mesotes)사상을 토대로, 지나치게 부유하거나 가난하지 않기에 당파성에 빠지지도 품위를 잃지도 않으며 이성의 명령을 가장 충실히 수행할 수 있는 중간계층이 시민의 다수를 구성한 상태가 가장 바람직한 것으로 보았다. 또한 그는 현실 속의 정치체제는 이 중간계층의 지지를 기반으로 유지될 경우에 안정과 지속성을 담보할 수 있다고 주장하였는데, 이러한 정치체제가 바로 혼합정의 현실적인 모습이라 할 수 있다.[20)]

사실 『페더럴리스트 페이퍼』의 저자들이 플라톤의 『법률』이나 아리스토텔레스의 『정치학』 같은 고대 정치사상 관련 저술을 인용하거나 그들의 아이디어를 직접 언급하며 논의를 전개한 예는 기대보다 많지 않다. 그렇지만 플라톤과 아리스토텔레스가 전개한 '혼합정체론' 관련 논의들은 『페더럴리스트 페이퍼』의 핵심내용을 일정부분 선취하고 있거나, 적어도 후대의 담론을 예고하고 있음을 부인하기는 어려울 것이다. 이것은 법치의 원리나 권력의 배분 혹은 권력 간의 견제와 균형 등에 관한 서양고대 정치사상의 지적인 성과들이, 미합중국 건립 당시 최고 지성에 속했던 『페더럴리스트 페이퍼』 저자들의 의식 속에 내재해 있었고 필요에 따라 적절히 활용되었음을 시사하는 것으로 볼 수 있다.[21)]

3.2 근대 정치이념의 총체적 구현

연방주의자들이 주장한 국가수립과 정부체제 구성의 핵심축은 사상적 차원에서 대략 세 가지 정도로 구분할 수 있을 것이다. 첫 번째는 성악설을 토대로 한 인간본성에 대한 이해 즉 이성보다는 감정과 열정의 중요성을 강조하는 입장이며, 두 번째는 이른바 삼권분립 및 견제와 균형으로 대변되는 권력분립과 혼합정체 사상이고, 세 번째는 전통적인 유럽군주의 자의적인 통치와는 명백히 구분되는 바, 대화와 협력을 모델로 하는 새로운 국가형태 즉 공화정에 대한 이해가 그것이다.[22)]

이러한 세 가지 사상적 핵심축은, 18세기 후반 미국 건국 당시로부터 그리 멀지 않은 시기에 활동했던 유럽의 거물급 사상가들의 영향 하에서 구체적으로 형성되었다. 『페더럴리스트 페이퍼』를 비롯하여 연방주의자들의 사상과 국가관 형성에 영향을 준 주요 이론가로는 우선적으로, 인간은 자기 이익을 추구하는 존재임을 주저하지 않고 명확히 밝힌 토마스 홉스(Th. Hobbes, 1588-1679), 자연권과 인간의 권리보장을 강조하였으며, 이른바 '이원정부론'을 중심으로 정부구성과 운영에 있어서 서구 지성사상 최초로 권력의 견제와 균형의 중요성을 강조했던 존 로크(J. Locke. 1632-1704), 로크의 권력분립이론을 확대 · 발전시킨 삼권분립론을 주창하였으며, 덕과 상업정신(이익)을 토대로 한 근대적 차원의 '공화주의'(republicanism) 이념을 제시했던 샤를 몽테스키외(Ch. Montesquieu, 1689-1755)를 들 수 있다. 이하에서는 세 가지 사상적 입장(인간본성 · 삼권분립 · 공화주의)이 『페더럴리스트 페이퍼』 안에서 구체적으로 어떻게 전개되었는지 간략하게 살펴보기로 한다.

3.2.1 '인간 본성(human nature)'에 관한 사실적 논의

주지하듯이 홉스는 『리바이어던(Leviathan)』에서, 인간은 어느 상황에서든 자기 자신의 이익을 추구하는 존재라는 점을 설득력 있게 묘사하였으며, 구체적으로 "인간은 인간의 늑대(Homo homini lupus)"라고 규정한 바 있다.[23] 홉스는 이처럼 자신의 욕구와 본능 충족을 가장 중시하는 인간의 모습이 자체로서 선하거나 윤리적으로 바람직하다고 말할 수는 없지만, 이러한 성향은 인간 존재가 생명을 지닌 한 결코 외면하거나 회피할 수 없음을 인정해야 하며, 바로 이 사실로부터 인간과 사회 나아가 국가와 정치의 근본문제에 관해 솔직하게 논의하고 합의점을 도출해야 한다고 주장하였다.

연방주의자들 역시 이러한 홉스의 인간이해에 찬동하는 가운데, 사회나 조직 내부에서 남보다 우월해지려 하거나 권력과 이윤을 추구하는 행태는 인간 존재의 거역할 수 없는 속성이며, 이것을 추구하는 과정에서는 '파벌'(faction)과 투쟁이 필연적으로 발생할 수 밖에 없다고 진단하였다.[24] 연방주의자들에 따르면, 그럼에도 우리는 사회에 만연한 우월성과 권력 그리고 이윤추구에의 욕구를 그대로 방치함으로써 홉스가 말한 대로 세상을 "만인의 만인에 대한 투쟁"의 장소로 전락시킬 수는 없는바, 이러한 욕망의 에너지를 어떻게 인간 자신에게 유용하게 사용할 것인지 적극적으로 고민해야 한다. 그런데 그것은 바로 인간 영혼의 심연에 내재한 "열정과 이해관계"(passions and intersests)에 대한 관심을, 세상에서는 공개적으로 강조하지만 사실상 제대로 역할과 기능을 수행한다고 보기 어려운, 인륜적 덕성이나 이성능력보다 더욱 적극적으로 활용함으로써 가능하다고 보았다. 예컨대 연방주의자들은 당시 절대적인 권력을 지닌 한 사람에 의해 지배되는 군주국가로의 회귀를 무엇보다 두려워하고 거부했던 아메리카 민중과 지식인 사회의 정서로 인해, 역사상 최초로 선출되는 대통령의 임기 후 재선을 허용해야 할 것인가를 두고 많은 논란이 일자, 자기이익을 추구하는 인간의 열정은 오직 또 다른 강력한 열정을 통해서만, 혹은 탐욕은 그보다 더욱 가치 있고 추구해 볼 만한 것으로 생각되는 또 다른 탐욕을 통해서만 효과적으로 통제될 수 있다는 논리로 재선의 필요성을 역설하였다.[25] 명예를 향한 강한 욕망과 이기심도 잘 활용하면 개인과 국가의 발전과 정화에 긍정적으로 작용할 수 있다는 것이다.

3.2.2 새로운 '권력분립'(separation of powers) 이론

로크는 정부의 구성과 운영에서 권력분립이 제도적으로 반드시 필요한 이유를 바로 인간 자신의 본성적 한계에서 찾았다.[26] 또한 로크의 이론을 자신의 조국의 정치적 상황에 맞게 발전적으로 계승한 것으로 평가되는 몽테스키외 역시, 삼권분립을 핵심으로 하는 혼합정체론에서 국가는 서로 다른 권력집단들의 이익이 대변되도록 조직되어야 한다고 주장하였다.[27] 로크와 몽테스키외를 비롯한 사상가들이 정치권력의 분립을 강조한 이유는 무엇인가? 정치학자들의 관점에서 볼 때, 세계사에 등장하는 다양한 통치체제들은 끝없이 생성소멸하며 순환해 왔으며, 이 과정에서 부작용과 피해는 거의 예외 없이 국민들이 감당해야 할 몫이었다.[28] 권력분립이론은 바로 이러한 정치체제의 지속적인 타락과 국민의 피해라는 악순환을 방지하고, 역사 속에 실존했던 통치체제들(왕정 · 귀족정 · 민주정 etc.) 안에서 찾을 수 있는 긍정적인 측면을 선별해서 현실적으로 가능한 최선의 정체를 구성해 보겠다는 노력의 일환으로 평가할 수 있을 것이다.

주지하듯이 몽테스키외의 혼합정체론은, 민주정과 과두정의 장점을 모으고 결합하여 현실 속에서 최선의 정부를 구성하고자 한 아리스토텔레스의 혼합정체이론이나, 집정관과 원로원 그리고 호민관 같은 권력기관들이 상호 견제와 힘의 균형을 유지하는 고대 로마의 혼합정치체제를 사상적 원천으로 하며, 당시 서구에서 최고의 선진 정치시스템으로 평가된 영국의 권력체제를 본으로 삼되[29], 각 권력조직의 기능적 분할에 좀 더 방점을 두고 조국 프랑스의 시대적 조건 하에서 새롭게 고안한 권력분립 모델이었다. 『페더럴리스트 페이퍼』의 저자들은 이처럼 다양한 사상적 ·

역사적 모델들을 참고하여 자신들의 현실 정치상황과 민의에 부합할 수 있는 독자적인 혼합정치체제를 제시하는데 상당한 분량을 할애하였는데, 이 중에서도 특히 중요한 것은 이들이 권력 간의 최대한의 분립과 상호견제에 주안점을 두었다는 사실이다. 또한 연방주의자들은 유럽식 삼권분립제도 등의 수용이 현실 속에서 왕정복귀로 귀결될 것을 우려하여, 3권의 주체인 행정부(대통령), 입법부(양원제), 사법부 모두 국민의 투표로 선출하는 방식을 채택한 것도 미국식 혼합정체의 특징이라고 말할 수 있을 것이다.

앞에서 언급된 바와 같이, 다양한 체제의 끝없는 순환을 방지하고 지속적으로 안정된 상태에서 주권이 국민에게 주어지는 상황을 만들기 위한 방안으로 고안된 미국 건국 초기의 혼합정치체제 구상은, 역사적으로 존재했던 정상적인 정부형태의 장점들을 수용하여 취합하고 나아가 권력기관들 사이의 지속적이며 체계적인 상호견제 시스템을 구축하는데 방점이 놓여졌다. 이를 좀 더 구체적으로 살펴보면, 전통적인 군주제는 국민의 정치적 열망을 담아 '대통령제'(presidency)로 발전하였으며, 귀족정의 장점들은 상원(6년제. 미국 50개주 당 2명씩 100명)과 대법원제도(종신직)로 수용되어 주로 대외적인 정치적 중대사의 결정, 국가의 안전보장, 법치수호의 기능을 담당하였다. 또한 민주정의 핵심 특징은 하원(2년제. 435명. 인구비례)으로 변모하여 주로 연방정부와 각주의 예산을 담당하는 역할이 부여되었다.

앞의 인간 본성에 관한 논의를 통해서 확인했듯이 건국 당시 미국의 권력분립론은 인간본성에 대한 불신에서 출발하는 바, 연방주의자들은 권력의 성립과 유지의 차원에서 볼 때 인간은 지속적으로 감시되고 통제되어야 한다는 관점을 유지하였다.[30] 권력분립의 목적이 거대한 국가권력의 상호견제와 균형을 통해 권력의 독점화를 방지하고 국가로부터 시민의 자유를 엄격히 보장하는데 있었다면, 권력분립의 방식은 입법권, 행정권, 사법권을 기능적으로 분리하여 서로 다른 사람들이 그 기능을 수행하도록 제도화하는 것이었다.[31] 즉 연방주의자들은 '정부'(government)[32]를 중앙정부와 주정부로 나누어 상호 견제하고 국민의 권리를 보호하는데 역점을 두었으며(연방정부와 주정부 각각 삼권분립), 나아가 사회세력을 다양화하는 정책을 채택하여 종교의 자유를 보장하고 이민정책을 적극 추진하는 등 사회의 일부 파벌들이 다른 일부분을 억압하는 상황을 방지하도록 하였다.

정부 각 부분의 고유한 직무수행을 위한 안전장치(견제와 균형의 메커니즘)의 구체적인 내용을 간략히 살펴보면, 행정부(administration)는 '거부권'(veto power)을 행사함으로써 입법부의 결정에 대해 대통령이 제한적으로 반대의사를 표명할 수 있도록 하였고, 의회 양원제의 채택은 상호 간의 '경계와 견제'(watch and check)를 통해 졸속적이거나 억압적인 법의 제정을 미연에 방지하는 효과를 염두에 둔 것이며, '탄핵제'(impeachment)는 입법부가 현실적인 차원에서 권력의 집행기관이라 할 수 있는 행정부와 사법부를 일정 부분 통제할 수 있는 장치로서 마련되었으며, 미국 대법원(the U.S. Supreme Court)의 '사법심사제'(judical review)는 입법부의 새로운 법률 제정이 법률분야 최고의 권위자들을 통해 헌법과 부합하는지 다시 확인하는 과정이며, 행정법원(administrative court)의 '행정심판' 역시 행정부의 법집행이 실정법에 맞는지를 법률 전문가의 관점에서 판단하는 것이다.

그렇지만 권력분립과 관련된 건국 초기 연방주의자들의 다양한 논의들 중에서도 가장 혁신적이며 세계정치사에 큰 획을 그은 것은 다름 아닌, 임기제 대통령제의 채택이었다.[33] 즉 미국의 새로운 대통령제 도입은, 인류 역사상 최초로 국민들이 자유롭게 자신의 리더를 선택할 수 있는 국가체제가 탄생했음을 선포한 하나의 중대한 사건이었다.[34] 대통령 역시 국민의 한 사람으로서 국가 운영을 책임지는 역할을 잠시 수행할 따름이며, 선출직 대통령은 국민의 자유와 국가의 번영을 위해 주어진 기간 동안 최선을 다한다는 전통이 시작된 것이다.[35]

3.2.3 '광대한 공화국'(extended republic)의 건설

『페더럴리스트 페이퍼』의 근대사상적 배경에 관한 마지막 논의로서, 전통적인 서구유럽식 군주제와 명백히 차별화되는 '미국식 공화주의'(American republicanism)에 관해 간략히 살펴보자. 미국식 공화제의 성격을 논함에 있어 먼저 지적해야 할 점은, 비록 공화정체에 대한 연방주의자들의 개념적 이해는 그리스와 로마를 비롯한 서구의 역사적 · 사상적 사례들을 원천으로 하지만, 구체적인 내용을 비교해 보면 전자와는 상당한 차이가 발견된다는 사실이다. 예를 들어 서구 공화주의 정치이념의 출발점을 형성하는, 고대 그리스 아테네에서 유래하는 '순수민주주의'(pure democracy)의 경우에는 '직접민주주의' 내지 '인민민주주의'를 표방하여, 추첨에 의해 시민들 중에서 공직자를 직접 선출하거나 국가 중대사와 주요정책을 시민들의 투표에 의해 결정하는 등 제도와 이념 자체가 소규모 나라에 적합한 특성을 내포하고 있다. 이에 반해 연방주의자들은 아메리카 대륙 고유의 지리적 특징과 독립전쟁 이후의 시대적 상황이 반영된, 이른바 '광대한 공화국'을 표방하였으며 이전의 직접민주주의 시스템에 적용되었던 정치제도들은 상당히 변형되거나 포기되었다.[36)]

'미국식 공화주의'(American republicanism)의 특징을 논할 경우 우리는 그 핵심가치로 다음의 세 가지에 주목하게 된다. '인민주권'(popular sovereignty), '대의제'(represen-tative), '입헌주의'(rule of law)가 바로 그것이다. 인민주권론과 관련해서, 독립 당시 반연방주의자들을 중심으로 한 아메리카 대륙의 상당수 정치지도자들 사이에는, 13개로 존재하는 각각의 '나라'(state)가 독립이념인 '자유'의 진정한 수호자이고 주권은 '나라 정부'(state government)에 있는 바, 이 주권은 어떤 경우에도 양도 불가능하며 불가분의 성격을 지니고 있다는 통념이 지배적이었다고 해도 과언이 아니다. 이에 광대한 공화국의 건설을 주창한 연방주의자들의 일차적인 과제는, 헌법 제정을 통해 새롭게 탄생하는 '연방정부'(federal government)는 결코 '나라'를 흡수하거나 소멸시키지 않을 것임을 입증하는데 있었다. 다시 말해서 새롭게 수립되는 공화국은, 기존의 '나라'들이 단순한 연합체이기에 발생할 수밖에 없었던 사실상의 무정부상태를 회피하면서도, 새로운 중앙정부 권력이 나라들을 모두 흡수해 버리는 일종의 제국화를 지향해서도 아니 되고, 결국 두 극단 사이의 절충과 중도의 길을 걸어야 한다는 것이며, 이를 '부분적으로 단일국가적이고 부분적으로 연방적인'(partly national, partly federal) 체제로 규정하였다. 이처럼 절충과 중도의 길을 발견하는 과정에서 중요한 역할을 한 것은 바로 『페더럴리스트 페이퍼』의 저자 중 한 사람이며 미합중국 4대 대통령을 역임한 매디슨(James Madison)이 고안한 '인민주권' 개념이라 할 수 있다. 매디슨에 따르면, 중앙(연방)정부의 권한의 근원은 '나라' 정부에서 나오며, 또한 '나라' 정부의 모든 권한은 본질적으로 인민으로부터 유래한다. 즉 아메리카 대륙의 새로운 정치체제에서 모든 권한은 오직 인민의 최고 권력으로부터 나오는 바, 권력은 근원적으로 인민에게 있으며, (각 정부에서) 선출된 인민의 대표에게 단기간 동안 위임되는 것이다.[37] 이러한 논의를 통해 주권은 연방정부와 나라 정부 사이에서 성공적이며 지속적으로 분할 가능하다는 연방제의 기본원리가 제시되었다고 말할 수 있다.[38] 이처럼 '나라'의 무력화로 인한 연방 자체의 분열(무정부상태)을 회피하면서도, 국가권력의 과도한 연방정부 집중(제국화)으로 인한 건국이념(자유와 자율) 훼손 같은 폐해를 방지하기 위해 고안된 것이 바로, 인민주권의 한시적 · 제한적 · 단계적 양도라는 구상을 통해 형성된 연방공화국인 것이다.[39]

다른 한편, 『페더럴리스트 페이퍼』 저자들을 비롯한 미국의 국부들에게 '공화주의'(republicanism)는 앞에서 언급된 '직접민주주의'와 명확히 대비되어, '대의제 민주주의'(Representative democracy)와 사실상 동일한 의미로 사용되었다.[40] 또한 앞에서 논의된 바와 같이, 초기 건국 과정에서 미국에는 역사상 최초로 성문 헌법을 토대로 한 정치체제가 등장하였으며, 이것은 '입헌적 민주주의' 혹은 '민주주의적 입헌주의'의 역사적 출발점을 형성하였다. 그렇다면 입헌적 민주주의를 토대로 한 대의제를 표방한 미국에서 대표(Representatives)의 자격은 어떤 방식으로 부여되는가? 이와 관련해서 『페더럴리스트 페이퍼』에는 다양한 논의가 제시되고 있는데, 대표의 자격으로 특별히 강조된 것은 대내적으로는 입법 활동 경험이며[41], 대외적으로는 상업 · 과세 · 무역 · 통상 지식 및 지역현장 경험이고[42], 내면적으로는 덕성과 (임기제를 통한) 책임의식[43]을 꼽을 수 있다. 이처럼 정치적 대의제를 표방한 미국사회의 전통적 특성은 바로 '자유지향적 엘리트주의'에 있다고 말할 수 있다. 즉 한편으로 국가의 구성원들에게는 누구를 막론하고, 건국이념이자 최고의 가치인 자유를 구가할 수 있는 동등한 권리로서의 평등이 보장되며, 이것은 구체적으로 기회균등의 원칙과 다원주의적 사회질서 유지의 근간을 형성한다. 그렇지만 다른 한편 미국사회는 (공교육을 통해 이루어진) 기회의 차등에 근거한 엘리트의 지배를 당연한 것으로 간주하였다. 인민에게 최대한의 자유를 보장을 위해서는 최고의 자질을 지닌 소수에게 정치적인 권한이 집중되어야 한다는 것이다.

4. 나오는 말

이 글에서는 미국 건국의 이념을 명확하게 제시하였으며 또한 정치체제의 실질적인 내용을 포괄적으로 소개한 『페더럴리스트 페이퍼』의 핵심 내용을 살펴보았다. 이 작품은 미국 건국과정에서 이념적 토대를 제공한 저술일 뿐만 아니라, 현대의 입헌적 대의민주주의 사회에서 여전히 관심을 가질만한 서구 정치사상사의 기념비적 작품으로 평가할 수 있다.[44] 특히 우리는 이 글을 통해 인류 역사상 최초로 현실정치에서 보편적 자유의 가치를 설파하고 대의민주주의를 표방한 『페더덜리스트 페이퍼』가 갖는 의미를 확인할 수 있었다.

나아가 『페더덜리스트 페이퍼』에 제시된 정치사상에 대한 심층적인 고찰은, 이후 등장한 미국 정치인들의 공공성에 대한 강조와 정책 결정의 동인(動因)을 이해하는데 도움을 줄 수 있을 것이다. 저자들은 한편으로 인간 영혼의 심연에 잠재된 권력에의 욕망을 극단적으로 부정하거나 죄악시하지 않고 있는 그대로 인정하면서도, 이 욕망의 에너지가 단지 개인적인 열정이나 이해관계를 위해 소비되지 않고 국가와 대중을 위해 긍정적인 방식으로 활용될 수 있도록, 다시 말해서 정서적 차원에서 평범한 한 인간이 선공후사(先公後私)를 지향하는 공공리더로 거듭날 수 있도록 인도하는 제도적 방안은 무엇인지 깊이 고민하였다. 같은 맥락에서 '국부 중의 국부'로 칭송받고 있는 워싱턴이 보여준 권력에 대한 겸허한 자세(대통령 재직 당시의 권한 사용 자제 및 종신 대통령 거부와 평화적인 정권교체 등)

는 『페더럴리스트 페이퍼』가 지향한 정치 리더십의 정수를 보여주었을 뿐만 아니라, 천 마디 말보다 훨씬 더 소중한 정치적 자산이 되어 이후 미국이 단번에 서구사회에서 으뜸가는 정치 선진국으로 발돋움할 수 있는 계기를 마련하였다.

저자들은 서구의 유구한 역사와 정치사상 속에 산재되어 있던 다양한 권력분립 모델들을 참고하여 당시의 아메리카 상황에 최적화된 '혼합적 권력분립 모델'을 제안하였으며, 특히 권력 간의 분립과 상호견제에 방점을 두었다. 이 과정에서 제도화된 다양한 정치 시스템은 미국독립혁명 이후 250여년이 지난 현재까지도 대체로 본래 모습을 유지하고 있을 정도로 가치와 안정성을 인정받고 있다. 이 점은 리더십의 관점에서도 우리 한국사회에 중요한 교훈을 제시하고 있는데, 그것은 바로 권력분립의 제도와 이념은 오직 정치 주체들 간의 권력에 대한 상호 양보와 타협을 통해서만 비로소 구현 가능하며, 또한 양보와 타협은 정치인 각자에게 자기절제의 능력이 어느 정도 내면화된 경우에만 실현될 수 있다는 사실이다. 다시 말해서 현실 속의 정치인이 과연 나라 전체를 행복하게 만들려는 의지와 역량 그리고 리더십을 충분히 갖고 있는지를 판단할 수 있는 시금석은 더 이상 그의 입에서 쉽게 흘러나오는 정의나 공정성 같은 거대담론이나 실현되지 못할 구두선이 아니라, 일반적으로 사람들이 큰 애착을 갖게 마련인 욕구의 대상들(권력, 명예, 재산 etc.)에 스스로 얼마나 초연하며 절제 있는 태도를 보일 수 있는가에 달려있는 것이다.

서양의 여러 고전적 텍스트를 배우고 익히는 궁극적인 목적은 이를 한국의 현실에 맞게 해석하고 적절히 응용함으로써 창조적인 방식으로 새로운 가치를 창출하는데 있다. 우리가 1945년 해방 이후 미국을 통해 자유민주주의 이념을 수용하여 나라를 건설하고 지속적인 발전을 거듭해 왔다는 사실만 보더라도, 『페더럴리스트 페이퍼』에 대한 심층적인 이해는 우리의 현실과 미래를 위해 중요한 의미를 내포한다고 말할 수 있다. 또한 이 저술은 리더십의 관점에서도, 21세기 민주주의 사회를 선도할 지도자는 어떤 인간적인 자세와 정치적 역량을 갖추고 있어야 하는가에 관해 적지 않은 시사점을 제공하고 있다.

피터 드러커와 지식노동자의 셀프리더십

1. 들어가는 말

우리는 21세기의 인간과 사회상을 묘사할 때면 으레껏 '지식노동자'(knowledge worker)나 '지식기반사회'(knowledge based society)라는 표현을 사용하곤 한다. 그런데 이 개념을 최초로 고안한 사람이 현대 경영학의 구루로 평가되는 피터 드러커(Peter Ferdinand Drucker, 1909-2005)라는 사실은 그다지 많이 알려지지 않은 것 같다. 이 글에서는 현재와 미래사회의 최대 화두인 '지식'의 생성과 활용 그리고 확장과 관련해서 가장 의미 있는 담론을 제시한 바 있는 드러커의 '지식사상'(knowledge theory)을 소개하고, 그것이 현대인의 셀프리더십 함양과 어떻게 연결될 수 있는지 심층적으로 고찰해 보고자 한다.

2. 피터 드러커는 누구인가?

2.1 생애와 주요 활동

피터 드러커는 1909년 11월 19일 오스트리아-헝가리제국의 수도이자 당시 유럽 최고의 문화도시인 빈에서 태어났으며, 2005년 11월 11일 미국 캘리포니아주 클레이몬트에서 생을 마감한 인물이다.

직업적 관점에서 드러커를 한마디로 규정하기는 쉽지 않은데,

그는 거의 1세기에 걸쳐 삶을 영위하는 동안 법학자, 신문기자, 증권사 직원, 작가, 교수, 경영컨설턴트, 미래학자, 수묵화 강사 등 다양한 업종에 종사했기 때문이다. 어쨌든 그가 세상에 이름을 널리 알린 것은 현대적 차원에서 경영학을 새롭게 정의하였고 이 분야의 발전 방향을 제시했기 때문이다. 이에 세간에서는 흔히 그를 현대경영학의 창시자 내지 '구루'(guru)로 지칭하곤 한다. 이에 반해 드러커는 자신이 경영학을 포함하여 특정 분야의 전문가로 평가되는 것을 원하지 않았다. 오히려 그는 자신을 특정 영역에 머물거나 얽매이지 않으며 세상의 여러 모습을 관찰하고 평가하는 사람이라는 의미에서 "사회생태학자"(social ecologist), "방관자"(bystander), "관찰자"(observer) 등으로 지칭하곤 하였다.

드러커는 당대의 저명한 경제학자인 아버지와 오스트리아 최초의 여성 의사인 어머니 사이에서 태어났으며, 부모 덕분에 성장 과정에서 지그문트 프로이트(Sigmund Freud, 1856-1939)를 비롯해서 문화수도 빈에서도 가장 명망 있는 인사들을 자연스럽게 만나는 행운을 누렸다. 이러한 유년 시절의 경험은 이후 그가 평생에 걸쳐 세상에 대한 호기심과 학술적 탐구를 지속하도록 만든 정신적 자산이 되었다. 또한 그는 가정에서 모국어인 독일어와 영어를 동시에 사용하며 성장하였는데, 이러한 경험은 이후 영국과 미국 등 영미권으로 이민을 감행한 후 곧바로 주류사회에 진입할 수 있는 문화적 배경이 되었다.

드러커는 고등학교(Gymnasium) 졸업 후에 곧바로 상급학교에 진학하지 않고 독일 함부르크로 가서 한동안 무역회사의 견습사원으로 생활하였다. 그러나 그는 얼마 지나지 않아 미래를 위해서는 대학 교육이 필수적임을 절감하고 함부르크대학에 입학(1927)하여 법학을 전공한다. 이후 그는 당시 독일 금융의 중심지인 프랑크푸르트로 이주하여 미국계 투자은행의 증권분석가로 취직하였으며, 프랑크푸르트대학에 편입하여 학업을 이어갔다. 1929년 겨울 직장이 파산하자 드러커는 평소 논설문을 기고하던 프랑크푸르트 지역신문사(Frankfurt General Anzeiger)에서 금융 및 외교 담당 기자로 자리를 옮겨 사회적 식견을 넓혔으며, 동시에 프랑크푸르트대학에서 당대 독일 법학계 최고의 석학으로 평가받았던 칼 슈미트(Carl Schmitt, 1888-1985)의 지도 하에 국제법에 관한 논문을 작성하여 법학박사 학위(1931)를 취득하였다.

본래 유대인 혈통의 오스트리아인이었던 드러커는 1933년 나치가 독일 사회에서 주류 정치세력으로 등장하게 되자 신변상의 심각한 위협을 느끼게 되고, 독일을 탈출할 계획을 수립하여 곧장 실행에 옮긴다. 그는 우선 영국으로 이주하여 수년간 보험회사의 증권분석 업무를 담당하였다. 그는 1937년 1월 평생의 반려자인 도리스 슈미트와 결혼한 직후 미국으로의 이민을 감행하였으며, 이민 초기인 1939년에 처녀작으로 알려진 『경제인의 종말』(The end of economic man: the origins of totalitarianism)을 영어로 출판하였다. 이 저술에서 드러커는 당시 유럽 사회에서 대립하던 자본주의와 사회주의의 자기모순과 한계를 갈파한 후 곧이어 들이닥칠 전체주의 체제를 학술적으로 예측하였다. 드러커의 분석은 당시의 시대 상황을 매우 정확하게 분석한 것이었으며, 동시대 서구 정치인들 중에서 히틀러와 나치정권의 본질을 거의 유일하게 간파하고 있던 윈스턴 처칠(Winston Churchill, 1874-1965)의 극찬을 받기도 하였다.

드러커는 미국 이민 초기에 언론매체에서 기자로서 경력을 쌓는 동시에 독자적인 작가로도 활동하였는데, 미디어 이론가인 마셜 맥루한(Herbert Marshall McLuhan, 1911-1980), 경제인류학자인 칼 폴라니(Karl Polanyi, 1886-1964), 건축가인 백민스터 프러(Richard Buckminster Fuller, 1895-1983) 등 당대 미국 지식인 사회의 명사들과 의미 있는 교류를 이어갔다.

미국 이민 후 작가이자 언론인으로 활약하던 드러커는 오랫동안 전운이 감돌던 끝에 2차 세계대전이 발발하자 자원하여 미국 육군성 컨설턴트로 근무하였으며, 1942년에는 베닝턴 대학 교수가 되어 정치, 경제, 역사, 철학 등 폭넓은 주제에 대해 강의를 진행하였다. 1943년 드러커는 GM의 경영 방침과 기업구조에 관해 조사해 달라는 당시 부회장의 의뢰를 받고 18개월에 걸쳐 폭넓게 GM을 관찰하였다. 그는 이 경험을 토대로 새로운 '경영학' 체계 수립에 착수하는 한편 GM에 제출한 보고서를 편집하여 『기업의 개념』을 출간하였다. '분권제' 등의 도입을 주장한 이 저술은 출간 즉시 베스트셀러가 되어 그가 경영학자로서의 입지를 다지는 계기를 제공하게 된다. 나아가 드러커는 2차 대전 종전 직후 '마셜 플랜'(Marshall Plan 유럽 부흥 계획) 실행에 직접 참여하여 유럽의 전후 재건에 일조하였다. 이후 그는 미국 사회의 대표적인 경영컨설턴트이자 경영학의 창시자라는 칭송과 더불어 대학 강의(뉴욕대학 경영학부 교수활동 및 매니지먼트학과 창설), 국내외 유력 저널 기고, 기업 컨설팅을 동시에 수행하는 등 매우 활발한 활동을 이어갔다.

60대에 접어든 드러커는 1971년부터 캘리포티아 주에 위치한 클레어몬트대학교(CGU, Claremont Graduate University)로 자리를 옮겨 '피터 드러커 경영대학원'(Drucker School of Management)에서 경영학과 사회과학을 강의하였으며, 1973년에는 그의 수많은 저술 중에서도 대표작으로 손꼽히는 『매니지먼트』를 출간하였다. 또한 그는 고령의 나이임에도 불구하고 클레어몬트 대학의 일본 수묵화 강사(1979), '피터 드러커 비영리재단'의 명예 이사장, GE의 최고경영자 잭 웰치의 컨설턴트(1981) 등 다양한 방면에서 대외활동을 지속하였다.

드러커는 현대 경영학의 창시자답게 이 분야에서 새로운 개념이나 용어를 창안한 것으로 잘 알려져 있다. 대표적으로 '마케팅'(marketing), '지식노동자'(knowledge worker), '지식사회'(knowledge society), '경영자'(executive), '매니지먼트'(management), '경영기관'(institution of management), '경영컨설턴트'(management consultant), '민영화'(privatization), '분권화'(decentralization), '4차 정보혁명'(the fourth information revolution), '권한위양'(empowerment), '학습조직'(learning organization), '목표관리'(management by objectives), '수평조직'(flat organization) 등을 들 수 있다. 이 중에서 '민영화' 개념의 경우, 20세기 중후반 영국의 대처(Margaret Hilda Thatcher, 1925-2013) 총리와 미국의 레이건(Ronald Wilson Reagan, 1911-2004) 대통령이 주요 경제정책 수립과 시행과정에서 공식적으로 인용하며 사용했던 것으로 알려져 있다.

2.2 세상과 자신의 평가

드러커에 대한 세상 사람들의 평가는 어떠한가? 이와 관련해서는 그가 현대적 차원에서 경영학을 새롭게 개척했다는 점을 높이 평가하는 시각이 대세를 이룬다. 예컨대 일본의 대표적인 경영학자 중 한 사람인 고바야시 가오루는 드러커를 "경영학을 발명(invent)한 인물"로, 드러커에 대한 전기(The World According to Peter Drucker, 1998)를 집필한 작가 잭 비티(Jack Beaty)는 "경영학의 발명자"로, 경영 리더십 분야의 베스트셀러 작가인 제프리 크레임스(Jeffrey A. Krames)는 "20세기의 르네상스맨"으로, 서영식은 "경영학계의 플라톤"으로 규정하고 있기 때문이다.

그렇지만 드러커의 이름을 들어본 사람들이 쉽게 예상하는 바와 달리 그가 현대 경영학의 창시자라는 이유로 현실 속의 기업이나 기업가의 경영행태를 무비판적으로 용인한다거나, 이른바 '생산성'(productivity) 향상이나 '이윤 극대화'를 기업이 추구해야 할 경영의 제일 목표로 간주한 것은 아니다. 오히려 드러커는 경영인의 입장에서는 불편하고 거북한 쓴소리나 받아들이기 힘들다고 느낄만한 노사 관련 조언을 평생 이어왔다. 이것은 드러커가 현대 경영학의 창시자로서 이 분야를 진정한 학문으로 체계화하기 위해 많은 노력을 기울였고 또한 가시적인 성과를 거두었음에도 불구하고, 그가 기업경영의 목적을 단순히 이익 창출에 두지 않았기 때문이다. 이에 잭 비티는 드러커를 "자본주의(capitalism) 속에서 사는 자본의 아들이면서 소위 자본주의로부터 자본(capital)을 제거해 온 사람"으로 규정하기도 하였다.

그렇다면 드러커는 자신과 자신의 삶에 대해 어떤 생각을 가지고 있는가? 앞에서 언급되었듯이 그는 자신이 특정 영역에 얽매이지 않는다는 의미에서 사회생태학자, 방관자, 관찰자 등으로 호명되기를 원했으며, 이러한 태도는 삶에 대한 회고에서도 동일하게 드러난다. 그는 1985년 '잉크'(Inc.)지와의 인터뷰에서 다음과 같이 말하였다. "(…) 돌이켜보면 내가 한 가지 잘한 것은 '현상을 관찰하고 그것들이 무엇을 의미하는지 질문'하는 일이었다. (…) 나는 1934년 독일을 떠나 영국으로 갔다. 런던의 한 보험회사에서 증권분석가로 일했고 그 뒤 투자은행가로 일했다, 내가 부자가 되려고 마음먹었다면 그곳에 계속 있었겠지만, 그런 일은 참을 수 없을 정도로 지루했다. 4년 후 나는 미국으로 왔다." 또한 드러커는 말년의 베스트셀러 중 하나인 『프로페셔널의 조건』에서 지적 욕구와 관련된 자신의 행동방식을 다음과 같이 묘사하였다. "나는 3년에서 4년마다 다른 주제를 선택해 공부한다. 통계학이 될 수도 있고 중세 역사나 일본 미술, 경제학이 될 수도 있다. 3년 정도 공부한다고 해서 완전히 터득할 수는 없지만, 주제를 이해하는 데는 충분하다. 이런 식으로 나는 60년 이상 동안 한 시기에 한 주제씩 공부하고 있다. 이 방법은 나에게 상당한 지식을 제공하는 것으로만 끝나지 않는다. 나로 하여금 새로운 주제와 시각, 방법에 대해 개방적인 자세를 취하도록 해주었다. 내가 공부한 모든 주제들 각각은 서로 상이한 가정을 하고 있고, 서로 다른 방법론을 사용하고 있기 때문이다." 이상의 회고를 통해서도 확인할 수 있듯이, 드러커는 자신이 속한 어떤 사회에서도 결코 단순한 방관자나 관찰자로 머물지 않았다. 그는 한 직장이나 특정 상황에 안주하기를 거부하였으며, 또한 한 분야에서의 성과에 만족하지 않고 끊임없이 호기심을 발동하며 사유와 지식의 세계를 확장해 나아감으로써 현대사회에서도 보기 드물게 웅장하고 정합적인 사상체계를 독자적으로 구축한 인물로 평가받고 있다.

2.3 작품세계

드러커는 경영학을 비롯하여 다방면에서 많은 작품을 남긴 것으로 유명하다. 그가 평생에 걸쳐 출간한 저술 중에서 주요 작품은 대략 다음과 같다. 『프리드리히 율리우스 슈탈: 보수주의적 국가이론과 역사발전』(Fredrich Julius Stahl, Konservative Staatslehre und Geschichtliche Entwicklung, 1933); 『경제인의 종말』(The End of Economic Man, 1939); 『산업인의 미래』(The Future of Industrial Man, 1942); 『법인의 개념』(Concept of the Corporation, 1946); 『새로운 사회』(The New Society, 1950); 『경영의 실제』(The Practice of Management, 1954); 『미국의 향후 20년』(America's Next Twenty Years, 1957); 『내일의 이정표』(The Landmarks of Tomorrow, 1959); 『결과를 위한 경영』(Managing for the Results, 1964); 『목표를 달성하는 경영자』(The Effective Executive, 1966); 『단절의 시대』(The Age of Discontinuity, Guidelines to Our Changing Society, 1969); 『피터드러커 매니지먼트』(Management: Tasks, Responsibilities, Practices, 1974); 『보이지 않는 혁명』

(The Unseen Revolution, How Pension Fund Socialism Came To America, 1976); 『매니지먼트』(Management Case Book, 1977); 『방관자의 시대』(Adventures of a Bystander, 1979); 『격변기의 경영』(Managing in Turbulent Times, 1980); 『새로운 경제학을 위하여』(Toward the Next Economics and Other Essays, 1981); 『가능한 세상의 마지막』(The Last of All Possible Worlds, 1982); 『혁신과 기업가정신』(Innnovation and Entrepreneurship, 1985); 『경영의 최전선』(The Frontiers of Management, 1986); 『새로운 현실』(The New Realities, 1989); 『비영리단체의 경영』(Managing the Non-Profit Organization: Practices and Principles, 1990); 『생태학적 비전』(The Ecological Vision, 1992); 『미래기업』(Managing for the Future: The 1990s and Beyond, 1992); 『자본주의 이후의 사회』(The Post-Capitalist Society, 1993); 『자기경영 노트』(The Effective Executive, 1993); 『미래의 결단』(Managing in a Time of Great Change, 1995); 『드러커 온 아시아』(Drucker on Asia: A Dialogue Between Peter Drucker and Isao Nakauchi, 1996); 『자본주의 이후 사회의 지식경영자』(Peter Drucker on the Profession of Management, 1998); 『21세기 지식경영』(Management Challenges for the 21st Century, 1999); 『넥스트 소사이어티』(Managing in the Next Society, 2002); 『경영의 지배』(A Functioning Society, 2003); 『경영 바이블』(The Daily Drucker: 366 Days of Insight and Motivation for Getting the Right Things Done, 2004); 『피터드러커의 자기경영노트』(The Effective Executive in Action, 2005); 『클래식 드러커』(Classic Drucker, 2006); 『프로페셔널의 조건』(The essential Drucker, 2008)

3. 드러커의 '사회'(society) 이해 – '기능적인 사회'(Functioning Society)의 의미와 조건

드러커는 전 생애에 걸친 저술 작업을 통해 다양한 주제를 다룬 바 있는데, 이 중에는 '사회를 어떻게 이해할 수 있으며, 이상적인 사회란 무엇인가'라는 화두도 포함된다. 이것은 도대체 '어떤 사회가 기능적인 사회(functioning society)가 될 수 있는가?'라는 질문으로도 표현될 수 있는데, 이러한 질문은 그의 학문연구의 궁극적인 관심사이기도 했다. 드러커에 따르면 기능적인 사회란, "근로 구성원 각자(지식 · 육체노동자)가 자신의 과업수행 과정과 결과를 통해 조직 내부에서 적절한 지위와 역할을 인지하고 만족할 수 있도록 작동되는 사회"를 일컫는다.

드러커의 사회분석 프레임에 따르면, 산업혁명 이후부터 20세기 후반까지 서구사회의 구조는 전반적으로 일곱 가지 정도로 구분할 수 있다. 즉 ①산업혁명 이후 20세기 초반까지 지속된 경제인 사회(자본주의와 사회주의 사회), ②1930년대 초반의 비경제인 사회(전체주의와 군국주의 사회), ③비경제인 사회의 몰락(2차세계대전 종전), ④자유산업사회(대량생산과 대기업 중심), ⑤기업가적 사회(경제인 사회의 바탕요소 단절), ⑥경제인 이후의 사회(연금기금 사회, 조직사회, 지식사회), ⑦지식노동자에 의한 지식사회(knowledge society)로 나누어진다.[1] 그리고 이처럼 다양한 단계들은 기능적인 사회로 발전하기 위한 과정이라는 것이 드러커의 생각이다.

드러커는 전 생애에 걸쳐 수행된 근현대의 사회구조에 대한 체계적인 분석에 앞서, 사실상 첫 번째 저술이자 미국 사회에서 작가로서 이름을 드높인 계기를 형성한 『경제인의 종말』(1939)에서 서양 인간관의 시대별 특징과 변천 과정에 관해 상세히 소개하고, 나아가 이것이 사회구조 형성에 어떤 영향을 주었는지를 문화사적 차원에서 논하고 있다.

3.1 이상적인 인간관의 시대별 특징과 변천 과정[2)]

드러커에 따르면 서구사회는 헬레니즘(Hellenism)과 헤브라이즘(Hebraism)의 전통에 기초해서 자유롭고 평등한 삶을 추구하였는데, 사람들은 이 최상의 가치를 어떻게 구현할 수 있는가에 대해 시대별로 서로 다른 생각을 지니고 있었다. 또한 서양인들은 이에 따라 상이한 관점에서 이상적인 인간상(Human model)을 정립해 왔다.

첫 번째는 '영적인 인간'(spiritual man, homo spiritualis)인데, 서구사회에 그리스도교가 전파된 이래 물질보다 영적인 영역(spiritual sphere)인 내세(afterlife)의 가치를 존중하는 경향과 맞물려 있다. 예컨대 중세시대에 과학기술이 발달하지 못했음에도 사람들이 대형 교회를 건설하고 신앙생활에 전념했던 것은 영적으로 충만한 존재를 최상의 인간으로 간주했기 때문이다. 다시 말해서 고대 그리스와 로마에서 인간(humanitas)은 열등한 동물과 대비되어 자연과 자아의 본성을 깨우칠 수 있는 우월한 존재로 간주되었다면, 그리스도교 전통 아래 놓인 중세에서 인간은 창조주이며 자신보다 우월한 신(divinitas)에 대비된 열등한 존재, 전능한 신과 비교해서 절대로 극복할 수 없는 한계를 지닌 유한한 존재로 평가되었다. 따라서 창조와 더불어 주어진 자유의지를 왜곡된 방식으로 사용함으로써 타락에 빠진 인간은 신앙과 통회로 스스로를 정화하고 신의 은총을 받아 초월적인 세계로 영입해야 하는바, 오직 창조주의 자비와 은총에 의해서 다시 존엄성을 회복할 경우에만 구원에 이를 수 있게 된다. 그러나 기나긴 중세의 흐름 속에서, 신앙을 통한 구원이나 이와 연관된 인류의 종말(최후 심판)이 그리스도교 초기의 기대와 달리 현실에서는 도래하지 않음을 사람들은 점차 깨닫게 된다.

이상적인 인간상의 두 번째 유형은 '지적인 인간'(intellectual man, homo intellectus)인데, 주로 르네상스 시기와 근대 초기 사람들의 롤모델이 되었다. 좁은 의미의 르네상스는 14세기에서 16세기 사이 이탈리아를 중심으로 시작되었으며 이후 유럽 전역에서 일어난 새로운 문화운동 내지는 문예부흥을 가리킨다. 인간이 문화의 중심을 차지하며 현세적인 성격이 강했던 고대 그리스와 로마시대로 사람들이 관심을 돌린 것은 중세의 초월적인 종교문화에 대한 거부감의 표시이다. 넓은 의미의 르네상스는 중세적 요소가 기울고 근대적 요소가 대두되는 전환기로서의 시대개념으로 이해될 수 있다. 즉 이 시기에 정치적으로는 지방분권적인 봉건제도가 무너지고 중앙집권적인 시민국가가 출현하였으며, 경제적으로는 장원제도가 해체되면서 자본주의가 발생하였고, 사회적으로는 시민계급이 새로운 사회세력으로 등장하였으며, 문화적으로는 신본주의(神本主義) 세계관이 인본주의 세계관으로 바뀌었다. 물론 그리스도교의 영향 아래 있던 르네상스 시대에도 인간은 기본적으로 신과의 관계맺음을 통해서만 존재의 의미를 부여받을 수 있는 피조물로 간주되었다. 그렇지만 다른 한편 인간은 신을 닮은 만큼 자신의 주체성에 대한 자각과 더불어 내면에 잠재된 창조적인 능력의 발휘를 통해 스스로 존엄성을 확보할 수 있는 존재로 각인된다. 이와 같은 관점에서 인간은 가정과 사회 속의 세속적인 일상사에 적극적으로 참여함으로써 '개인'(individual) 각자에게 주어진 사명을 다할 수 있어야 하며, 주어진 현실을 최대한 개선함으로써 스스로 자신의 가치를 찾고, 지상에서 신을 대신한 주체적인 존재 곧 세상의 실질적인 주인이 되는 것이다. 따라서 인간의 존엄성은 사실상 세속적인 명예획득과 연결되는 측면이 있는데, 이 과정 중에 인간은 세상에서 자신의 능력을 통해 소유할 수 있는 최고의 가치이자 자신의 존재를 자각하게 만드는 근거를 확보하기 때문이다. 결국 인간의 본질적인 가치는 자신 안에 내재한 신성을 발견하고 이를 적극적으로 개발하고 발휘함으로써 스스로 '신과 닮은 인간'의 모습을 갖추는데 있다. 이처럼 르네상스 인간관의 핵심은 한마디로 '개인의 발견'으로 규정할 수 있으며, 이러한 현상은 신앙의 영역에서도 교회 공동체보다는 개인의 영적인 체험(신과의 만남)을 강조하는 종교개혁과 연결된다. 그렇지만 인간이 내면에서 개인적인 가치를 발견하고 각고의 노력을 통해 지적으로 크게 성장한다고 해서 그것이 자유롭고 평등한 사회의 구현과 직접 맞닿아 있다고 보기는 어렵다.

이제 자유와 평등을 추구하는 서양인들의 사유와 행동은 개인적인 차원을 넘어서 공적인 차원으로 확대된다. 모두가 자유롭고 평등한 삶은 단지 개인의 노력을 통해서가 아니라 집단적 차원의 인위적인 시도 즉 정치적 투쟁을 통해서만 성취 가능하다는 사실을 사람들이 점차 깨달았기 때문이다. 이에 이상적인 인간상의 세 번째 유형은 공적인 영역(public sphere)에서 자유롭게 자신의 생각과 행동을 표현하며 그에 대해서 스스로 책임을 질 수 있는 '정치적 인간'(political man, homo politicus)이 된다. 실제 서양 역사 속의 대표적인 예로는 미국혁명이나 프랑스혁명에서 추구한 이상적인 인간의 모습을 들 수 있을 것이다. 사실 정치적 자유와 실질적 평등의 실현은 기원전 5세기경에 아테네에서 활동했던 플라톤과 아리스토텔레스를 비롯해서 이후 등장했던 수많은 사상가나 종교 · 민족 지도자들의 궁극적인 이상이었다. 그렇지만 서양의 역사에서 진정으로 의미 있는 정치적 자유는 근대로 접어들면서 비로소 구현되었고, 그것도 수천 년의 역사를 지닌 유럽이 아니라 신대륙인 미국의 건국과정을 통해서였다. 즉 미합중국 건국 당시 이른바 '국부들'(founding fathers)은 국가 구성원 누구를 막론하고 건국이념이자 최고의 가치인 자유를 구가할 수 있는 동등한 권리로서의 평등이 보장되어야 함을 명백히 주장하였으며, 이것은 기회균등의 원칙과 다원주의적 사회질서를 통해서 실질적으로 구현될 수 있었다. 그런데 국가 구성원들이 과거보다 더 큰 정치적 자유를 누릴 수 있는 권리를 보장받게 되었다 해도 시민들의 실질적인 생활이 자동으로 향상된 것은 아니다. 사실 자유로운 삶은 경제적인 자립이 어느 정도 뒷받침되었을 때 비로소 가능하기 때문이다.

한 인간의 현실적인 삶에서 진정한 자유는 경제적인 자립을 전제로 한다는 것은 오늘날 상식에 속한다. 서구사회에서 정치적 혁명기와 연결된 시기에 발생한 산업혁명과 자본주의 등 일련의 사회적 변화들 그리고 부르주아 계급의 등장은 사람들의 의식 속에 경제적 자유의 의미를 명확히 각인시켰다. 이에 현대로 접어드는 길목에서 새롭게 등장한 이상적인 인간의 모습은 바로, 경제적인 영역에서 자유롭고 평등한 삶을 구현할 수 있는 '경제인간'(economical man, homo economicus) 이었다. 드러커는 『경제인의 종말』에서 특히 이 경제인간의 등장 과정과 행동적 특성 그리고 시대적 한계에 관한 상세한 묘사를 시도한다.

사실 경제인간이라는 표현은 영국 출신 사상가이며 『국부론』(The Wealth of Nations, 1776)의 저자로서 근대 자본주의의 이념적 토대를 제공한 아담 스미스(Adam Smith, 1723-1790)에서 유래한다. 스미스가 염두에 둔 경제인간이란 한마디로, 현명하고 합리적이지만 도덕적인 판단을 하지 않으며 오직 자신에게 최대한의 경제적 이익을 안겨줄 방법을 알고 그것을 추구하는 인간형을 일컫는다.

『국부론』의 주장에 따르면, 서구사회의 전통적인 관념과 달리 인간은 결코 도달하지 못할 천국이 아니라, 두 발을 딛고 서 있는 지상에서 생필품과 편의품이 이전보다 더 많이 생산되고 동시에 이것들을 마음껏 소비할 때 진정으로 행복한 감정을 느낄 수 있다. 그리고 국부의 증대는 근대 이전과 달리 일터에서 분업적인 생산방식을 채택하고, 자아와 내면의 이기심을 존중하며, 사적 재산의 정당한 소유와 증대를 위해 노력하고, 사회 각 분야에서 자유로운 경쟁을 장려할 때 비로소 달성될 수 있다. 그런데 아담 스미스는 이러한 조건들을 가장 잘 제시하거나 충족시킬 수 있는 곳은 다름 아닌 '시장경제' 체제라고 생각했다. 그는 개인 각자의 이해관계에 따른 판단과 규제 없는 자유시장 경쟁체제가 도입되면 이른바 '보이지 않는 손'(invisible hand)을 통해 개인적인 이익과 국부의 지속적인 증진이 가능하며, 궁극적으로 사회 전체의 공익이 최대화될 수 있다고 본 것이다. 다른 말로 표현하면 아담 스미스는 경제활동의 '자유방임'(laissez-faire)을 주장한 것이다. 인간의 행복은 소비재 생산 수준이 증가하여 국가의 부가 증가할 때 현실화될 수 있으며, 따라서 자유방임에 의한 생산량 증가가 곧 사회정의라고 말할 수 있다. 또한 스미스는 개인의 행복과 국부의 사회적 조건은 이른바 '작은 정부'(cheap government)라고 주장하였다.[3)]

드러커의 관점에서 보면, 아담 스미스가 찬양한 경제체제로서의 자유(방임)주의는 뚜렷한 특징과 성과를 지닌 동시에 한계도 비교적 분명해 보인다. 우선 자유방임적 경제체제로서의 자본주의는 자유와 평등이 구현된 이상적인 사회에 도달할 수 있는 최선이자 유일한 수단으로 '이익동기'를 제시한 최초이자 유일한 사회이념이라고 말할 수 있다. 자본주의 이전까지는 '이익동기'를 파괴적이거나 가치중립적인 것으로 간주하는 경향이 지배적이었다면, 자본주의는 인간사회의 가치와 활동 중에서 경제활동의 우선순위를 가장 높게 보았으며, 경제적인 발전을 통해서만 이른바 '천년왕국'(행복)의 도래가 가능하다고 주장했기 때문이다.

다른 한편 드러커에 따르면, 우리가 아담 스미스에 의해 이론적 토대가 놓인 자본주의의 성과를 단순히 무시할 수만은 없는데, 인간은 자본주의 체제 아래에서 다양한 방식(대량생산, 가격인하, 노동시간 단축, 기술개발 etc.)으로 재화의 생산량을 증가시킴으로써, 자본주의 초기에 활동했던 비판적인 학자들의 예언과 달리 쉽게 붕괴되지 않은 것이다.

그러나 동시에 초기자본주의는 역사적 차원에서 명백한 한계를 내포하고 있었다. 즉 자본주의의 성립과 발전과정에서는 이전의 구질서시대(전통사회)에서 최하층 계급에 속했던 노동자와 농노들에게 주어졌던 최소한의 사회적 안전망이 사실상 해체되어 버렸고. 이들이 무한경쟁 상황에서 오직 자신들의 기술과 능력에 의존해 살아가는 상황이 도래했기 때문이다. 자본주의로 인해 프롤레타리아 즉 (임금)노동자 계급이 출현하였으나, 노동자들에게 약속했던 자본주의를 통한 사회적 · 경제적 평등은 실현되지 않는 환상이었으며, 자본주의를 통한 이익은 폐쇄적인 특권계급으로 새롭게 등장한 부르주아만이 누릴 수 있는 차별적 혜택에 불과했던 것이다. 주지하듯이 이러한 모순적 상황을 비판하고 타파하기 위해 등장한 것이 마르크스와 엥겔스의 공산주의 사상이다.

드러커의 날카로운 관찰에 따르면, 경제인간은 표면상 서로 전혀 상반된 인간관과 세계관을 표방하고 있는 자본주의와 사회주의의 공통적인 인간상이라고 말할 수 있다. 왜 그런가? 두 사상 모두 현실에서의 경제적인 이익을 인간이 취할 수 있는 최고의 가치로 간주하기 때문이다.

잘 알려져 있듯이 1848년 마르크스(Karl Marx, 1818-1883)와 엥겔스(Friedrich Engels, 1820-1895)는 팜플렛 형태의 소책자인 『공산당 선

언』(Manifesto of the communist party)을 공동으로 발표하였다. 우선 마르크스의 인간관 및 사회 · 역사관을 간략하게 살펴보자. 그는 인간의 자유로운 경제활동은 인간 각자가 삶에서 나름대로 설정한 목적을 실현하는 과정에서 가장 중요한 수단이라고 생각하였다. 인간은 '경제적 동물'(Homo economicus)이라는 관념은 사실상 부르주아 자본주의와 마르크스 사회주의의 공통적인 상징이었던 것이다. 이에 반해 현실세계에서 인간들이 중요한 의미와 가치를 부여하는 여타의 활동들은 대부분 위선(종교, 철학사상)이거나, 속물근성에 기반한 행태(벼락부자, 천민자본주의)이거나, 사실상 무의미(문화, 예술)할 뿐이라고 마르크스는 주장하였다. 나아가 그에 따르면 모든 사람의 경제적인 자유를 지향하는 사회주의 체제 아래에서는 진정한 인간 해방과 궁극적인 자유에 도달하기 위해 개인의 자유를 계급의 이익에 종속시킬 수 있어야 한다. 계급의 이익을 위해 개인의 자유는 보류될 수 있다는 것이다.[4)]

드러커는 마르크스가 보여준 세상 변화를 향한 진정성과 학자로서의 성실성에 대해서 높이 평가하면서도, 그의 경제이론이 현실적으로는 문제가 적지 않음을 비판적으로 언급하였다. 예컨대 마르크스의 '노동가치설'은 현대적인 관점에서 볼 때 자본주의의 다른 생산요소들(자본, 기술, 경영관리 능력 등)에 내포된 중요성을 간과하고 있다. 또한 그가 역설한 '자본주의 붕괴론'은 역사적 현실과 거리가 먼 관념의 산물일 뿐이다. 자본주의 경제체제 하에서 발생할 수 있는 최악의 상황인 대공황의 경우도 이른바 '케인즈 혁명'으로 일컬어지는 경제계획과 사회정책을 바탕으로 극복이 가능하다.

대표적인 예로 루즈벨트(F. Roosevelt, 1882- 1945)의 '뉴딜'(New Deal) 정책을 들 수 있다. 드러커가 보기에 마르크스의 경제이론은 자본주의 체제의 성장력과 실질임금 상승(노동자 계급의 경제 수준이 부르주아에 육박)을 목격하지 못한 초기자본주의 시대(1820-80)의 산물이며, 사회적 성찰과 제도적 개선을 통해 보완된 현대자본주의 상황과는 거리가 있다.

드러커는 이상적 인간상으로 경제인간을 추구했던 자본주의와 사회주의 모두 20세기 초반 결정적인 실패상황에 직면하게 되고, 이틈을 노려 서구사회를 중심으로 이상적 인간상으로 이른바 '영웅적 인간'(heroicman, homo heroicus)을 내세운 전체주의가 창궐하게 되었다고 진단한다. 나아가 그의 분석에 따르면, 20세기 초반(1920-40년대) 유럽의 일부 국가와 이를 모방한 일본에서 창궐한 제국주의는 다음과 같은 배경 아래에서 등장하였다.

대략 18세기 무렵부터 서구에서는 '경제인간'이 이상적인 인간의 모델로 제시되었고, 이 경제인간들로 구성된 '경제인 사회' 즉 경제가 최상의 가치인 사회에서 스스로 약속했던 자유와 평등의 실현은 사실상 실패로 끝나고 말았다. 자본주의의 경우 현실 속의 유산계급과 무산계급 사이의 대립이 극에 달하였으며, 공산주의의 경우 부르주아 계급을 몰아내고 완전히 평등한 세상이 도래할 것으로 선전하였지만 실제로는 새로운 계급(공산당 지도부)이 등장하여 권력을 잡고 세상의 모든 특권을 누렸기 때문이다.[5)]

이처럼 1차 세계대전(1914-1918)과 대공황(1929-1939)을 겪으며 서구 유럽인들은 당시 인간과 사회의 모델에 해당되는 '경제인'과 '경제인 사회'가 자유와 평등의 달성은 말할 것도 없고, 전쟁과 실업을 예방하거나 해결하지 못함을 자각하고 절망하게 되었다. 드러커에 따르면 이러한 상황과 더불어 휴머니즘에 기반해서 오랜 세월에 걸쳐 형성된 서구사회의 지적 전통(계몽주의, 합리주의, 이성중심주의, 진보적 · 낙관적 세계관) 역시 붕괴에 직면하게 되었다.

이 혼란한 사회적 · 정신적 공황 상태를 극복할 수 있다고 주장하며 무솔리니와 히틀러 같은 전체주의자들이 등장하였고, 더 이상 기댈 곳이 없던 서구사회는 전체주의가 내세운 '영웅적 인간'을 이상적 인간상의 새로운 버전으로 받아들였다. 잘 알려져 있듯이 20세기 초에 거의 동시다발적으로 등장한 전체주의의 유형으로는 이탈리아 · 스페인의 파시즘(fascism), 독일의 나치즘(nazism), 러시아의 스탈린주의(stalinism), 일본의 군국주의(militarism)를 들 수 있다.

이러한 개별 전체주의는 그것이 등장한 국가나 민족의 역사적 배경과 정치 상황이 서로 상이하지만, 대체로 다음과 같이 공통적인 특징을 내포하고 있었다. 첫 번째는 인간사회의 모든 조직에 대한 '국가의 절대 우위', 두 번째는 인간사회의 모든 활동을 압도하는 '군사적 가치관', 세 번째는 인간의 자율성을 철저히 부정하는 '반자유주의적 국가이념', 네 번째는 '사회유기체설'(organictheory of society)의 일반화, 다섯 번째는 완전한 '비경제인 사회'(non economic society)이다.

3.2 전체주의 사회 이후의 시대별 사회 유형(20c. 중반 - 21c. 현재)

2차 세계대전의 종결 이후 승전국인 소련을 제외하면 현실정치에서 전체주의는 거의 자취를 감추게 된다. 드러커의 분석에 따르면 이후 세계는 20세기 중반부터 21세기 현 시점에 이르기까지 대략 다음과 같은 순서에 따라 변화와 발전을 거듭해 왔다. ①자유산업사회(Liberal Industrial Society) → ②기업가적 사회(Entrepreneurial Society) → ③연금기금사회(Pension Fund Society) → ④조직사회(Society of Organizations) → ⑤지식사회(Knowledge Society). 이하에서는 드러커가 파악한 각각의 사회별 특징에 대해 간략히 살펴본다.

3.2.1 자유산업사회

서구사회는 2차 대전 종전 후 수년간의 전후 복구기를 거쳤으며, 1950년대에 들어서면서 미국을 중심으로 전통사회보다 훨씬 자유로운 사회 분위기가 형성되었다. 또한 산업현장은 전쟁 중에 비약적으로 발전한 과학기술을 바탕으로 '대량생산'(mass production)이 가능한 시스템으로 급속도록 전환되었다. 드러커는 이처럼 전통적인 차원의 자본주의와 사회주의를 초월한 신세계를 자유산업사회로 명명하였다. 전통사회가 주로 가족을 중심으로 형성되었으며 소규모 행정기관이 사회의 관리자 역할을 수행했다면, 자유산업사회는 기존 사회질서를 뛰어넘어 대기업과 공장에서 공동체를 형성하는 사회라고 말할 수 있다. 자유산업사회의 또 다른 특징으로는 기업과 공장공동체의 자율성을 들 수 있다. 행정기관을 중심으로 관리되던 전통사회와 비교해 볼 때, 자유산업사회에서는 지역자치가 활성화되어 운영과정에서 다양한 직업에 종사하는 시민들의 적극적인 참여가 가능하게 되었다.

3.2.2 기업가적 사회

드러커는 미국에서의 이민 생활이 30년을 넘어선 시점인 1969년, 20세기 중반 이후 나타난 서구세계의 변화된 양상을 묘사한 저술인 『단절의 시대』(The Age of Discontinuity)를 출간하였다. 이 책은 출판 당시 큰 반향을 일으키며 베스트셀러가 되었는데, 그 내용이 매우 파격적이면서도 설득력 있었기 때문이다. 즉 드러커는 이 저술을 통해 1960년대 이후의 서구사회가 50년대 혹은 그 이전 시대와 경제적인 차원에서 연속된 것처럼 보이지만 이것은 단지 표면적인 현상에 불과하며, 내면적으로는 과거와의 급격한 단절이 발생하였음을 밝히고 있다. 특히 그의 관찰에 따르면 1970년대에 접어들면서 서구 선진국 사회의 중심적인 화두는 경제에서 사회로 이동하고 있다. 왜냐하면 이 시기에 서양의 정치와 전쟁, 세계관과 도덕관, 예술과 과학 등에서 거대한 변화가 일어나고 있기 때문이다. 예를 들어 미국에서는 베트남전 참전, 히피문화 등장, 냉전의 가속화, 케네디 암살사건 발생 등 일련의 충격적인 사회적 이슈들로 인해 젊은 세대가 기성세대를 전혀 신뢰하지 못하거나 인정하지 않는 분위기가 형성되었다.

드러커는 오랜 세월에 걸쳐 유지되어온 사고체계나 주류적 전통질서와는 확연히 달라진 사회 분위기에 어떻게 대응하며, 새롭고 변화된 단절의 시대에 어떻게 대처해야 할 것인가라는 화두를 던졌다. 이어서 그는 이른바 단절의 시대는 곧 기회의 시대라는 긍정적이며 적극적인 사고를 바탕으로, 정치, 경제, 교육, 문화 정책 등에서 전혀 새로운 사고로 사안에 접근하고 또한 혁신적인 방법을 통해 새로운 기회를 창출해야 한다고 주장하였다. 그렇다면 도대체 우리는 구체적으로 어떤 노력을 기울여야 하는가, 다시 말해서 미래를 만들기 위해 지금 우리가 해야 할 일은 무엇인가라고 되물을 수 있다. 이에 대해 드러커는 현대사회를 '기업가적 사회'(entrepreneurial society)로 새롭게 디자인하는 것이 해법이라고 주장하였다.

사실 기업가적 사회에 관한 드러커의 사유는 그와 마찬가지로 오스트리아 출신이면서도 주로 미국에서 활동하였으며, 케인스(John Maynard Keynes, 1883-1946)와 더불어 20세기 전반기를 대표하는 경제학자로 이름을 날린 슘페터(Joseph Alois Schumpeter, 1883-1950)의 '혁신'(innovation)과 '기업가 정신'(entrepreneurship) 사상에 토대를 두고 있다고 말해도 과언이 아닐 것이다.

슘페터는 "혁신이란 어떤 사회체계 또는 경제체계의 균형점을 이동시키는 것이며, 그 새로운 균형점은 그 이전의 균형점으로부터 연속적인 것이 아니"라고 주장하였다. 나아가 그는 "경제학의 진정한 주체는 이노베이터"이며, 따라서 "기업가의 역할은 창조적 파괴(creative destruction)"에 있음을 강조하였다. 또한 드러커는 슘페터와 유사한 관점에서, 혁신은 기업가가 제대로 기업가 정신을 발휘하기 위한 구체적인 수단이자 기능이며, 혁신은 오직 상식과 반대로 사고하고 행동할 때 가능하다고 판단하였다.

기업가 정신에 관한 드러커의 구상은 특히 1985년에 출판된 『기업가 정신』(Innovation and Entrepreneurship)에서 상세하게 서술되어 있다. 그에 따르면 기업 경영의 궁극적인 목적은 흔히 생각하는 바와 달리 이익 창출이 아니라 '고객창조'이다. 또한 그는 이 목적을 위해서 기업이 반드시 수행해야 할 두 가지 활동으로 '마케팅'과 '혁신'을 꼽았다. 여기서 그가 제시한 마케팅이란 "고객이 원하는 가치를 발견하는 활동"을 의미하며, 혁신은 슘페터와 마찬가지로 창조적인 파괴와 확실한 변화를 전제할 때 비로소 가능한 개념이다. 다른 한 편 드러커는 기업의 사회적 책임으로 '이익 창출'과 '기업의 성장'을 꼽았는데, 이러한 사고는 현대사회에서 존재하는 기업의 본질에 관한 그의 판단과도 연결된다. 즉 드러커는 기업의 세 가지 핵심기능으로 첫 번째, "새로운 부를 창출하는 기관"(wealth-creating organ), 두 번째, "고용을 창출하는 기관"(job-creating organ), 세 번째, "부를 계속 생산하는 기관"(wealth-producing-organ)을 들고 있다. 기업이 부를 창출하는 활동은 기업의 자산을 늘리거나 규모를 키우는 등 사적인 이익의 극대화만을 위해서가 아니라, 이를 통해 지속해서 고용을 창출하고 또한 창출된 고용을 유지함으로써 공공의 이익에 기여할 수 있다는 점을 기업 스스로 인식해야 한다. 따라서 드러커는 원칙적으로 "경영자는 공익에 부합하게 행동할 책임이 있으며, 윤리적 행동 기준에 적합하게 행동해야 하고, 자신의 사익 추구와 사적 권한 행사가 공공의 이익과 개인의 자유를 침해할 우려가 있는 경우에는 스스로 그것의 추구와 행사를 자제해야 한다"

고 강조하였다. 버나드 맨드빌(Bernard de mandeville, 1670-1733) 같은 이가 주장하듯이 근대 초기 상업시대와 자본주의 시대의 시대정신이 "사적 이익의 추구는 공공의 이익으로 귀결된다"는 관점에 머물렀다면, 드러커가 제시한 현대 자본주의 사회의 윤리적 원칙은 "공공의 이익이 개인의 이익을 결정"하며, "공공의 이익은 항상 개인의 미덕에 기초"한다는 점을 자각하는 데서 출발한다.[6]

3.2.3 연금기금사회

드러커는 1976년 출판한 『보이지 않는 혁명』(The Unseen Revolution)과 다시 20년이 지난 1996년에 발표한 『연금기금혁명』에서 연금의 특성과 발전 방향에 관한 본격적인 논의를 전개하였다. 우선 그는 연금을 '공동자본'(pool of capital)으로 규정하였으며, 나아가 2차 세계대전 후에 주로 미국을 중심으로 발전한 연금기관의 성격에 관해 논하였다. 그에 따르면 연금기금들은 거대한 공동자본을 통제하고 그것을 투자하는 투자자이다. 드러커가 저술을 집필할 당시 파악한 바에 따르면, 미국 최대 연금기금의 자산은 800억 달러에 이른다. 그런데 드러커에 따르면 연금기금의 실제 소유자는 연금의 수혜자라 할 수 있는 미래의 연금기금 생활자들이다. 드러커가 발견한 '연금기금 자본주의'는 어떤 의미에서 보면 '개인 자본가 없는 자본주의'이며, '연금기금 자본주의'는 사실상 '연금기금 사회주의'(pension fund socialism)화 경향을 내포하고 있는 것이다. 지금까지의 자본주의 시스템을 넘어선 '자본주의 이후 사회'(PCS, post capitalist society)가 도래한 것이다.

3.2.4 조직사회

드러커에 따르면 현대사회는 마땅히 '조직사회'(society of organizations)로 규정되어야 한다. 현대사회에서 조직은 다음과 같은 특성들을 내포하고 있다. 우선 조직이란 공통의 과업을 위해 함께 일하는 전문가들로 구성된 인간집단이며, 의도적 · 인위적으로 형성되어 전문화를 지향하고, 수행하는 과업을 통해 성격이 규정된다. 또한 조직은 오직 성공적인 활동을 통해서만 존재의 의미를 발견할 수 있으며, 사회적으로 유의미하고 중요한 일들 즉 과업은 대부분 조직에 의해 진행된다. 21세기 시점에서 볼 때 사실상 모든 선진국 사회는 조직사회라고 말할 수 있다.

드러커는 현재와 미래사회에서 조직의 기능 즉 존재 이유는 다양한 지식들을 결합하여 새로운 생산성을 창출하는데 있다고 보았다. 사실 특정한 지식은 현실에서 그 자체로는 무의미하며 다른 지식들과 결합될 경우에만 유의미한 역할을 수행할 수 있다. 다시 말해서 단일한 전문지식이 다른 전문지식과 만나서 '결합된 지식들'로 변화하거나 혹은 지식의 결합과정을 거쳐 하나의 지식으로 융합되는 경우에만 현실에서 적용 가능한 것이다. 지식의 융합이란 결국 단일한 지식들이 모여서 더욱 전문화됨을 함축하며, 지식은 전문화될수록 더욱 효과적으로 활용될 수 있다. 이처럼 지식의 융합과 전문화는 현실적으로 조직을 통해서 가능하게 되며, 따라서 조직은 지역사회, 가족, 파당, 부족, 친인척 족벌 등 여타의 인간집단들과는 구별되는, 매우 특수한 목표를 지향하는 행위집단이라고 말할 수 있다.

특히 현대의 조직은 그 핵심 특징이 지식이라고 말할 수 있는 만큼, 조직의 특성에 부합하는 전문 지식인들로 구성되어 있다. 이처럼 지식근로자로 구성된 현대 조직은 전통적인 조직에 비해 유동성이 높고 자율적이다. 그리고 조직 내부에서 지식의 서열은 오직 공통의 과업에 공헌하는 정도에 의해 결정될 뿐이며, 다른 요소는 거의 고려되지 않는다고 말할 수 있다. 지식의 생성과 보존 그리고 확장을 근본 특징으로 하는 현대의 조직은 지속적인 목표 달성과 달성된 목표의 관리 그리고 늘 새롭게 변화해야 한다는 요구에 직면해 있다. 드러커는 현대 조직사회의 대표적인 모델로 오케스트라를 꼽았다. 그에 따르면 오케스트라의 구성요소는 단원과 지휘자와 악보인데, 이들 각각은 현대 조직사회의 특성을 상징적으로 보여주고 있다는 것이다. 또한 드러커는 현대의 조직사회를 지식사회와 사실상 동일한 개념으로 파악하였다.

3.2.5 지식사회

드러커는 지식사회를 지식이 주요 생산요소인 사회로 정의하였다. 일반적으로 자본주의 사회란 자본이 주요 생산요소인 사회를 일컫는 표현인데, 여기서 전통적인 의미의 자본은 토지와 노동과 돈을 의미한다.

드러커에 따르면 현대사회에서는 일종의 '지식혁명'(knowledge revolution)이 발생하였는데, 이것은 사람들이 다양한 지식과 지식을 결합하고 지식을 지식에 적용함으로써 지식의 체계적인 혁신 작업을 수행하게 되었음을 의미한다. 이러한 의미에서 지식혁명은

'피 흘리지 않는 혁명'이며, 그 대상인 지식은 혁명의 필수자원으로 간주 된다.

드러커가 보기에 전통적인 지식은 일반교양(general studies)이자 인문교육(liberal studies)의 산물이다. 이에 반해 현대사회에서 필요로 하는 지식은 전문적인 기술지식(technique)이며, 전통사회에서와 달리 지식은 오직 행동을 통해서만 그 존재 여부와 실질적인 가치를 증명받을 수 있다. 지식은 사람들이 특정한 목표를 달성하기 위해 행동하는 과정에서 효과가 있는 정보이자, 동기나 과정이 아닌 결과에 초점을 맞춘 정보의 성격을 띠는 것이다. 이처럼 전통사회에서 가치를 인정받았던 '교양지식'에서 '전문지식'으로의 이전이 함의하는 바는, 의미있는 지식이란 새로운 사회를 창조할 수 있는 현실적인 힘을 부여하는 것이라는 점이다.

또한 드러커는 지식사회의 근본 특징을 다음과 같이 세 가지로 간략히 표현하였다. 첫 번째, 지식사회에는 국경이 없다. 지식은 돈보다 쉽게 돌아다니기 때문이다. 두 번째, 신분의 상승이동이 쉬워진다. 누구나 손쉽게 정규교육을 받을 수 있고 능력을 발휘할 수 있다. 세 번째, 성공뿐만 아니라 실패할 가능성도 높다. 따라서 지속적으로 노력해야 한다.[7)]

4. 나오는 말

앞에서 언급되었듯이, 드러커는 당대 유럽의 문화수도였던 오스트리아 빈의 명문가 출신으로, 본래 법학을 전공하고 독일 프랑크푸르트에서 기자 생활을 하다가 유대인 조상을 둔 까닭에 가중되던 나치의 박해를 피해 30년대 초반 영국으로 망명하였다. 이후 그는 당시 대립하던 자본주의와 사회주의의 자기모순과 한계를 갈파한 후 곧이어 들이닥칠 전체주의 체제를 학술적으로 예측함으로써(『경제인의 종말』, 1939), 동시대에 히틀러와 나치정권의 본질을 거의 유일하게 간파하고 있던 윈스턴 처칠의 극찬을 받기도 하였다.

드러커의 지식개념은, 기원전 5세기 경 소크라테스와 대결했던 프로타고라스의 사상에서 유래하며 19세기 중반 이후에는 미국 지성계의 주류를 형성한 프래그머티즘에서 영향을 받은 것이다. 드러커는 고급 지식과 저급 지식의 구분은 더 이상 존재하지 않으며, 지식의 유일한 평가 기준은 주어진 과업에 대한 지식의 적절성 여부라고 주장하였다. "지식 노동의 가치는 오직 그 효과로 결정된다"는 것이다. 그에 따르면 예컨대 호텔에서 관리를 담당하는 여성이 업무와 관련해서 특별한 노하우를 가지고 매뉴얼을 만들어 사용할 수 있다면 그 역시 지식노동자로 인정할 수 있다.

드러커의 신조어인 지식노동자란 전통적 차원의 자본(노동 · 화폐 · 토지)을 통해서가 아니라, 지식과 정보를 통해 노동에 종사하고 부가가치를 창출하는 근로 계층이다. 또한 지식노동자는 생산수단을 휴대할 수 있으며(뇌 속의 지식), 자신이 원하는 업무나 조직을 찾아 끊임없이 이동하는 경향이 있다. 근래에 자크 아탈리가 현대인을 자신의 지식을 가장 비싼 값으로 구입해 줄 곳을 찾아 떠도는 유목민이란 뜻에서 '호모 노마드'로 규정한 것도 사실은 이미 한 세대 전에 빛났던 드러커의 통찰에 크게 빚지고 있다.

드러커에 따르면 지식노동자는 더 이상 근로 현장의 비용이 아니라 조직의 핵심 자산이며 또한 "인적 자본"(human capital)으로 간주되는 만큼, 스스로 자기관리와 자아계발 방법을 창안하고 실행해야 한다. 즉 지식노동자는 자신의 지식을 "항상 재확인하고, 다시 배우고, 연습" 해야 하는데, 그의 활동무대인 "지식사회는 배운 사람이 더 배워야 하는 사회"이기 때문이다. 이 요구는 사실상 지식기반사회로 접어든 21세기가 마주한 핵심 과제이기도 하다. 이 점을 드러커는 이미 반세기 전에 예측하고 『자기경영노트』(1966) 등 일련의 저술을 통해 지식노동자의 미래상을 제시해 왔다. "지식노동자 개개인은 항상 CEO처럼 생각하고 행동해야 한다"는 것이다.

나아가 드러커는 21세기 지식사회를 성공적인 오케스트라의 활동에 비유하곤 했다. 단원들은 최고의 능력을 갖춘 분야별 전문가(지식노동자)이고, 악보는 한 사회가 지향하는 가시적이고 구체적인 목표이며, 지휘자(마에스트로)는 구성원의 잠재력을 발굴하고 능력을 조화시킬 뿐만 아니라 지휘 능력과 상상력을 발휘하여 단원들이 연주를 통해 얻고자 하는 비전(마음의 목표)을 도출해내는 리더라는 것이다. 동시에 지식기반사회는 고도화된 '조직사회'로도 규정될 수 있다. 미래의 조직은 프래그머티즘의 관점에서 볼 때 자체로는 사실상 무의미한 개별 지식(이론)을 연결하여 새로운 생산성을 창출하는 융합적 토대를 제공할 수 있어야 하기 때문이다.

드러커는 "경영학을 발명"(고바야시 가오루)하였지만, 다른 한 편 기업과 자본가의 지나친 이익추구 행태에 대한 줄기찬 비판으로 인해 "자본주의 하에 사는 자본의 아들이면서 소위 자본주의로부터 자본을 제거해 온 사람"(잭 버티)으로 묘사되기도 하였다. 경영학자 이전에 법학박사, 언론인, 철학교수, 수묵화 강사 등으로 활동했던 드러커의 학문적 최종결론은 "경영은 사회적 기능이자 인문예술(liberal arts)"이며, "배울 수는 없지만 경영인이 반드시 가져야 하는 자질은 천재적인 재능이 아니라 좋은 성품"이라는 것이다. 한국의 경영인들이 반드시 경청해야 할 대목이다.

단재 신채호의 리더정신과 셀프리더십

1. 들어가는 말

단재 신채호(丹齋 申采浩, 1880-1936) 선생은 한밭(충청남도 회덕군 산내면 어남리 도림(桃林)마을, 현재 대전광역시 중구 어남동 233번지)이 낳은 근대 한국의 위대한 선각자이자, 21세기에도 세상이 마땅히 기억하고 평가해야할 '지식인 리더십'(intellectual leadership)의 사표(師表)이다.

이미 세상에 잘 알려져 있듯이, 단재는 구한말 민중의 고난과 국권상실 과정을 목도한 20대 청년시절부터 교육과 언론활동을 중심으로 적극적인 애국계몽운동을 전개하였다. 또한 단재는 국권침탈이 본격화된 이후로 유년시절부터 관심을 보였던 한반도역사 연구에 본격적으로 투신하여, 이미 중년기로 접어들기 전에 유교적 중화주의 역사관과 지배자 중심의 왕조사관과 일본의 제국주의 식민사관을 사상적으로 모두 완전히 극복하였다. 나아가 단재는 경술국치(1910.8.29) 직전부터 시작된 망명생활의 극한상황 속에서도 당시 동아시아에 소개된 서구 근대학문의 내용과 방법론을 독자적으로 해석하고 활용하는 방식으로 자주적이면서도 웅혼한 민족주의 역사학을 완성하였다.[1] 수십 년 이어진 망명생활과 더불어 장년기에 접어든 단재는 비타협적인 독립운동 노선을 견지하며 무력에 의한 절대독립론을 주장하기에 이르렀고, 자신의 정치적 이념(민중직접혁명론)을 몸소 실천하다가 적의 치하에서 장렬히 산화한 불굴의 투사의 모습을 남겼다. 당대 최고의 두뇌[2]와 높은 향학열 그리고 민족에 대한 무한한 애정을 바탕으로 언론인, 역사학자, 정치사상가, 독립혁명가 등으로 활약했던 단재의 학문정신과 애국혼은, 선생의 순국 이후 백년 가까운 시간이 흐른 21세기에도 한국 근현대사에서 가장 고귀하고 강렬한 불꽃으로 기억되고 있다.

단재는 오직 개인적 차원의 수신(修身)이나 단편적인 지식습득에 만족하며 현실을 등한시하는 나약한 식자(識者)의 삶을 철저히 배격하였다. 이는 그가 세상을 명확히 이해하고 시대적 상황을 조금이라도 개선하기 위해 당대 최고의 분야별 전문가들과 교유하였을 뿐만 아니라, 새롭게 습득한 지식과 경험을 바탕으로 사유와 실천의 지평을 확장해 나아갔기 때문이다. 특히 단재는 구한말 서방세력의 등장과 뒤이은 일본 제국주의의 국권침탈을 목격하면서 우리 민족이 지금 여기서 가장 필요로 하는 바, '민족자강과 국권회복을 통한 육신과 정신의 자유 획득'이라는 대명제를 새로운 '공유비전'(shared vision)으로 제시하였고, 자신의 이상을 민중과 더불어 구현하고자 최후의 순간까지 혼신의 힘을 기울였다. 즉 단재는 당시의 시대상황 속에서 등장했던 이른바 신지식인들의 구두선이나 탁상공론에 함몰되지 않았으며, 스스로 구상하고 제시한 미래비전의 민족적 공유와 완전한 성취를 위해 구체적인 실행방안까지 적극 모색하는 실천적 지식인의 면모를 보였던 것이다. 이러한 관점에서 볼 때 단재는 20세기 초반 우리 한민족의 고난과 위기상황을 극복하기 위해 헌신했던 무수한 인물들 가운데서도 누구보다 '리더에게 요구되는 정신'(leaderspirit)의 의미를 명확히 통찰하였고 또한 실천궁행에도 힘썼던 지도자로서, 근대 한국사회의 '태산북두'(泰山北斗) 같은 존재로 평가받아 마땅할 것이다.

이 글은 단재의 생애와 사상에 대해 통시적 차원에서 접근함으로써 주요 사건의 발생이나 사유체계의 변화를 단순히 시대 순으로 나열하곤 했던 기존의 서술방식에서 과감히 탈피하고자 한다. 즉 이 글은 단재의 삶과 사상에 등장하는 몇몇 핵심장면을 '지식인 리더십'의 전개과정이라는 관점에서 포착하고 분석하여 기존의 일면적인 단재 해석과 차별화를 꾀할 것이다. 단재의 이론과 활동 속에 스며있는 독창적인 가치철학과 실천궁행을 리더십 스펙트럼을 통해 세밀히 관찰하고 분석함으로써, 평생 철저한 역사의식을 바탕으로 민족과 호흡을 함께 했던 실천적 지식인으로서의 단재를 훨씬 더 입체적이면서도 온전한 형태로 이해할 수 있을 것이기 때문이다.[3)]

단재는 무수한 글쓰기를 통해서 자신의 독자를 비롯하여 당시 조선 사람들이 정신적으로나 현실적으로 자유로운 존재가 되어야 함을 특별히 강조하였다. 또한 그는 자신의 글과 말이 단지 구두선에 머물지 않음을 행동과 실천을 통해 보여주고자 하였다. 즉 단재는 스스로 정신의 자유에 도달하기 위해 끊임없이 노력하였으며 그 결과 역사상 중요한 시기마다 사상적으로 새롭게 무장한 지성인의 모습으로 세상에 등장하였다. 이처럼 단재가 온 생애를 통해 실천한 '지식인 리더십'은 크게 두 차원으로 구분할 수 있을 것이다. 첫 번째는 그가 이론과 사상을 통해 우리 민족이 노예의식과 패배주의를 스스로 타파하고 국권회복과 정신의 자유에 도달할 수 있도록 교육과 계몽에 앞장선 것이며, 이를 세부적으로 단재의 '지성리더십'으로 규정하고자 한다. 그런데 단재가 주로 학술연구와 글쓰기를 매개로 지성리더십을 전개하는 과정은, 현대 리더십담론에서 주목받고 있는 '셀프리더십'(Self-leadership) 개념과 연결지을 수 있다. 두 번째는 단재가 글과 말을 통해 표명하고 전파한 사상의 실질적인 구현을 위해 직접 선두에서 행동하고 실천함으로써 20세기 초 동아시아 역사에서 만인의 귀감이 된 사실이며,[4)] 이를 세부적으로 단재의 '행동리더십'으로 지칭할 수 있다. 또한 단재의 행동리더십은 현대적 차원의 '변혁적 리더십'(transformational leadership) 담론과 연결지을 수 있다.

단재의 리더십은 그의 사상과 활동이 방대하게 펼쳐진 만큼 논문 한편에서 다루기엔 어려움이 있다. 따라서 본 글에서는 단재의 인간관을 중심으로 셀프리더십의 관점에서 단재의 삶을 고찰해 볼 것이다.

2. 단재의 인간론

2.1 '서사적 자아'(narrative self)로서의 인간

인간이란 어떤 존재인가? 이 물음에 대한 대답은 아마도 인간의 본성을 심층적으로 연구해온 학자의 수만큼 다양할 것이다. 마치 리더십이란 무엇인가라는 질문에 대한 대답이 진지한 리더십 연구자의 수에 거의 비례한다는 통설이 인구에 회자되고 있듯이. 어쨌든 오늘날 인문학에서 사용되고 있는 한 가지 분석틀을 차용하여 표현하면, 인간을 바라보는 현대적 시각은 크게 '서정적 자아'(emotivist self)와 '서사적 자아'(narrative self)로 구분될 수 있을 것이다.

데카르트나 칸트 같이 걸출한 근대 계몽주의 사상가들로부터 유래하며 지난 20세기에도 적지 않은 영향력을 행사해온 인간관에서 보면, 인간 즉 '자아'(self)란 어떤 고정되고 불변하며 독립적인 존재로 규정되어야 한다. 이것은 한편으로 인간 존재의 다양한 내적 특성 중에서 특히 이성능력이 중심을 차지하며, 다른 한편 개인 각자의 특수성과 독립성을 무엇보다 중시하는 시선과 연결된다.[5] 또한 이런 방식으로 규정된 개별적 존재는 흔히 각자의 개인적인 감정과 판단을 중시하는 경향을 띠기에 서정적 자아로 지칭되기도 한다.

이에 반해 인간 각자의 고유한 개별적 특성을 부정하지는 않으면서도, 계몽주의의 세례를 받은 일군의 학자들이 주장하는 바와 달리 자아는 단순한 인식의 대상으로서 어떤 본질적 규정을 지닌 실체가 아니라고 보는 입장이 존재한다. 이 시각에서 보면 인간은 자신과 명백히 다른 존재자 즉 타자나 타자들로 구성된 세상과 조우하고 대결하며 수없이 문제를 해결하는 가운데 비로소 내면의 참모습을 발견하고 서서히 자아 관념을 형성해가는 존재이다.[6] 이처럼 자아란 타자 세계와의 대결과 모순적 경험을 극복하는 과정을 거치며 천천히 그리고 의식적으로 형성되는 것이라는 입장에서 보면 모든 인간 존재는 서사적 자아로 규정될 수 있다. 나아가 이러한 서사적 인간관의 또 다른 특징은 개인 각자는 그가 속한 공동체와 결코 한 순간도 분리될 수 없다는 것이다. 한 개인과 그의 삶에 대한 담론은 그가 태어나는 순간부터 정체성을 부여 받은 공동체의 담론에 깊숙하게 뿌리박고 있으며, 따라서 개인의 삶의 여정과 그가 속한 공동체의 역사는 서로 분리 불가능하다. 그리고 이것은 자아와 공동체의 "서사적 통일성"(narrative unity)으로 표현되기도 한다.[7)]

그렇다면 단재가 생각한 인간의 얼굴은 어떤 모습이며, 도대체 어떤 방식으로 삶을 영위하는 존재일까? 단적으로 규정하기에는 오해의 소지가 있을 수 있으며 또한 세부적으로 살펴볼 때 노정되는 이론적 차이를 외면할 수도 없을 터이지만, 단재의 인간관은 앞서 간략히 묘사한 이른바 서사적 자아관념과 적지 않은 유사점을 보인다고 말할 수 있다. 이렇게 판단한 이유는 단재의 인간과 세계에 대한 이론적 고찰과 다양한 실천 활동을 살펴보면 알 수 있는데, 이하에서는 이에 관한 논의를 단계적으로 전개하고자 한다.

2.2 단재의 서사적 · 투쟁적 자아관

인간의 본질에 대한 통찰 및 인간의 역사에 관한 단재의 가장 유명하며 동시에 가장 중요한 규정은 『조선상고사』의 「총론」 첫 장에 등장한다.

> "역사(歷史)란 무엇인가? 인류사회의 「아(我: 나)」와 「비아(非我: 나 아닌 나의 상대)」의 투쟁이 시간적으로 발전하고 공간적으로 확대되는 심적(心的) 활동(活動)의 상태에 관한 기록이다. 세계사

(世界史)란 세계의 인류가 그렇게 되어온 상태의 기록이며, 조선사(朝鮮史)란 조선민족이 그렇게 되어온 상태의 기록이다.
무엇을 「아(我)」라 하고 무엇을 「비아(非我)」라 하는가? 한마디로 쉽게 말하자면, 무릇 주관적(주관적) 위치에 선 자를 「아(我)」라고 하고 그 외에는 모두 「비아(非我)」라 한다.
이를 테면 조선인은 조선을 「아(我)」라고 하고 영국 · 미국 · 프랑스 · 러시아 등을 「비아(非我)」라 하지만, 영국 · 미국 · 프랑스 · 러시아 등은 각기 자기 나라를 「아(我)」라 하고 조선을 「비아(非我)」라 한다. 무산계급(無産階級)은 무산계급을 「아(我)」라 하고 지주나 자본가 등을 「비아(非我)」라 하지만, 지주나 자본가 등은 각기 자기와 같은 계급을 「아(我)」라고 하고 무산계급을 「비아(非我)」라 한다.
뿐만 아니라 학문이나 기술, 직업이나 의견, 그 밖의 어떤 부문에서든 반드시 본위(本位)인 「아(我)」가 있으면 따라서 「아(我)」와 대치되는 「비아(非我)」가 있는 것이다. 「아(我)」 내부에도 「아(我)」와 「비아(非我)」가 있고, 「비아(非我)」 안에도 또한 「아(我)」와 「비아(非我)」가 있다.
그리하여 「아(我)」에 대한 「비아(非我)」의 접촉이 빈번하고 심할수록 「비아(非我)」에 대한 「아(我)」의 투쟁도 더욱 맹렬하여 인류사회의 활동이 멈출 때가 없고 역사의 전도(前途)도 끝날 날이 없다. 그러므로 역사는 「아(我)」와 「비아(非我)」의 투쟁의 기록이다."[8)]

인용문을 통해 확인할 수 있듯이, 단재는 인간 존재의 본질적 특성을 투쟁으로 이해하였으며, 투쟁적 존재인 인간에 의해 형성되는 역사의 속성 역시 기본적으로 갈등과 대립관계에서 찾을 수 있는 것으로 규정하였다. 이러한 단재의 사유를 조금 더 상세히 살펴보자.

단재의 관점에서 보면 비록 '아'(我)는 세상 무엇으로부터도 독립적으로 존재하며 생각과 판단의 확고한 주체일 수는 있지만, 아가 혼자서만 존재할 경우에는 자신이 어떤 특성을 지닌 존재라는 점을 스스로 의식하는 것(자기인식)이 사실상 불가능하다. 아가 자신의 존재를 명확히 의식할 수 있는 것은 오히려 아가 자신과는 전혀 다른 존재, 즉 단재가 '비아'(非我)로 명명한 타자(객체)와 조우하고 그 외적 존재를 '아' 자신의 의식 속에서 대상화하는 순간에 비로소 가능하게 된다.[9)]

여기서 주목할 점은 아의 인식대상인 동시에 아가 자기 자신의 존재와 특성을 의식하고 규정하는 계기를 제공하는 비아가 단순히 수동적인 객체에 머물러 있는 것은 아니라는 사실이다. 오히려 비아는 아와의 만남내지 관계형성과 동시에 아를 자신의 비아로서 제약하고자 하며, 따라서 아와 갈등을 유발할 수 있는 또 다른 주체적이며 독립적인 존재인 것이다. 마찬가지로 아 역시 비아와 조우하고 이어지는 갈등상황을 겪으면서 내면에 자기 자신을 되돌아보는 계기가 자연스럽게 형성된다. 결국 아(비아)는 자신의 인식대상이며 타자(객체)인 비아(아)에게 직접적으로 영향을 주는 행위적 존재이면서, 동시에 비아(아)와의 상호작용을 통해 자신을 되돌아보고 스스로를 새롭게 정립하고자 욕구하는 존재로 규정될 수 있는 것이다. 다시 말해서 아와 비아는 상호 간의 만남과 뒤이은 영향력 행사에의 욕구로 인해 갈등을 유발하게 되고, 그 과정에서 역설적으로 각자가 자신을 제대로 이해하는 동시에 서로를 실질적으로

변화시키는 결과를 야기하는 것이다.[10]

단재는 애국계몽운동을 전개하고 서서히 민족주의[11] 역사학을 정립하는 과정에서 아와 비아 개념을 주로 민족, 국가. 민중 같은 집단에 적용하고자 했던 것으로 보인다.[12] 그렇지만 아와 비아 개념은 개별적인 인간과 그의 삶을 이해하고 설명하는데도 효과적으로 적용될 수 있으며, 실제로 단재는 인간 존재의 현실적인 모습이나 지향해야 할 미래적 인간상을 묘사할 때 동일한 '담론틀'(narrative paradigm)을 사용하였다.[13]

3. 단재의 셀프리더십과 자기변혁

일반적으로 셀프리더십은 한 사람이 조직의 구성원으로서 주어진 역할에 충실하기 위해, 조직의 리더와 같은 외부의 힘이나 자극에 의존하지 않고 자신을 스스로 관리하며 이끌어 가는 능력으로 규정된다.[14] 그런데 셀프리더십의 출발점을 형성하며 항상 쌍을 이루어 소개되면서도 서로 대비되는 개념으로 '셀프매니지먼트'(Self-management)가 있다. 셀프매니지먼트에 따른 판단과 행동은 주어진 업무나 책임과 관련해서 스스로 목표를 정하고 목표달성을 위해 스스로 지시하며 결과에 따른 보상과 처벌 역시 자율적으로 진행하는 것이다. 즉 셀프매니지먼트의 경우에는 이미 조직 내부에서 정해진 기준을 벗어나지 않는 범위에서 어떻게 자신의 성과를 높일 수 있는가에 초점이 맞추어진다. 이에 반해 셀프리더십은 기존 조직의 기준이나 요구사항과 별개로 구성원이 자기성찰을 바탕으로 스스로 정한 보다 높은 기준에 맞추어 판단하고 행동하는 것이 필요하다. 따라서 셀프리더십의 경우 조직이 정한 기준 충족 이외에도 조직 안에서 내가 무엇을 왜 하는가에 대한 자기이해, 즉 '내재적 동기부여'가 무엇보다 중요시 된다. 그리고 내재적 동기부여와 연관된 자기 경험으로는 유능감과 자기통제감 그리고 조직에 대한 기여 차원의 목적의식을 들 수 있는데, 이 중에서 특히 중요한 것은 업무나 책임에 대한 의미부여와 자기 자신에 대한 가치평가가 결합될 때 나타나는 뚜렷한 '목적의식'이라고 말할 수 있다. 이상에서 소개한 바와 같이, 한 사람이 동기부여를 바탕으로 자신의 내면을 통제하는 동시에 외부의 간섭으로부터 자유로워지는 상태, 즉 사유와 행동에서 셀프리더십이 온전히 발휘되기 위해서는 ①자기 확신(유능감), ②절제력(자기통제감), ③이기심을 극복하는 자세(조직기여 차원의 목적의식)를 동시에 가져야 한다. 이하에서는 단재가 보여준 셀프리더십의 양상을 자기 확신과 목적의식을 중심으로 살펴보고자 한다.

3.1 단재의 자기 확신

단재는 시대상황과 대결하며 사유방식과 가치관의 변화를 여러 차례 경험하는 가운데 자신의 정체성을 독자적으로 확립하였다. 그런데 여기서 주목할 점은 단재가 경험한 수차례의 세계관 변화는 일신의 안위를 위한 사상적 변절이나 대의(大義) 훼손과는 결코 무관하다는 사실이다. 오히려 단재는 민족독립과 자유의 실현이라는 일관된 목표를 평생 올곧게 견지하면서도, 시대의 변화에 부응하기 위해 실천방법을 지속적으로 쇄신하였다. 한마디로 그는 스스로 부과한 시대적 사명을 완수하기 위해 끝없는 사투를 벌이는 과정에서, 자신의 판단과 행동에 대한 확신을 바탕으로 매 고비마다 과감하게 사상적 전환을 감행할 수 있었던 것이다.[15] 나아가 단재는 '국권회복과 민족정기 보존'이라는 공유비전을 실현하는 과정에서, 앞에서 언급한 셀프리더십의 세 가지 측면을 지속적으로 확장시키는 강인한 모습을 보였다.

주지하듯이 단재는 출생지인 대전과 충북지역에서 유년기와 청소년기를 보냈는데, 이 시기에는 주로 전통적인 방식으로 학업에 전념하였다. 즉 그는 유년시절부터 중앙관료 출신 한학자인 조부 신성우(申星雨) 곁에서 성리학을 중심으로 유학을 공부한 것으로 알려져 있다. 청년기에 접어든 단재는 그의 출중한 재능을 눈여겨본 주변 유력인사[16]의 추천을 받아 1898년에 성균관에 입교한다. 단재는 상경(上京)해서도 곧바로 뛰어난 학문능력을 인정받아 이미 26세 되던 해에 성균관 박사가 되었다(1905.4.4). 그러나 그사이 단재는 학문연구 외에도 넓은 세상 속의 빠른 변화와 당시 조선 국력의 허약함을 목도하게 되고, 곧이어 시대의 변화에 제대로 대처하지 못하는 성리학과 그 신봉자들을 강력히 비판하는 등 전통 유학과는 사실상 거리를 두게 된다.[17]

여기서 주목할 점은 단재가 급변하는 시대의 흐름을 직시하면서 유년시절부터 오랫동안 간직해온 성리학적 사고방식을 낡은 가치관으로 비판하며 미련 없이 던져버리고, 그 빈자리를 당시 동서양을 막론하고 새롭고 유력한 사상으로 평가받던 '사회진화론'(social darwinism)으로 대체한 사실이다. 이 대목에서 단재는 사상이란 자체로 불변하는 가치를 지닌 어떤 실체적인 것이 아니며, 오직 현실을 올바로 이해하고 실제적인 문제를 해결할 수 있는 힘을 지니고 있을 경우에만 의미가 있다는 일종의 실용주의적 사고방식을 선보이고 있다.[18] 또한 단재가 새롭게 수용한 사회진화론은 주지하듯이, 찰스 다윈(Charles Darwin, 1809-1882)이 주창한 '역사과학'인 진화론의 핵심내용을 영국의 사회학자 스펜서(Herbert Spence, 1820-1903)와 과학자 헉슬리(Thomas Henry Huxley, 1825-1895)가 우파적 사고방식(경쟁 · 우승열패)을 전제로 인간의 삶과 사회의 질서에 적용한 사상이다. 즉 단재는 다윈의 '자연선택'(natural selection)을 현실사회의 해석에 적용하여 모든 인간 집단이나 사회에는 '적자생존'(survival of the fittest)의 원리가 지배적으로 작동한다고 주장한 사회진화론을 적극 수용함으로써,[19] 당시 쇠퇴해가던 조선의 국력을 일거에 신장시키고 나아가 오랜 세월 지속된 모화사상(慕華思想)으로 인해 망각과 소멸의 위기에 처한 민족정기에 새로운 활력을 불어 넣고자 했던 것이다.[20] 이 역시 단재가 사상적 지향과 현실적 안목에서 철저히 실용적 애국주의 노선을 견지한 결과라고 말할 수 있다.

단재의 실용주의적인 현실 대응방식은 셀프리더십 차원에서도 중요한 함의를 내포한 것으로 보인다. 셀프리더십을 온전히 발휘하기 위해서는 일차적으로 자신이 유능하고 따라서 스스로 정한 생각과 판단을 전적으로 신뢰할 수 있다는 자신감, 즉 '자기 확신'(self-assurance)을 가지고 있어야 한다. 사람들은 일반적으로 전통과 관습에 의존하거나 시대적 흐름과 사회적 분위기에 편승하여 자신의 생각과 행동의 방향을 큰 고민 없이 정하는 경향이 있다. 그런데 단재는 유소년 시절 지속된 전통교육으로 인해 유교적 자아관과 세계관이 이미 형성되어 있었음에도 불구하고, 상경 후 새로운 경험을 통해 현실에 눈뜨자마자 기존의 사고방식을 과감히 떨쳐버리는 모습을 보였다. 이 점을 보여주는 한 가지 예를 살펴보자. 단재는 개화지식인으로 성장해가던 도중에 서울 생활을 잠시 접고, 그가 청소년기 이후 거주했으며 고령 신씨(高靈 申氏) 가문의 지역거점인 충북 청원군으로 낙향한 시기(1901년 무렵)가 있었다. 신백우와 신규식 등 뜻있는 문중(門中) 인사들과 더불어 교육기관인 산동학당(山東學堂)을 설립하고, 아직도 전통적인 사고에 매몰되어 있던 지역의 유생과 청년들에게 현실을 알림으로써 적극적인 변화를 촉구하기 위해서였다. 특히 이 과정에서 단재는 우리 민족이 더 이상 한문과 유교경전에 극단적으로 매달릴 필요가 없음을 강조하였고(한문무용론), 한글 사용과 서양 학문 수용을 적극 권장하는 동시에 스스로 실천하는 모습을 보였다.[21] 이러한 단재의 자기확신적 태도는 전통 유학에서 지향하는 도덕관에 대한 신랄한 비판으로 이어진다. 단재는 변혁의 시대를 맞이하여 조선인도 오랫동안 얽매여 있던 기존 국가조직(조선왕조)의 판단과 행위 기준(성리학적 자아관과 중화적 세계관)을 과감히 넘어서야 한다고 주장하였다. 즉 그는 이제 조선인은 냉철한 현실인식을 바탕으로 최상의 가치인 개인과 민족의 생존과 번영을 담보할 수 있는 새로운 가치관 정립에 나서야 하며, 그것의 출발점을 그동안 전통 유학에서 내세웠던 "시비(是非) 중심의 전근대 도덕을 이해(利害) 중심의 근대 도덕으로 전환"[22]시키는 노력에서 찾아야 한다고 보았다.[23] 다시 말해서 약육강식의 현실세계를 규제하지 못하기에 사실상 탁상공론에 불과한 유교전통 속의 시시비비론(是是非非論)에서 과감히 벗어나, 이익과 생존을 최우선으로 삼고 이를 위해서는 수단과 방법을 가리지 않는 방향으로 가치의 패러다임을 전환시켜야 한다는 것이다.[24] 또한 단재는 자신의 엄중한 결단과 단호한 태도에 대해서 평생 단 한 차례도 회의하거나 후회하는 모습을 주변에 드러내지 않은 것으로 보인다.

이 외에도 단재가 철저한 자기 확신의 소유자임을 증언하는 많은 사례들이 등장하는데, 다시 한번 소개하면 다음과 같다. 단재는 경술국치 직전(1910.4), 당시 한반도 최대의 비밀결사 애국단체였던 신민회(新民會) 동지들과 함께 육로를 따라 중국 청도(青島)로 망명하는 과정에서 평안북도 정주(定州)에 위치한 오산학교에 잠시 머무르게 된다. 당시 교사로 재직하며 단재를 처음 만났던 춘원 이광수(春園 李光秀 1892-1950)가 전하는 바에 따르면, 단재는 아침마다 꼿꼿하게 서서 세수하면서 옷과 주변을 온통 물범벅으로 만들면서도 조금만 고개를 숙인 채 세수하라는 주변의 말을 일절 따르지 않았으며, 자신은 누구에게도 머리 숙이길 싫어한다고 대꾸하였다고 한다. 이후 단재는 일제의 한반도 강점이 장기화되자 당시 국내 애국·민족운동 진영에서 점차 등장하기 시작한 다양한 유형의 절충주의적 태도('자치론'(自治論), '내정독립론'(內政獨立論), '참정권론'(參政權

論), 문예운동 등)를 단호히 거부하고 강력히 비판하였다. 그는 일제와는 어떤 식으로든 타협할 수 없다면서 끝까지 무장투쟁('민중 직접 혁명')에 의한 독립 제일주의를 고수하였던 것이다. 또한 단재는 순국(1936) 1년 전 뤼순감옥에서 옥고를 치르다가 중병에 걸린 상태에서도 인척지간인 친일인사가 병보석 보증인으로 나선다는 말을 듣고는 곧바로 보석을 거부하였다.

셀프리더십의 관점에서는 소속된 조직의 판단기준이나 요구사항과는 별개로 자신만의 성찰과 경험을 바탕으로 스스로 정한 가치기준에 따라 생각하고 행동할 수 있는 자세와 능력이 대단히 중요하다. 매사 철저한 자신감의 소유자였던 단재는 이 점에서 가장 모범적인 인물의 범주에 속한다고 평가할 수 있을 것이다.

3.2 단재의 이상과 뚜렷한 목적의식

20세기 초반 급변하는 세계정세를 정확히 파악하고 있던 단재는, 오랫동안 조선인의 사리판단과 행동의 기준이 되었던 성리학적 가치체계와 중화(中華)적 세계관이 뿌리째 흔들릴 수밖에 없음을 직감하였다. 따라서 그는 현 시점에서 자신이 헌신해야 할 과업은, 이른바 '서세동점'(西勢東漸)으로 일컬어지는 변화의 시대에 대처할 수 있도록 새로운 차원의 근대적 자아관과 가치체계를 정립하고 이에 기초하여 민족의 염원(민족자강을 통한 독립국가 건설과 진정한 자유의 향유)을 미래비전의 모습으로 제시하는 것이라고 확신하였다. 그리고 단재가 이 과업을 진행하는 과정에서 외쳤던 가장 중요한 목소리는, 앞에서 언급되었듯이 투쟁성과 서사성을 본질로 하는 "아(我)의 관념을 확장하라!"는 것이었다.

흔히 인간 존재의 본질적 측면으로 간주되는 자아는, 단재가 보기에 어떤 고정되고 불변하며 독립적인 실체로 규정할 수 있는 개념이 결코 아니다. 오히려 자아는 시간과 공간을 가로지르며 끊임없이 이어지는 자기경험과 이에 기초한 인식적 차원의 지평 확장을 통해서만 정체성이 확보되고 유지될 수 있는 일종의 관계개념이다. 이러한 맥락에서 단재는 조선인 개개인이 급격한 변혁의 시대에 대응하여 '아'의 관념을 새롭게 정립하고 지속적으로 확장해야 한다고 주장한 것이다. 그리고 이를 위해서는 먼저 우리 민족이 기존에 만연한 "소아"(小我) 중심적 사고방식을 과감히 버리고 내면에서 더 확장된 자아의 모습 즉 "대아"(大我)를 발견할 수 있어야 한다.[25] 단재에 따르면 소아란 인간 존재의 육체적이며 물질적인 측면 내지 그것에 안주하는 마음의 상태로서 결코 "진아"(眞我)가 될 수 없으며 단지 "가아"(假我)에 불과한 것이다. 이에 반해 대아는 정신적인 아로서 인간 각자가 개인(적 이해관계)을 넘어서 국가나 민족 같이 더 큰 가치에 몰입하고 헌신할 때 발견하고 유지할 수 있는 가치개념이다. 다시 말해서 단재의 사유체계 안에서 대아란 한편으로 개인의 이익에 대한 자연발생적 관심을 상당 정도 극복하고 자신과 직접적인 연관이 별로 없어 보이는 공동체의 생존과 이익을 위해 헌신하는 이타적인 인격체의 정신이나 사상을 의미한다. 동시에 이러한 인격체들로 구성된 조직 내지 집단으로 규정할 수 있을 것이다. 이러한 의미에서 단재는 대아를 "각 부문에서 역사적 사명감을 가지고 역사와 자연에 일체가 되어 국권회복에 헌신하는 애국적 주체세력"으로 규정하였던 것이다.[26]

단재가 조선인 각 개인이 심중(心中)에서 대아를 발견할 것을 강조한 현실적인 이유는, 그가 보기에 당시 우리 민족에게는 여러 가지 원인으로 인해 이기심과 개인주의를 극복하고 '민족자강과 자유의 획득'이라는 공동의 목표를 달성하려는 자세가 사실상 결여되어 있었기 때문이다. 이에 단재는 조선인은 소아적 사고방식에 사로잡혀 지위고하를 막론하고 개인의 부귀영화에만 관심을 기울일 뿐이라고 솔직하게 비판하면서도, 이 상황을 극복할 수 있도록 근본적인 해결책을 제시하고자 했던 것이다. 사실 당시 대다수 조선인에게 공동체 의식이 결핍된 이유는 일차적으로 가렴주구로 일관하며 민중에게 핍박을 가하던 구한말 권력층의 절망적이며 무책임한 행태에서 찾을 수 있다. 그렇지만 단재가 보기에 애국심이 결여된 상황의 보다 근본적인 이유는 오랜 세월 동안 지속된 사대주의 습성으로 인해 중국을 비롯해서 외부에서 유입된 것은 무조건 따르고 찬양하는 일종의 노예의식이 뿌리박혀 있기 때문이다. 다시 말해서 당시 우리 민족의 가장 심각한 문제점은 자신의 고유한 가치를 등한시하거나 폄훼하는 경향과 더불어, 내적인 자긍심이 없기에 스스로 삶과 정신의 주인이 되려는 노력을 게을리하거나 아예 망각하고 있다는 사실이다.[27]

단재는 자신의 지적 능력을 최대한 발휘하여 당시 사대주의와 패배주의에 함몰되어 있던 우리 민족이 자긍심을 되찾고 민족정기를 바로 세울 수 있는 길을 제시하였다. 예컨대 그는 근대 한국 민족주의 역사학의 출발점으로 평가받고 있는 『독사신론』 연재(1908.8-12, 대한매일신보)를 전후로, 지나친 숭문주의(崇文主義)를 비판하며 역사상의 애국무인(愛國武人)들을 추앙하고 롤모델로 삼는 특유의 영웅주의 역사관을 주창하였다. 즉 단재는 오랫동안 지속된 중국 사대주의와 유학만을 내세운 집권층의 문사(文士)적 사고방식으로 인해 쇠락해진 상무정신(尙武精神)을 회복하고자, 한반도 역사상의 무장(武將) 삼걸(三傑)로 을지문덕(乙支文德), 이순신(李舜臣), 최영(崔瑩)을 선정하였고 이들의 전기(傳記)를 저술하는데 심혈을 기울였다.[28] 이 과정에서 단재는 첫 작품으로 『을지문덕』을 간행(1908.5)하였다. 또한 『대한매일신보』에 『수군제일위인(水軍第一偉人) 이순신전』을 연재(1908.5.2.-8.18)하였으며, 『동국거걸 최도통전(東國巨傑 崔都統傳)』을 연재(1909.12.5.-1910.5.27.)하기도 했다. 나아가 한문에 익숙하지 않은 일반 민중과 부녀자들을 위해 한글판 『리슌신젼』을 『대한매일신보』에 연재하였고(1908-6.11-10.24), 이어서 한글판 『을지문덕젼』을 간행하였다(1908.7).

같은 맥락에서 단재는 우리 민족 고유의 정신적 뿌리이자 사상적 기반을 일컫는 '조선혼'(朝鮮魂)을 '낭가'(郎家)사상 즉 '화랑도'(花郎徒)에서 발견할 수 있다고 단언하였다.[29] 주지하듯이 화랑도란 후발 고대국가 신라가 6세기 초반 세력 확장과 더불어 이미 원시공동체사회부터 존속해온 청소년 심신수련 조직을 국가적 차원에서 확대·개편한 것이다. 즉 화랑도는 일차적으로는 유사시 전쟁에 동원할 수 있는 전투인력을 확보하고 장기적으로는 국가를 책임질 리더를 양성하는 수련제도를 일컫는다. 그런데 단재는 화랑도가 단순히 무예수련과 정신수양을 지향하는 예비 지도자 수련조직을 넘어서, '국혼'(國魂)의 핵심을 형성하는 동시에 종교적이며 문화적인 성격을 함께 지니고 있었다고 주장하였다. 왜 그런가? 한마디로 '화랑의 정신'(花郎之道)이란 '지성과 마음과 몸'(智德體)을 끊임없이 갈고 닦으며, 공동체 정신에 입각해서 사익이나 개인의 명예보다는 공익과 대의를 중시하는 자세이기 때문이다. 따라서 단재는 화랑의 도를 "학문에 힘쓰며, 수박 · 격검 · 사예 · 기마 · 턱견이 · 깨금질 · 씨름 등 각종 기예를 하며, 원근 산천에 탐험하며. 시가와 음악을 익히며, 공동으로 일처에 숙식하며, 평시에는 환란구제, 성곽 · 도로 등의 수축 등을 자임하고, 환란 시에는 전장에 나아가 죽음을 광영으로 알아 공익을 위하여 일신을 희생하는 것"[30]으로 명확히 규정하였다. 이처럼 화랑도는 우리 민족 고유의 정신적 뿌리를 형성하며 이후 불교와 유교 같이 외부로부터 유입된 사상과 대등한 위치에서 서로 치열하게 경쟁하였으나, 묘청의 난(1135)과 이성계의 조선개국(1392) 같이 유학을 내세운 일단의 정치세력과의 대결에서 패한 후 점차 소멸되었다는 것이다. 단재는 당시로서는 획기적인 애국 판타지소설인 『꿈하늘』(1916)에서 화랑도에 대해 처음 언급하였으며, 1920년대에도 「조선상고사」, 「조선역사상 일천년래 제일사건」 등 다양한 논설을 통해 화랑도의 고유한 가치를 역설하였다. 이상에서 살펴본 단재의 화랑도 해석이 현대인의 관점에서 볼 때 얼마나 객관적이며 학술적인 가치를 지녔는지 여부와는 별개로, 우리는 그가 민족의 자긍심 고취와 국권회복이라는 공유비전을 위해 자신의 재능을 최대한 발휘하였음을 확인할 수 있다.

같은 맥락에서 단재는 '국수'(國粹), 즉 우리 한(韓)민족만의 자랑스러운 전통과 문화를 세상에 알리고, 이를 토대로 동시대의 조선인들이 오랫동안 망각했던 정신의 자유를 회복할 수 있도록 언론활동에 앞장섰다. 즉 단재는 이미 20대 청년시절부터 당시 서울의 주요 언론인 「황성신문」(1904)과 「대한매일신보」(1907)의 주필로 활약하였다. 그는 특유의 예리한 필봉을 휘두르며 조선인의 계몽과 자유의식 고취를 위해 분투하였으며 이로 인해 일본제국주의뿐만 아니라 친일파로 뒤덮인 구한말 조정의 감시대상이 되어 옥고를 치루는 등 숱한 고난을 겪었다. 또한 단재는 중국으로 망명한 이후에도 일제의 간계로 인해 정치범으로 체포되어 뤼순감옥에 투옥되기 직전까지 「대양보」(1911), 「권업신문」(1912), 「신대한」(1919), 「천고」(1921) 등 다양한 언론매체의 발행인 내지 주필로 활동하였으며, 나아가 중국 현지의 신문(「중화보」, 「북경일보」 등)이나 국내 언론사(「동아일보」, 「조선일보」, 「시대일보」 등)에 민족적 자긍심 고취를 테마로 한 논설문을 활발하게 기고하였다.

결국 단재가 평생에 걸쳐 한국사 연구를 비롯한 '투쟁적 글쓰기'를 치열하게 전개했던 근본적인 이유는, 이제부터라도 우리 한(韓)민족이 자유로운 정신과 창조적 활동의 연속이었던 자신의 역사를 올바로 이해함으로써 조선시대 이후 수세기 동안 이어져온 노예의식과 패배주의를 극복하고 민족정기를 되찾을 수 있는 내적인 동력을 학술적 차원에서 제공하기 위함이었다. 그리고 지나온 역사가 증거 하듯이, 단재의 행적은 삶 속에서 한 가지 숭고한 목표를 정하고 이를 구현하기 위해 마지막 순간까지 혼신의 노력을 다했던 진정한 지식인의 모습으로 평가될 수 있다. 셀프리더십 차원에서 볼 때 단재는 스스로 찾아낸 과업에 대해 뚜렷한 소명의식을 가지고 있었으며, 자기 확신과 최상의 절제력을 바탕으로 역사적 가치창출에 매진한 인물이었던 것이다.

3.3 비아와의 투쟁에서 길어 올린 실천적 자기변혁

앞에서 소개한 바와 같이 단재는 인간은 타인이나 타인들로 구성된 세상과 조우하고 대결하며 갈등을 해결하는 가운데 내면의 모습을 발견하고 서서히 자아 관념을 형성해가는 존재라는 의미에서 인간의 본질을 서사적 관점에서 파악한 것으로 보인다. 그리고 그는 자신의 인간론 내지 자아관을 특유의 '아와 비아의 투쟁' 관념을 통해 이론적으로 정당화하고자 하였다. 그런데 단재가 일생을 통해 전개한 학문연구와 애국독립운동 과정을 일별해 보면, 그의 삶 자체가 사실상 '아와 비아의 투쟁'의 연속이었음을 확인하게 된다. 즉 단재는 민족의 독립을 통한 육신과 정신의 자유라는 이상을 구현하는 과정에서, 한편으로 유교와 불교 같은 동양의 전통사상은 물론이거니와 서구사회를 단기간에 부국강병으로 이끈 신지식을 독자적으로 해석하고 응용하기 위해 전심전력하였다. 또한 그는 무수히 많은 국내외 인사들과 교류하고 그들의 사상을 비판적으로 수용하는 가운데 자신만의 고유한 역사관과 가치철학을 정립해 나갔다. 이러한 단재의 모습은 '아와 비아의 투쟁' 관념 속에 내재된 논리, 즉 '아'는 세상에서 독립적으로 존재하며 생각과 판단의 주체이지만, 아가 자신의 존재를 명확히 의식하는 것은 오직 '비아'로 지칭되는 타자와 조우하고 그를 의식 속에서 대상화하는 순간에 비로소 가능하다는 점을 상기시킨다. 마치 아가 비아와 조우하고 계속되는 갈등상황을 겪으면서 내면에 자신을 되돌아보는 계기를 형성하게 되듯이, 단재는 정신적으로나 현실적으로 끊임없이 대결해야 했던 수많은 사상과 적대적 세력들을 마주하면서 자아의 존재와 능력 그리고 역할에 관해 더욱 깊이 있는 통찰에 도달했던 것이다.

나아가 단재는 약육강식의 논리에 둘러싸인 세상과 조우하고 격렬하게 대립하면서도 필요할 경우 투쟁 상대가 지닌 강점을 스스로 익히거나 교훈으로 삼고자 꾸준히 노력하였다. 단재가 『조선상고사』의 「총론」에서 분명히 언급하고 있듯이, '아와 비아의 투쟁'에서 승패를 결정짓는 것은 선천적으로는 자신(아)을 지키는 '정신'을 확고히 함에 있고, 후천적으로는 환경에 적응하며 외부(비아)와의 '관계'를 지속적으로 '유지'함에 있다. 즉 '아와 비아의 투쟁'이란 상식선에서 쉽게 상상하는 바와 달리, 결코 아가 비아를 극복하고 능가하여 절멸시키는 것이 목적이 아니며, 오히려 아가 주도권을 쥔 상태에서 주체적인 방식으로 비아와의 상호작용을 지속하는 것을 의미한다.[31] 그런데 단재에 따르면 불행하게도 우리는 바로 이 점을 철저히 망각하고 있다. 예컨대 조선민족(아)은 중국과 인도로부터 유래한 외래사상인 유교와 불교(비아)를 지나치게 무비판적으로 수용함으로써 예전부터 존재해온 민족문화와 전통가치가 위축되고 소멸될 위기에 처해 있다.[32] 또한 단재는 현재의 시점(20세기 초)에서는 세계사의 주도세력으로 새롭게 등장한 서구사상에 어떻게 대응하느냐에 조선민족의 미래가 달려있다, 즉 서구사상을 무조건 배척하지 말고 주체적으로 수용해서 새로운 조선 문화 창출의 밑거름으로 활용해야 한다고 주장하였다. 민족과 역사에 대한 단재의 성찰과 비전은, 인간이란 자신(아)과 타자(비아)가 상호작용을 통해 각자의 행동을 되돌아보고 스스로를 새롭게 정립하고자 욕구하는 존재라는 그의 인간학적 근본입장과 궤(軌)를 같이하는 것이다.[33]

태생적으로 자존심이 무척 강했던 단재는 누군가를 대놓고 칭찬한다거나 타인의 말을 듣고 생각을 쉽게 바꾸는 모습을 거의 보이지 않았지만, 민족독립과 자유의 확보라는 대의를 실현하기 위해 필요하면 언제든 자신의 사유방식과 가치관을 쇄신한다는 개방적 자세를 견지하였다. 이처럼 단재가 생각의 변화나 사유의 혁신을 두려워하지 않은 근본적인 이유는, 그것이 일신의 안위를 위한 사상적 변절이 아니라 공적인 이상을 효과적으로 구현하기 위한 방법론적 전환이었기 때문이다. 이 과정에서 단재는 투쟁 상대를 강하게 비판하고 공격하면서도 장점은 배우고 취하는 모습을 지속적으로 보였으며, 이러한 개방적이며 성찰적인 태도는 상대방 비아가 자극받아 스스로 쇄신하는 계기를 형성하기도 하였다. 결국 단재는 세상의 모든 비아를 타산지석 삼고 상황의 변화와 시대의 흐름에 적응하는 방식으로 점점 더 높은 수준의 셀프리더십에 도달할 수 있었던 것이다.

4. 나오는 말

본 글에서는 셀프리더십의 관점에서 단재의 삶을 재조명해보았다. 단재는 무수한 글쓰기를 통해서 자신의 독자를 비롯하여 당시 조선 사람들이 정신적으로나 현실적으로 자유로운 존재가 되어야 함을 특별히 강조하였다. 또한 그는 자신의 글과 말이 단지 구두선에 머물지 않음을 행동과 실천을 통해 보여주고자 하였다. 즉 단재는 스스로 정신의 자유에 도달하기 위해 끊임없이 노력하였으며 그 결과 역사상 중요한 시기마다 사상적으로 새롭게 무장한 지성인의 모습으로 세상에 등장하였다. 단재의 이러한 삶은 지식인 리더십으로 규정할 수 있으며, 이는 크게 두 가지 차원으로 구분할 수 있다. 첫 번째는 그가 이론과 사상을 통해 우리 민족이 노예의식과 패배주의를 스스로 타파하고 국권회복과 정신의 자유에 도달할 수 있도록 교육과 계몽에 앞장선 것이다. 이는 세부적으로 단재의 지성리더십으로 규정될 수 있으며, 본 글에서는 현대 리더십담론에서 주목받고 있는 셀프리더십 개념과 연결해서 살펴보았다. 셀프리더십이 온전히 발휘되기 위해서는 자기확신, 절제력 및 이기심을 극복하는 자세가 필요하다. 단재는 일신의 안위가 아닌 '국권회복과 민족정기 보존'이라는 비전을 가지고 실용적인 사상적 변혁과 자기희생적 실천을 통해 가장 모범적인 셀프리더십을 보여주었다.

다른 한편 단재는 국권회복의 비전을 이루기 위해 직접 선두에서 행동하고 실천함으로써 20세기 초 동아시아 역사에서 만인의 귀감이 되었다. 이는 세부적으로 '행동리더십'으로 지칭할 수 있으며, 단재의 행동리더십은 현대적 차원의 '변혁적 리더십'(transformational leadership) 담론으로 규정할 수 있다. 단재의 변혁적 리더십에 대한 논의는 조선의 독립을 위한 투쟁의 과정으로서 그 중요성과 의미를 심도 있게 다루어야 하는 만큼, 후속 연구과제로 진행되는 것이 바람직할 것이다.

인문고전과 리더십 교육

1. 들어가는 말

이 글에서는 기존 리더십 교육의 한계와 문제점을 비판적으로 검토하고, 융합 차원에서 인문고전에 기초한 21세기 리더십 교육 방안'의 단상을 소개하고자 한다. 이러한 시도는 일차적으로 전인적 인재의 양성을 위한 교육적 단초를 인문학-융합 차원에서 모색하는데 목적이 있다. 나아가 이것은 그동안 인류의 문명사에서 끊임없이 등장했던 고전적 단어인 리더십을, 21세기 이후 20년 가까운 시간이 흐른 현 시점에 걸맞게 새로운 교육적 · 학문적 가치개념으로 재탄생시키고자하는 노력과 맞물려 있다.

2. 리더십의 정의와 리더십 교육의 문제점

2.1 리더십의 정의와 유형

일반적으로 리더십은 "집단의 활동을 공유된 하나의 목표로 집중시키려는 개인의 활동" 내지 "타인에게 영향력을 행사하고 동기를 부여하며 타인이 조직의 효과성 및 성공을 위해 공헌할 수 있도록 능력을 배양하는 개인의 힘"으로 규정될 수 있는 바, 리더십 개념의 가장 본질적인 요소는, 그것이 '목표달성'(goal attainment)을 위한 과정이며 동시에 '영향력'(influence) 행사의 과정이라는 점

이다.[1)]

"한 마리 양이 이끄는 사자의 무리보다 사자 한 마리가 이끄는 양 떼가 더 강하다"는 말(아랍 속담)이 있다. 이것은 조직이나 사회의 형성과 운영에 있어 리더와 리더십의의 중요성을 강조한 표현이다. 즉 리더가 없는 사회나 조직은 인류의 역사 속에서 한 번도 존재하지 않았으며 지금도 사정은 마찬가지이다. 따라서 모든 사회는 리더를 그것도 사회를 올바른 방향으로 이끄는 동시에 새로운 비전을 제시할 수 있는 탁월하고 헌신적인 리더를 필요로 한다. 그런데 한사람의 훌륭한 지도자의 등장과 활동은 기본적으로 그가 지닌 개인적 역량이 발휘된 결과이지만, 더 근본적으로는 그가 속한 사회의 산물이라고 말할 수 있다. 한 사회를 리드하는 지도자의 수준은 단순히 그가 지닌 인간적 역량이나 의지에 의해서만 결정되는 것이 아니라는 말이다. 오히려 한 국가의 정치수준은 국민의 수준에 정확히 비례한다는 속설이 있듯이, 지도자의 수준은 그가 속한 사회의 수준에 의해서 결정된다고 보는 것이 더 타당할 것이다. 아무리 원대한 이상이나 탁월한 능력을 갖춘 인물이라 하더라도 그가 속한 조직이나 사회에서 절실하게 원하지 않는 이상을 홀로 추구할 수는 없으며, 만약 그럴 경우 그는 자신의 소속집단이 필요로 하는 바 진정한 지도자로 인정받을 수 없기 때문이다.[2)]

전통적으로 '조직의 목적을 달성하고 타인에게 영향을 미치는 과정'에 초점을 맞추는 주류 리더십 이론에서는, '어떤 개인의 비범하고 초인간적인 힘이나 영웅적 기질과 태도' 다시 말해서 '구성원들의 규범적 지향에 대하여 넓고 깊은 영향력을 행사할 수 있는 리더의 능력'을 중시해 왔으며, 소위 카리스마 리더십의 제반 특성들[3]에 지대한 관심을 기울여 왔다. 이 관점에서 보면, 진정한 리더는 솔선수범과 과감한 행동 그리고 명확한 가치판단 등을 통해 스스로 구성원들의 가치관과 신념의 역할 모델이 될 수 있어야 하며, 도덕적으로 정당한 이념적 목표를 제시함으로써 조직의 존재이유와 행동의 방향을 제시할 수 있어야 하고, 나아가 부하나 조직구성원들에게 이른바 '자기효능감'(self-efficacy)을 부여함으로써 그들의 성취동기를 최대한으로 높이는 자질(임파워먼트 리더십)도 동시에 갖추고 있어야 한다.

나아가 근래 들어 리더십 이론에서 새롭게 주목받고 있는 서번트 리더십이나 셀프 리더십 역시 21세기를 맞이하여 새로운 시대의 지도자가 반드시 갖추어야할 덕목으로 평가되고 있다. 먼저 서번트 리더십이란 자신을 앞세우고 남들을 리드하려는 태도보다는, 다른 사람을 우선적으로 섬기고 싶다는 자연스러운 느낌과 연관된 봉사와 존중의 정신을 토대로 하는 바, 상대방(부하나 조직 구성원)과의 감정이입과 설득을 통해 그들의 인간적 존엄성과 가치를 존중하고 마음속에 내재된 창조성과 자발성을 가능한 한 많이 일깨워 주는 것이다.[4]

셀프 리더십이란 타인의 지시나 성과보상 같은 외적인 요인에 의거해서 판단과 행위가 이루어지기 보다는, 행위의 주체가 내재적인 동기와 더불어 명확한 목적의식을 갖춤으로써 목표달성을 위해 스스로 지시하고 보상과 처벌도 스스로 행할 수 있는 능력을 일컫는다. 이러한 능력의 배양을 위해서 행위주체는 먼저 자신의 사고와 행동에 대한 냉철한 관찰과 평가를 수행할 수 있어야 하며, 이를 토대로 자기강화를 위한 정보의 축적과 구체적인 행동목표 설정 및 이행이 수반되어야 한다. 이러한 셀프 리더십이 조직이나 사회의 책임감 있는 리더들에게 특별히 요청되는 이유는 무엇일까? 리더가 자기 자신의 마음상태를 정확히 파악하고 온전히 장악한 후 그에 맞게 판단하고 행동하는 것이 리더십 발휘의 전제조건이기 때문이다. 다시 말해서, 리더로서의 임무 수행은 적지 않은 경우 심신의 한계상황과 직간접적으로 연관되기 때문에 감정의 절제와 냉철한 상황판단 같은 자기 통제능력이 임무수행의 성패를 좌우하곤 한다. 리더로서의 업무 자체에 대한 내재적인 동기부여를 통해서 행위자는 자신의 직업 활동의 이유와 가치를 일반적인 수준보다 더 높은 차원에서 정립할 수 있게 된다. 즉 나에게 주어진 어려운 임무는 업무상 임무완수를 위해서 위험을 무릅쓰고라도 어쩔 수 없이 해야만 하는 것이 아니라, 인간 존재에 대한 깊은 애정, 사회구성원으로서의 소속감과 자긍심, 정의감과 책임의식 같은 보다 더 상위의 이유로 인해 본래부터 매진하고 싶었던 것이라는 내적인 확신을 가질 수 있는 것이며, 이는 임무에 대한 개인적인 의미부여와 더불어 주인의식과 유능감 형성으로 이어질 것이다.

2.2 현행 리더십 교육의 문제점

주지하듯이 조직화된 현대사회에서 리더십의 가치와 중요성은 지속적으로 강조되고 있으며, 리더십의 이해와 능력 배양을 테마로 한 교양도서 출판이나 일회성 대중강연 혹은 각종 워크숍 프로그램이 쏟아져 나오고 있다. 그러나 이러한 리더십 담론의 홍수에도 불구하고, 리더십 자체를 새로운 교육과 학문적 탐구의 대상으로 인정하고 체계적으로 접근하는 경우는 국내 대학에서 거의 찾아볼 수 없으며, 리더십이란 단지 한 두 권의 교양서적 읽기를 통해 큰 노력 없이도 저절로 향상되는 것으로 오해하는 분위기가 만연해 있다. 그러나 눈부신 경제발전과 민주주의의 발전에도 불구하고 사회적 차원의 상호불신, 특히 오피니언 리더그룹이나 기득권층을 향한 비판의 시선이 어느 때보다 따가운 오늘날 우리 한국사회에서 진실로 필요한 과제는, 우선 지도자와 리더십의 수준에 대한 사회적 · 교육적 기대치를 지속적으로 높이는 작업일 것이다. 그런데 한 사회의 리더에 대한 기대치의 상향조정이나 역할행동의 강화노력은 지금까지 반복되었던 것처럼 단순히 구호의 차원에 그쳐서는 아니 된다. 그것은 사회구성원 전반에 대한 체계적이며 조직적인 교육과 훈련을 통해 사회의 의식수준을 끌어올리는 작업과 밀접하게 연결되어야 한다. 나아가 한 사회에서 추구하는 인재교육의 궁극적 목표는 그 사회를 올바른 방향으로 이끄는 동시에 구성원들에게 인문학적 차원에서 새로운 비전을 제시할 수 있는 리더의 육성에 초점이 맞추어져 있어야 한다. 또한 이를 위해서 철학연구자를 비롯한 인문학자들은 리더와 리더십의 의미와 가치 그리고 지향점에 대한 연구와 교육을 바탕으로 구체적인 리더육성 로드맵을 제시할 수 있어야 할 것이다.

위에서 언급한 문제 상황을 좀 더 구체적으로 살펴보면 다음과 같다. 즉, KOCW(대학강의공개사업)나 RISS(학술연구정보서비스) 혹은 유튜브 등 국내외의 대학강의 동영상을 제공하는 다수의 인터넷 온라인 매체를 통해 확인하고 분석한 결과, 기존의 '리더십' 관련 강좌들은 대부분 경영학 같은 특정 응용학문 분야의 연구자들이 전통적인 리더십 유형들(카리스마 리더십 · 임파워먼트 리더십 · 변혁적 리더십 · 서번트 리더십 · 셀프 리더십 etc.)을 연대기적으로 소개하고 여기에서 파생되는 매우 다양하고 복잡한 이론적 논의들을 짧게 설명한 후, 그와 관련된 몇 가지 구체적인 예를 에피소드 형태(대부분 기업 관련)로 제시하는데 집중하고 있다. 이러한 요약 중심 리더십 강의방식의 문제점은, 현대의 다양한 리더십 이론들을 청소년이나 대학 학부과정 혹은 일반인 대상 교육에서는 필요 이상으로 복잡하게 나열하고 있으면서도, 그러한 복잡한 이론내용들이 어떠한 학문적 연원과 근거를 내포하고 있으며 또한 현실적인 역사의 흐름에서는 어떻게 적용되어 왔거나 장차 활용될 수 있는지 설득력 있게 제시하지 못하고 있다는 점이다. 나아가 리더십이란 결국 사람들 사이의 관계문제라는 관점에서 볼 때 기존의 리더십 강좌에는 대부분, 인간의 본성과 관계방식을 가장 심층적이며 포괄적으로 규명해온 인문학의 담론들이 거의 반영되지 않고 있다는 점도 지적할 수 있다. 기존의 리더십 강의들은 대부분의 경우, 청소년이나 청년 학생들이 리더십 관련 동영상을 시청하는 근본목적, 즉 호연지기(浩然之氣)를 키우고 윤리적 태도를 정립하며 인간의 본성과 행동방식에 관해 폭넓게 이해함으로써 장차 자신이 속한 사회를 올바른 방향으로 이끌고 구성원들에게 새로운 비전을 제시할 수 있는 리더를 육성한다는 근원적 목표와는 사실상 동떨어진 탁상공론식 강의에 불과하다고 말하지 않을 수 없다.

3. 인문고전에 기초한 리더십 교육

3.1 인문교육과 리더십 함양의 상관성

지금까지 살펴본 바와 같이 기존의 국내 각급 교육기관이나 온라인 프로그램에서 진행하고 있는 리더십 교육은 내용과 방법에 있어서 단편적이거나 피상적임을 부인하기 어려우며, 이러한 상황은 21세기 4차 산업혁명시대에 부응하는 전인적 인격체의 완성, 즉 자아의 의미와 세계의 모습을 거시적으로 조망하고 이를 바탕으로 개별담론에 미시적으로 접근할 수 있는 인재의 양성과는 거리가 있다고 말할 수밖에 없을 것이다.

마르크스, 뒤르켐과 함께 사회학의 창시자로 간주되며 또한 현대 리더십연구의 선구로도 평가받는 막스 베버(Max Weber, 1864-1920)는, (정치적 지배를 정당화하는 근거로서의) 리더십을 세 가지 유형, 즉 합법적 리더십, 권위주의적 리더십, 카리스마적 리더십으로 구분한 바 있다.[5] 그에 따르면, 진정한 리더의 모습은 오직 자신이 속한 조직의 공익과 안전을 담보로 사회 전체의 성장과 발전을 견인할 수 있는 '실천적 지식인의 활동'(vita activa)에서만 찾을 수 있다. 이러한 베버의 리더십 담론을 통해서 확인할 수 있는 점은, 21세기

4차 산업혁명 시대에 접어든 오늘날에도 리더십은 개인과 사회의 지속과 발전을 위해 필요한 핵심가치에 속하며, 나아가 이 개념은 학문적 관점과 현실적 차원에서 화학적 결합이 가능하도록 세밀하게 다루어져야 한다는 사실이다. 그럼에도 불구하고 아직까지 대학을 포함한 국내 각급 교육기관의 교육 과정에서는 리더십에 관한 교육공학적 · 학술적 관심이 충분히 나타나지 않았던 것으로 보이며, 특히 인문학적 수준에서 리더십의 의미를 되새기는 작업은 상당히 부족했던 것으로 판단된다. 이에 21세기 4차 산업혁명시대에 자아와 사회 그리고 국가의 운영과 발전을 도모하는 리더의 상을 인문학-융복합 수준에서 개발하고, 나아가 이를 교육적 차원에서 정초하는 작업은 이제 더 이상 미루거나 피할 수 없는 한국교육의 시대적 과제라 할 것이다.

그렇다면 리더십 함양에 철학을 비롯한 인문학교육은 왜 필요하며 또한 어떻게 진행되어야 하는가, 즉 인문학은 리더의 양성과정에서 어떤 역할을 할 수 있는가? 리더십은 동서고금을 막론하고 한 조직의 운영이나 인사관리에서 최고 수준의 능력을 발휘하는 것과 동일시되어 왔으며, 리더는 지도능력 차원의 전문성과 더불어 현실적인 권력을 행사하는 사람으로 인식되어 왔다. 리더가 조직의 다른 구성원들에 비해 더 큰 결정권을 가지고 권한을 행사할 수 있는 이유는, 그가 주어진 힘을 바탕으로 자신이 이끄는 조직이나 집단의 창업과 수성 그리고 발전과 계승을 위해 가장 핵심적이며 필수적인 역할을 담당하고 있기 때문이다. 조직이나 집단의 구성원은 지위고하를 막론하고, 사실상 리더가 인도하고 허용하는 사유와 활동의 테두리 안에서 자신의 조직 정체성을 발견하고 확립할 수 있으며, 조직 내 여타의 사람이나 사물들 사이의 관계도 거의 동일한 방식으로 규정할 수 있는 것이다.

이처럼 조직이나 집단의 유지와 발전을 지향하는 현실 속에서, 내부 구성원이라면 누구도 거부하거나 피할 수 없는 리더십을 다루는 사람이 자신의 권력을 올바로 사용하거나 스스로 제어하는 노력을 등한시하는 순간, 그는 조직세계에서 가장 위험한 존재가 될 수밖에 없음은 자명하다. 리더는 사실상 조직의 의사결정에 대한 독점적인 권리를 부여받고 있는 만큼 현실적인 역할 수행에서는 이타적인 방식으로 활동할 것을 조직 내부에서 요구받기도 하지만, 리더의 생각과 행동은 리더로서의 역할수행에 내포된 의미나 가치에 대한 자신만의 자율적 판단을 토대로 하는 경우가 대부분이다. 따라서 누군가 조직 안에서 지도력을 발휘하여 리더의 역할을 수행하고자 한다면, 그에게는 무엇보다도 다양한 가치들의 실재성을 인식하고 이를 자신의 판단과 실천행위에 효과적으로 적용할 수 있도록 미리 윤리 · 가치교육이 충실하게 이루어져야 할 것이다. 만약 이러한 규범적 차원의 요구가 세상에서 지도력을 발휘하며 리더의 역할을 수행하기를 원하는 젊은 세대를 대상으로 그들이 대학 교육과정을 이수하는 동안에 어느 정도 현실화된다면, 이는 인문학교육이 거시적 차원에서 사회의 계몽과 합리화에 기여할 수 있음을 증명하는 한 가지 사례가 될 것이다.

위의 논의와 관련해서 서양철학사 초반기에 등장하는 한 가지 예를 살펴보자. 기원전 5세기에 그리스 문명을 대표하는 도시국가

(polis)였던 아테네에는 프로타고라스나 고르기아스, 칼리클레스 같은 이방인 지식인(sophist)이 나타나면서, 관습이나 법, 혹은 윤리 · 도덕과 같은 인위적인 규범(nomos)은 신적인 영역과의 연관 속에서 영원하다거나 인간의 본성(physis)에 부합하는 자연스러운 것이 아니라, 단지 국가공동체(polis) 안에서 개인과 사회의 생존과 유지를 위해 발생하였다는 견해가 유행하였다.[6] 특히 급진적인 소피스트로서 플라톤의 『국가』편 1권의 실질적인 주인공인 트라시마코스는 강자의 힘에 근거한 자연적 권리를 강변하기도 하였다. 인간의 본성은 본래 자기중심적인데, 국가사회의 유지를 위해 제정한 것으로 알려진 법과 제도는 인간 본연의 이기적 지향성과 일치하지 않기 때문에, 인위적인 법과 제도에 복종하기 보다는 자연적 본성에 따라 내면의 욕구나 이기심을 충족시키려는 태도가 오히려 바람직하다는 것이다.

소피스트로 불린 대중지식인들과 대결했던 플라톤은, 도덕성에의 요청이 인간의 자연적 본성에 상충한다는 주장을 타파하기 위해, 도덕은 인간의 본성에 근거하며 도덕적 행위는 자체로서 추구할 만한 가치가 있다는 점, 또한 도덕은 우리가 지성을 통해 인식하고 실천해야 하는 탁월한 삶에 기여한다는 점을 증명하려 했다. 주지하듯이 '이데아론'은 이러한 생각의 이론적 정당화를 위해 제시된 것인데, 이에 관한 다양한 묘사 중에서 가장 유명한 것은 『국가』편에서 가장 유명하며 많은 논의의 대상이 되었던 '좋음의 이데아'이다. 좋음(의 이데아)은 인간이 이에 대해 이해하는지 여부와 관계없이 실재하는 가치개념인 바, 개인적 차원에서는 사유와 판단의 가능근거이며 동시에 세계의 존재이유이자 원인으로서, 인간이 올바르고 탁월한 수준에서 삶의 의미를 찾고자 한다면 반드시 인식해야 할 대상으로 간주된다. 우리는 도덕적 행위와 실천, 그리고 이론적인 탐구 전반에서 항상 '좋음'을 궁극근거로 상정하기 때문이다.[7] 이러한 '좋음'에 대한 고찰은, 세상에는 생각과 행위에서 바람직하고 추구할 만한 모범, 다시 말해서 가치의 사실이 실재한다는 점을 인정하는 것에 다름 아니다. 고래로 잘 알려진 이른바 '소크라테스-트라시마코스 논쟁'도 따지고 보면, 소크라테스의 태도는 일반적인 사실판단(사람들은 Q를 원한다. 따라서 좋아 보이는 것(Q)이 있다)뿐만 아니라, 가치사실의 존재를 검증을 통해 확신하고(Q는 실제로 좋다 혹은 실제로 좋은 것(Q)이 있다), 당위판단(우리는 그것(Q)을 해야 한다)으로 나아가는 경우이다. 이에 반해 트라시마코스에 따르면 사실판단을 가치사실과 구분하려는 소크라테스적 시도와 노력은 현실적으로 무의미할 뿐이다, 오직 자신에게 좋아 보이는 것만이 실제로도 좋다, 따라서 원하는 대로 행해도 무방하다는 식으로 주장한다. 그는 가치 자체의 사실은 가상적 허구의 산물일 뿐이며, 오직 우리가 감각과 사실적 판단을 통해 가치를 부여한 것만 실재한다고 강조함으로써 가치의 객관적 성격을 주장한 소크라테스의 관점을 반박하고자 한 것이다. 이러한 가치관의 혼란 속에서 플라톤은 사실판단과 가치사실을 반드시 구분해야 함을 지적한 것인데, 단순한 가치판단과 가치의 사실의 차이를 이해하고 이를 인정한다면, 자체로서 좋은 것이 실제로 존재하며 따라서 우리 인간에게는 그것을 추구해야 할 이념적 정당성이 확보되는 것이기 때문이다. 기원전 5세기 경에 활동했던 플라톤의 이러한 문제의식은 리더와 리더십의 중요성이 나날이 강조되고 있는 오늘날 한국사회에서도 다시 한 번 되새겨볼 필요가 있다.

우리 현대인들은 적지 않은 경우 전통적인 도덕관념에서 탈피하여 윤리적 차원의 가치를 필요에 따라 사용하되 불필요할 경우에는 폐기하거나 잊어버려도 큰 문제가 없는 물질적인 것과 큰 차이가 없는 것으로 간주하는 경향을 보이고 있으며, 이러한 사회풍토는 오늘날 일반인들의 개인생활과 직업윤리에도 많은 영향을 미치고 있는 것이 부인할 수 없는 사실이다. 윤리나 도덕은 이제 현실판단에서 고려할 요소로 간주되지 않으며, 윤리적 상식의 틀 안에서 고민하던 일상의 모습도 사라지는 추세이다. 이러한 현실상황에서 리더의 역할을 수행하거나 책임 있는 역할을 수행해야 할 사람들은 점점 더 목전의 이익만을 추구하는 조직 구성원의 요구에 부응하는 경향을 보인다. 예컨대 2018년 이래 최근까지 언론보도를 통해 드러났듯이, 우리 사회에서 가장 지성적이며 양심적인 오피니언 리더집단으로 자타가 공인했던 법조인들은, 적지 않은 경우 권력욕에 사로잡힌 정치인들이나 돈이면 무엇이든 가능하다는 환상에 빠진 일부 기득권층의 고용인으로 전락한 모습을 보였다.

이러한 현실상황에서 우리는 리더십과 연관된 인문학교육의 의미와 역할에 주목하게 된다. 예를 들어 우리는 토론식 철학수업 중에 선생이 어떤 현실적인 문제를 제시하더라도 학생들은 논의과정에서 거의 예외 없이 윤리적 차원의 근본물음과 마주하게 되며, 이 과정에서 자기 자신이 얼마나 피상적인 사고에 만족하며 살아왔는지 인생의 근원적인 문제를 스스로 해결하기 위해서는 얼마나 깊이 있는 사색이 필요한지 깨닫게 된다. '2018년 내내 매스미디어를 뜨겁게 달구었던 일부 재벌 일가의 갑질 행태는 어떻게 평가하고 처리해야 하는가?'와 같은 시사적인 주제는 '국민의 여론과 사법적 판단 사이의 연관성을 어떻게 평가할 수 있는가?' 와 같이 사회정의와 관련해서 좀 더 근원적인 질문과 만나게 된다. 또한 '임신중절과 존엄사를 허용할 것인가?' 같은 생명의료영역의 현실적인 주제들은 '인간은 누구이며, 육체(물질)와 영혼(비물질)은 서로 어떤 관계인가?'과 직면하게 된다. 오늘날에도 서구 교육시스템 안에서 높은 평가를 받고 있는 '소크라테스식 교육방법(문답법)'의 핵심특징은, 대화에 참여한 학생이 다양한 질문과 대답을 통해 자기가 지금까지 확신했던 인식내용이 사실은 오류에 기초한 것일 수도 있다는 것을 깨닫게 만드는 것이다. 마찬가지로 학생들은 인문고전에 기반을 둔 (토론식) 수업을 통해 주제와 연관된 자기한계를 명확히 깨닫게 되고 향후 진정한 사색의 길로 향할 것이며, 이러한 과정은 바람직한 리더십의 함양을 추구하는 미래사회 리더들의 윤리와 가치의식 향상에 보탬이 될 것이다.

리더가 리더로서의 전문성을 자기화할 수 있기 위해서는 인간적 합리성과 윤리적 책임의식의 배양, 솔선수범하는 자세와 창의적 비전제시 능력의 고취가 가능해야 하며, 지속적인 인문고전 텍스트 읽기 및 독서토론은 이를 위해 의미 있는 역할을 할 수 있을 것으로 보인다. 인문고전은 집필 당시에는 전통적인 사고와는 무관한 생각들로 채워져 있고 따라서 새로운 사유가 가능토록 만든 작품이며, 나아가 시간과 공간을 넘어 독자가 자신의 문제와 관련해서 새로운 영감을 받는 책이다. 인문고전의 독서과정을 통해 독자가 지금까지와는 전혀 다른 방식의 자기인식과 세계이해로 나아가게 된다면, 고전이해는 각자가 현실 문제를 해결하는 과정에서 중요한 지침을 제공한다고 말할 수 있다. 또한 고전 속에 묘사된 개인이나 사회의 근본문제에 대한 고민은 자아와 사회의 유지를 위해 필요한 근본원칙들에 대한 독자의 입장과 관점을 정하고 그것을 정당화할 수 있는 능력의 향상으로 이어질 것이다.[8)] 특히 진정한 리더십이란 단순히 조직 내부에서 정한 특정 목표를 달성하기 위해 구성원들에게 영향을 미치는 과정만을 의미하는 것이 아니라, 구성원들이 자신이 속한 조직의 비전을 스스로 발견하도록 이끄는 능력을 함축한다면, 고전독서를 통한 새로운 비전의 발견은 리더의 가장 중요한 가치 활동에 지속적으로 촉매 역할을 할 것이다. 이하에서는 '인문고전에 기초한 리더와 리더십 교육'이 기존의 리더십강좌나 리더십 관련 교양서적들과 비교해 볼 때 교육내용의 양과 질 그리고 교육의 지향성(목표) 차원에서 어떤 근본적인 차이를 내포하고 있는지 한 가지 사례를 통해 간략하게 제시하고자 한다.

3.2 인문고전에 기초한 리더십 교육의 예

기존의 리더십 강좌나 교양서들과 차별화되는 '인문고전에 기초한 리더와 리더십 교육'의 핵심 특징을 간단히 소개하면, ①(경영학 차원의 리더십 담론에서 탈피하여) 리더십은 인간 (사이)의 문제라는 관점에서 인간에 대한 이해를 근원적 차원에서 도모하되, ②방법론적 차원에서 인문학과 사회과학의 제 영역에서 수행된 기존의 인간과 사회 관련 연구 성과들을 적절히 활용하며, 나아가 ③바람직한 사회를 구성하고 유지하기 위해서는 리더와 리더십만큼 중요하지만 그 가치가 제대로 평가되지 못하였던 팔로워와 팔로워십의 의미와 역할을 교육내용에 적절히 반영함으로써, ④우리 모두가 리더와 팔로워의 역할을 동시에 수행해야 하는 새로운 세상에 적응하기 위한, 21세기형 시민정신(citizenship) 교육의 방향을 제시한다는 점이다.

'인문고전에 기초한 리더와 리더십 교육'에서는 위에서 언급한 다양한 유형의 리더십 담론과 밀접히 연관된 인문고전 텍스트의 주요 내용을 소개하되, 기존의 리더십 관련 대학 강의에서 흔히 목도하게 되는 피상적이며 천편일률적인 이론 소개와는 차별화된 방식으로 수업을 진행하여야 한다.[9] 나아가 21세기 미래형 리더십 교육과 관련해서 잊지 말아야 할 점은, 현재와 미래사회에서 실제로 필요하고 요청되는 리더십의 모습은, 개인 각자가 단순히 기존의 리더십 유형들 중에서 어느 한 가지를 집중적으로 훈련하고 충족시켜 지도력을 단선적으로 발휘하는 것이 아니라, 오히려 (카리스마 리더십, 임파워먼트 리더십, 서번트 리더십, 셀프 리더십, 변혁적 리더십 같은) 전형적인 리더십 유형들을 자아의 내면에 융합적으로 체화하여 다양한 사안과 변화하는 상황에 적합하게 발휘함으로써, 이른바 '시중지도(時中之道)'의 경지에 도달한 전인적 지도자의 양성노력과 연결되어야 한다는 점이다. 이하에서는 이러한 수준에서 대학

교육에서 활용될 수 있는 인문고전 텍스트의 예를 플라톤의 『국가(Politeia)』와 오긍(吳兢, 670-749)의 『정관정요(貞觀政要)』를 통해 제시하고 한다.

플라톤의 대표작 『국가』는 서구지성사에서 손꼽히는 고전 중의 고전이며, 21세기에도 이 작품의 인문학적 · 교육적 가치는 지속적으로 검증되고 있다.[10] 나아가 이 작품의 독서와 연구는 리더십 교육의 관점에서도 현대의 다양한 리더십 유형을 인간의 내면에 융합적으로 체화하여 상황에 맞게 발휘할 수 있는 전인적 지도자의 양성에 기여할 것으로 판단된다. 이 작품은 전개과정에서는 인간이 추구해야 할 훌륭하고 가치 있는 삶에 관한 고찰이 포괄적으로 전개되고 있으며, 나아가 탁월한 리더의 모습에 관한 전체적인 조망을 제시하기 때문이다.

리더십 교육의 관점에서 이 작품에서 소개되는 몇 가지 내용을 살펴보면, 먼저 '셀프 리더십'과의 연관성을 지적할 수 있다. 셀프 리더십이란 일반적으로, '행위의 주체가 내적인 동기와 함께 명확한 목적의식을 가짐으로써 목표달성을 위해 스스로 지시하고 보상과 처벌도 스스로 행할 수 있는 능력'으로 묘사할 수 있는데, 이 능력의 개발은 '자기인식'과 '세계관 형성'을 목표로 하는 철학 및 인문학교육의 핵심과 사실상 맞물려 있다. 이와 관련해서 플라톤은 『국가』편 제4권에서 이른바 '영혼 삼분설'로 알려진, 영혼의 유형들(이성 · 기개 · 욕망) 상호간의 대립과 조화에 관한 논의를 전개하였다.[11] 인식의 관점에서 가장 부정적인 상태는 인식대상에 대한 단순 무지를 넘어서, 자신이 확실한 대상인식에 도달했다고 착각하는 경우, 즉 자신의 인식상태에 대해 제대로 파악하지 못하고 있는 상황이다. 따라서 자신의 능력에 대한 그릇되고 부정확한 판단은, 개개인이 성숙한 인간으로 거듭나기 위해 극복해야 할 가장 큰 과제에 해당된다. 이에 '영혼 삼분설'은 우리가 영혼 내부의 개별적 성향을 정확히 이해하고 활용할 수 있어야만 사회에서도 자신에게 주어진 역할을 완수할 수 있으며, 이것이 이 작품의 궁극적 지향점인 이상국가로 향한 첩경임을 밝히고 있다. 그런데 자신에 대한 올바른 이해는, 자신의 내면을 세심히 관찰하고 이를 바탕으로 비이성적인 방향으로 향하고자 하는 내면 속의 또 다른 성향들을 조절하고 극복하는 것이다. 이 점은 '영혼 삼분설' 논의 중에 제시된 이른바 4주덕(四主德 : 정의 · 지혜 · 절제 · 조화) 중에서도 특히 '절제'와 '정의'의 기능에 관한 플라톤의 묘사를 통해서 잘 드러나고 있다. 영혼 부분들 상호간의 조화와 협력상태로 묘사되는 '절제'는 영혼 내부에서 적절한 질서를 생성하여 욕구에 대한 이성의 통제력을 확보한다. 영혼 안에 내면의 질서가 반드시 요청되는 까닭은 영혼 내부에 상이한 성향들이 공존하며, 이들은 동일한 순간에 다른 목표를 추구할 수 있기 때문이다. 플라톤은 절제하는 태도를 간직하고 늘 이성적으로 행동하고자 노력하는 사람을 "자기 자신보다 강한 자"로 규정하였다. 이런 사람은 지속적인 자기반성과 영혼의 자기이해를 통해 자아의 인격을 제대로 통제할 수 있기 때문이다. 절제의 특성이 영혼의 비이성적인 부분에 대한 설득과 조절 그리고 이를 통한 질서의 산출에 있다면, 이것은 개인의 영역에서 뿐만 아니라,[12] 사회적인 영역에도 적용될 수 있다.[13] 자기인식을 통해 욕망의 극복에 성공한 사람은 타인과의 관계 역시 성공적으로 유지할 수 있기 때문이다.[14] 이처럼 사람은 누구나 자신의 특성과 한계를 최대한 명확히 인식할 경우에만 진정으로 자아와 자신의 일에 온전히 몰두 할 수 있는데, 개인의 특성과 한계에 대한 이러한 이해는 오직 자기인식과 반성을 통해서만 가능하다. 자신에 대한 올바른 이해를 추구하는 '영혼 삼분설' 논의는 현대 리더십 교육의 관점에서 볼 때, 자아의 가치 발견과 인생의 궁극적인 목표 설정, 그리고 자기 확신을 토대로 한 긍정적인 영향력 행사를 지향하는 셀프리더십과 유기적으로 결합될 수 있을 것으로 보인다. 또한 이 논의는 의식의 방향이 외부로 향하는 여타의 리더십 유형들은 사실상, 자기인식과 자아 확신에 근거한 셀프리더십을 제대로 갖춘 사람만이 확보할 수 있는 능력임을 시사한다.

다른 한 편, '서번트 리더십'은 20세기 중반기 이후 현대 리더십 담론에서 특별히 주목받으며 새로운 시대의 리더가 반드시 갖추어야 할 가치이자 덕목으로 평가되고 있다. 『국가』편의 논의는 이상적인 국가를 수호하고 발전시켜야 할 지도자(이른바 수호자와 철인 통치자)의 자세가 어떠해야 하는가, 즉 나라를 위해 어떤 마음가짐으로 공무에 임해야 하는가를 흥미롭게 담아내고 있다. 플라톤의 묘사에 따르면 외부의 적으로부터 나라를 지키는 군인, 즉 "수호자들(phylakes)의 일(ergon)은 세상사에서 가장 중요한 것이기에, (...) 그 자체로 최대의 기술과 관심을 요하는 것"(374e)이다. 이에 전쟁에서 국가를 보존하고 자국민을 보호하는 역할을 맡은 수호자는, 한편으로 "온순하면서도 동시에 대담한 기질"(375c)을 지니고 있어야 하며, 나아가 "격정적인 것에 더하여 기질 상으로 지혜를 사랑"(375e) 할 수 있어야 한다. 비유하자면 "혈통 좋은 강아지의 성향(physis)"(375a)을 타고나서, 필요한 경우에는 나라와 국민 그리고 동료 수호자들을 "격정적(thymoeides)"으로 싸우고 자신을 희생하면서도, 평상시에는 "천성으로 지혜를 사랑하고 배움을 좋아하는"(376c) 성향을 더욱 발전시킬 수 있도록 영혼을 갈고 닦는 사람만이 수호자의 역할에 부합한다는 것이다.(cf. 410c ff.)

플라톤의 수호자 묘사는 현대사회에서도 매우 중시되는 국방관련 리더육성 담론에 시사하는 바가 적지 않다. 동서고금을 막론하고 무력을 통해 국가방위에 임하는 계층은 대개 그와 직접 연관된 능력들, 예컨대 체력, 전문적 군사지식, 민첩한 태도와 인내력, 충성심 등을 갖추면 충분한 것으로 간주하는 경향이 있다. 그러나 플라톤은 이러한 일면적인 사고방식을 단호히 거부하고, 오히려 진정한 수호자를 양성하기 위해서는 군사지식이나 체력을 연마하기 전에 먼저 훌륭한 인성을 기르는 교육이 선행되어야 함을 강조하였던 것이다. "훌륭하고 훌륭한(kalos kàgathos) 수호자"(376c)의 선발과 교육은 국가 유지를 위한 기본 토대로 간주되었는바, 수호자 후보군은 어린 시절부터 청년기까지 "시가(mousikē)"와 "체육(gymnasium)"을 통해 심신을 수련해야 하며, 이후에는 이상국가의 교육프로그램에 맞추어 다양한 인문교육과 수련의 기회가 주어진다. 플라톤이 이처럼 수호자들의 인성과 지적인 능력을 특별히 강조했던 이유는, 수호자들은 육체적인 능력을 극대화하기 이전에 우선 시시비비를 가리는 판단능력을 익히고 이를 통해 선공후사의 자세를 확립함으로써, 어떤 경우에도 자신의 육체적·정신적 능력을 사적인 이익을 위해 남용하거나, 자신들을 믿고 의지하는 국민을 배반하고 권력을 탈취하는 도구로 악용해서는 아니 된다는 점을 명확히 인식하여, 오직 본연의 임무인 국가방위에만 몰두할 수 있도록 하기 위함이었다. 동일한 맥락에서 플라톤은 용기를 "두려워할 것들과 두려워하지 않을 것들에 관한 '바르고 준법적인 소신(판단)'의 지속적인 보전과 그런 능력"(430b)으로 규정하였는데, 여기서 '두려워 할 것들'은 수호자 자신을 응시하는 국민의 눈을, '두려워하지 않을 것들'은 전투에서 적과 위험 그리고 육체적인 고통을 지칭함은 불문가지일 것이다.[15]

나아가 대중적으로 잘 알려진 '동굴의 비유'를 중심으로 전개되는 '철인왕' 담론 역시 정치지도자의 서번트 리더십 함양과 밀접하게 연관되어 있다. 철인통치자가 도달해야 할 최고의 인식대상인 '좋음의 이데아'를 묘사한 이른바 세 가지 비유 중에서 마지막에 해당되는 동굴의 비유에는, 인간이 자신의 현실조건에서 벗어나 각고의 노력 끝에 진리에 도달하는 과정이 묘사되며, 특히 이 과정에서 진정한 리더(철인왕)는 자신을 따르는 사람들의 정신적 계몽과 자유로운 삶을 보장하기 위해 얼마나 노력해야 하고 또한 어떤 희생도 감수해야 하는지 암시되고 있다.[16] 동굴 밖에서 진정한 세상이 어떠한지를 파악한 미래의 철인 리더는 곧이어 동굴 안으로의 귀환을 구상한다. 그는 동굴 밖 광명천지에서 홀로 편안히 지내는 것은 어둠의 동굴 속에서 착각에 빠진 동료들을 외면하는 이기적인 처사임을 자각하고 있으며, 따라서 진실에 눈뜨지 못한 이들에게 동굴 밖에 이르는 바른 길을 제시하려는 의욕에 불타고 있는 것이다. 이처럼 철학적 소양을 갖춘 리더는 지성의 세계에서 학문적 관조의 편안한 삶에 안주하려하지 않는데, 동굴 밖으로의 여행에 비유되는 장기간의 교육과 수련을 성공적으로 마친 후에 현실로의 회귀와 봉사의 삶을 선택하는 것 자체가 그에게는 진리 탐구의 출발점이자 궁극 목표였기 때문이다. 따라서 철인 리더가 국정운영을 비롯한 사회참여를 통해 세상을 올바른 방향으로 이끄는 것은 단순히 타인에 대한 동정심이나 외부의 강제에 기인하는 것이 아니라, 장기간의 노력과 숱한 시행착오 끝에 도달한 자기 확신을 바탕으로 본연의 임무가 무엇인지 자각했기 때문이다. 다시 말해서, 최고의 인식에 도달했을 뿐만 아니라 동시에 뛰어난 현실감각을 갖춘 철인 리더가 통치행위와 봉사를 통해서 국민 각자가 스스로 자신의 본성과 임무를 파악하고 이를 실현할 수 있도록 도우며 경우에 따라서는 죽음의 위험도 피하지 않는 것은, 일시적이며 즉흥적인 동정심에 기인하는 것이 아니라, 아주 오랜 세월을 통해 진행된 통치자 양성과정을 거치면서 철인 리더 스스로 국민의 봉사자라는 자신의 존재이유를 깨달은 결과인 것이다.

그렇다면 플라톤의 『국가』편에 등장하는 철인 통치자의 모습, 즉 修己(self-leadership)와 治人(servant leadership)의 올바른 자세를 갖추었을 뿐만 아니라, 정당한 권위(charisma leadership)을 바탕으로 국민(follower) 각자가 자신의 능력을 최대한 발휘하도록 이끄는 능력(empowering leadership)을 보여준 인물은 인류의 역사에서 과연 얼마나 존재했을까? 동서고금의 리더나 통치자 중에는 훌륭한 인품과 뛰어난 능력 그리고 현실적 업적을 쌓은 위인들이 여럿 존재하지만, 이처럼 문무겸전(文武兼全) 내지 내성외왕(內聖外王)의 경지에 도달한 통치자의 모습을 고전텍스트를 통해서 확인할 수 있는 예는 많지 않다. 예외적인 경우를 찾는다면, 아마도 당태종 이세민(唐太宗 李世民, 599-649)의 통치행적을 상세히 서술한 『정관정요(貞觀政要)』를 예로 들 수 있을 것이다.

역사 속에서 잘 알려져 있듯이, 이세민은 당고조 이연(唐 高祖 李淵, 566-635)의 차남으로 쇠망해 가는 수나라를 무너뜨리고 새로운 왕조(唐)를 설립하는데 결정적인 역할을 한 개국공신이지만, 다른 한편 현무문(玄武門)의 변(626년 6월)을 통해 친형제를 살해하고 무고한 친인척을 도륙한, 이른바 동기상잔(同氣相殘)의 주범이라는 오명을 남긴 인물이기도 하다. 그렇지만 이세민은 비록 패도(霸道)로 권력을 쟁취했더라도 통치는 왕도(王道)에 따라야 한다는 유가(儒家)의 통치론적 당위성을 자각하고 여생 동안 올바른 리더가 되기 위해 노력한 인물이다. 무장(武將) 출신인 이세민은 젊은 시절 전장을 누비느라 학식과 지혜를 닦을 기회가 부족했음을 절감하고, 권좌에 오르기 전부터 수불석권(手不釋卷)의 자세로 학문연마를 위해 노력하였으며, 주변에 문사(文士)집단을 가까이 두며 국가의 학문증진에도 크게 힘썼다.[17] 나아가 통치자나 관리의 자의적인 판단으로 백성이 곤란에 빠지는 경우가 적지 않음을 통찰하고, 애민(愛民)의 마음으로 통치제도를 체계적으로 정비하는데 집중함으로써 당나라가 중국 역사 속에서 이른바 '율령(律令)의 나라'의 효시로 평가받는 기틀을 마련하였다.[18] 또한 이세민 자신은 유학을 높이 숭상하였으나 동시에 종교적 관용과 문화적 융합을 위해 노력함으로써, 당시로는 파격적으로 체제 안에 유 · 불 · 도 삼교가 정립(鼎立) 공존하는 토대가 마련되었으며, 이것은 이후 당나라가 중국 역사상 최초의 세계제국으로 발돋움하는 중요한 문화적 자양분이 되었다.[19] 나아가 이세민은 위징(魏徵 580-643)을 비롯한 신하들의 극간(極諫)과 직언(直言)을 기쁜 마음으로 적극 수용함으로써 자기성찰과 통치의 내적 기반을 마련하였으며, 결국 중국 역사상 최고의 태평성세로 손꼽히는 이른바 '정관지치(貞觀之治)'를 구현한 것으로 역사에 기록되었다.

이와 같은 이세민의 수많은 업적 중에서도 이 글의 논의와 연관해서 특히 주목할 점은, 그가 황제라는 최고의 리더 자리에 오른 후에도 쉽게 교만에 빠지지 않았고, 오히려 자신의 부족함을 항시 기억하는 자세로 고언(苦言)을 마다않는 신하들을 사우(師友)로 대우하였으며, 군신이 함께 힘과 지혜를 모아 치국평천하에 임하는 자세(天下爲公)를 생의 마지막 순간까지 실천하고자 노력함으로써[20] 이후 동아시아 군주들 사이에서 사실상 최고의 통치 모범이 되었다는 사실이다.[21] 또한 그의 통치행보는 지위고하를 막론하고 한 인간에게 궁극적으로 남는 것, 다시 말해서 역사적인 인물에 대한 최종적인 평가는 결국 인격과 품성에 대한 평가라는 사실을 다시 한 번 되새기게 만든다. 이세민의 修己와 治人 그리고 권위와 능력의 리더십이 사실적으로 묘사된 『정관정요』[22]를 통해, 우리는 앞에서 언급한 플라톤의 이상적 철인 리더에 상당히 근접한 역사인물이 주어진 현실 속에서 어떻게 생각하고 말하고 행동했는지 그리고 그 한계는 무엇이었는지 확인할 수 있는 것이다. 이처럼 철학서(『국가』)와 역사서(『정관정요』)의 비교와 분석은, 다양한 리더십 유형을 자아의 내면에 동시에 체화하여 급변하는 상황에 대응할 수 있는 전인적 지도자를 양성해야 한다는 21세기 4차 산업혁명시대의 요구에 부응하는 교육, 다시 말해서 인문고전을 통한 통합적 리더십 교육에 일조할 것이다.

4. 나오는 말

21세기는 흔히 '지식정보기반사회'(knowledge-information based society)로 일컬어지고 있으며, 최근에는 이른바 '4차 산업혁명'(4th industrial revolution) 시대라는 표현이 유행하고 있다. 21세기의 현재와 미래사회를 어떤 식으로 표현하든 간에 우리에게 필요한 것은, 현대인은 더 이상 고정적이고 불변하거나 보편적이며 절대적인 지식기반 위에서 효과적으로 사유할 수도 행동할 수도 없다는 점을 명확히 인식하여, 끊임없는 변화의 흐름에 대처하는 효과적인 방안을 지혜롭게 터득하고 실천해야 한다는 자각일 것이다. 우리 현대인은 언뜻 원하는 것 대부분이 이미 주어져 있어서 쉽게 손에 넣고 만족할 것 같은 물질과 정보의 바다에서 살아가면서도 역설적으로 미래를 예측하는 일은 이전보다 훨씬 더 어려워졌고, 사고와 행위의 방향을 찾기도 쉽지 않은 혼돈의 상태에 빠진 것이다. 유사한 맥락에서, 근과거(近過去)인 20세기 중후반까지만 해도 어떤 영역을 막론하고 이른바 '지식경영'(knowledge management)이 이루어져야 한다는 주장이 대세였다. 그러나 21세기에 접어들고 20년 가까이 지난 현재, 지식이나 정보는 더 이상 자체로서 효과적인 힘이 될 수 없음이 점점 더 분명해지고 있다. 이에 이제 우리에게 필요한 것은 지식경영이 아니라 '지혜경영'(wisdom management)이라는 주장이 대두되기도 한다.[23] 그런데 지혜경영 담론에서 말하고자 하는 바는 결국, 인문학적 사고력 증진을 통한 가치판단 능력과 현실 선도 능력의 지속적 함양과 실천에 다름 아니다.

지혜경영 시대에 부응할 수 있는 리더십 교육의 모습은 어떠해야 하는가? 또한 인문학적 사유와 인문학 교육은 21세기의 리더십 개발과 어떤 연관성을 지닐 수 있는가? 지금까지 논의한 바와 같이 현대의 리더십의 교육은 기존의 단편적인 리더십 이론이 추구해왔던 고정된 목표들을 뛰어넘어 새로운 변화의 시대를 선도할 수 있는 전인적 인재의 육성에 초점을 맞추어야 할 것이며, 이에 역설적으로 우리는 인문학적 사유의 기본태도와 방법에 다시 주목하지 않을 수 없게 되는 것이다. 여타 학문 분야와 달리 인문학은 결코 새로운 지식과 정보의 축적을 추구하지 않으며, 변화하는 상황에 항상 새롭게 대처할 수 있는 판단력의 함양을 궁극적으로 지향하고 있기 때문이다.

주 석

Ⅰ. 고대 그리스 영웅들의 고난과 자기 인식 그리고 리더스피릿

1) 고대 그리스인에게 신화와 문학작품이 갖는 의미와 역할에 관한 이하의 논의는 다음의 글에 나온 내용 일부를 발췌하고 요약한 것이다. 서영식(2009); 서영식(2013)

2) 그리스 신화가 문자적으로 표현된 것은 기원전 8세기 전후이지만, 그 기원은 기원전 14세기까지 거슬러 올라간다.

3) 이와 관련해서 한 가지 지적할 점은, 신화는 그리스인들의 삶 속에 깊숙이 반영되어 있기에, 그리스인들은 신화에 내포된 의미를 생활 속에서 확보함으로써 이를 바탕으로 자아의 정체성을 확립하고자 노력하였고, 따라서 신화 내용의 사실적인 진위에는 큰 관심을 기울일 필요가 없었다.

4) 고대 그리스 사회에서 신화가 갖는 의미를 실증적인 차원에서 고찰한 글로는 다음을 참고. R. Parker(1987), pp.191-204.

5) 신화적 사유로부터 해방되어 지적 태도의 변화를 보여주는 일련의 현상들을 통해서, 이오니아 지방을 중심으로 전개된 최초의 철학은 그리스 역사 속에 기적이라 불릴 수 있는 "근본적인 불연속성"을 끌어들인 것으로 볼 수 있다는 것이다. cf. J. Burnet(1930), p.24.

6) 상게서, p.10.

7) 이러한 관점에서 네슬레는, 우리 인간은 매우 오랫동안 신화적으로 사고해 왔으며, 여기에 이성의 빛이 비추어짐으로써 참된 세계에 진입하게 되었다고 주장하였다. cf. W. Nestle(1966), p.17 ff.; 신화적 사유와 철학적 사고를 단절의 관점으로 보는 해석자들에 대한 소개와 논의로는 다음을 참고. 손병석(2002), pp.174-176.

8) 이와 같은 연구의 예로는 다음을 들 수 있다. 프란시스 콘퍼드(1995); 쿠르트 휘브너(1991); 에릭 도즈(2002); 장 피에르 베르낭(1993); 장 피에르 베르낭(2005); 브루노 스넬(1994).

9) cf. 이정호 · 김인곤(2002), p.75.

10) 호메로스 서사시에 등장하는 신과 인간의 특징 및 상호 간의 관계에 대해서는 다음을 참고. 이태수(1993), pp.117-145; pp.147-177.

11) "튀데우스의 기상이 늠름한 아들이여! 그대는 왜 내 가문을 묻는 것이오? 인간들의 가문이란 나뭇잎의 그것과도 같은 것이오. 잎들도 어떤 것은 바람에 날려 땅 위에 흩어지나 봄이 와서 숲 속에 새싹이 돋아나면 또 다른 잎들이 자라나듯, 인간들의 가문도 그와 같아서 어떤 것은 자라나고 어떤 것은 시드는 법이오." 『일리아스』, 6권 145-149쪽. 번역은 천병희(2015)

12) 그리스 비극의 성격 및 기능에 관한 논의로는 다음 문헌들을 참고. 김진경(1991); 이광모(2007), pp.122-147; 임철규(2007); 최혜영(2006), pp.105-124.

13) 이러한 관점에서 비극 속의 모든 행위는 궁극적으로, "인간이란 어떤 존재인가?"라는 삶의 근본문제에 대한 작가 나름의 대답으로 이해할 수 있을 것이다.

14) 고대 그리스 사회에서 적극적인 의사소통을 사용해서 공존의 토대를 마련하는 과정에 관한 연구로는 다음을 참고. 코린 쿨레(1999)

15) 이에 반해 동시대의 철학자 플라톤은 비극상연과 이에 대한 관중의 태도 및 영향에 대해 비판적인 입장을 취했다. 그에 따르면 비극을 포함한 당대의 문학작품은 대부분 독자나 관객의 감정에 호소함으로써 비합리적인 태도로 일관하는 동시에 이성적 판단능력을 현저히 저하시키며, 따라서 폴리스를 자신이 구상한 "최선자정체(aristokratia)"가 아니라 기껏해야 "관람객들의 지배(theatrokratia)" 수준으로 타락시키기 때문이다. 플라톤, 『법률』편 700a ff. 참고. 또한 플라톤이 행한 당대의 예술 전반에 대한 논의와 평가로는 『국가』편 10권 참고.

16) 오디세이아는 '오디세우스의 이야기'라는 뜻이다.

17) 이하에서 소개되는, 오디세우스의 다양한 모험에 내포된 인간학적 함의는 다

음의 국내외 선행연구를 참조하고 반영한 것이다. 강대진(2012); 강대진(2020); 김요한(2015); 김요한(2017); 이태수(1993); 이태수(1993); 이태수(2001); 이태수(2009); 이태수(2013); 장영란(2018); 정준영(2008); G. 나지(2015); E. 도즈(2002); S. 버트만(2011)

18) '칼립소'는 그리스어로 '감추다'를 의미한다.

19) 또한 신의 세계는 영원불멸할 뿐만 아니라 모든 것이 완벽하고 풍요로운 낙원이기 때문에, 인간 세상에서는 공존을 위해 반드시 필요한 덕목들, 예컨대 적당한 노동과 수확에 대한 감사, 절제와 배려, 분배와 정의 관념도 불필요하고 무가치한 곳이다.

20) 이와 관련해서는 다음을 참고하였다. 강대진(2020)

21) 『오디세이아』 이후 영웅적 주인공의 하계여행은 대부분의 서사시에서 중요한 요소로 등장한다. 단테의 『신곡』은 하계여행 자체가 작품의 주제이다.

22) 이와 관련된 논의로는 다음을 참고하였다. 이태수(1993); 이태수(2013)

23) 호메로스(2004), 1권, 첫 번째 대사.

24) 동양에서도 유사한 관념이 표출된 예를 찾아볼 수 있다. "하늘이 장차 큰 임무를 이 사람에게 내리려 하면, 반드시 먼저 그의 마음과 뜻을 괴롭히고, 그 힘줄과 뼈를 수고롭게 하고, 그 몸을 굶주리게 하고, 가진 것을 빼앗고, 하는 일마다 어그러뜨린다. 이는 그의 마음을 두들겨 참을성을 길러주어 지금까지 할 수 없었던 일을 하게 하려 함이다." 『孟子』, 告子章下.

25) 고대 그리스인들에게 있어 축제의 의미와 역할에 관한 이하의 서술은 다음의 저술에 나오는 상세한 설명을 참조하고 정리한 것이다. 장영란(2018), pp.19-62.

II. 플라톤의 철인왕과 평화의 리더십

1) 철인왕은 어떤 존재이며 그 역할은 무엇인가에 대한 연구는 이 개념의 대중적 인지도에 걸맞게 국내외를 막론하고 상당히 진척되어 있다. 근래에 철인왕의

개념과 특성 그리고 역할을 직접적인 논의주제로 삼았으며, 본고를 작성하는 과정에서 참고하고 도움을 받은 국내외의 연구는 대략 다음과 같다. 박규철(2021); 박규철(2019); 김윤동(2011); 김영균(2010); 박성우(2004); 주광순(1998); C.D.C. Reeve(1988). 그밖에도 대부분의 『국가』편 해설서나 주석서에서는 철인왕 담론을 비중 있게 다루고 있다. cf. S. 블랙번(2014); S. 세이어즈(2008); 김영균(2008).

2) "A leader is one who knows the way, goess the way, and shows the way." 맥스웰이 강조한 리더의 특성에 관한 포괄적인 논의는 다음을 참고. J. 맥스웰(2012).

3) 이하에서 등장인물 소크라테스의 발언은 저자 플라톤의 생각이 직접 반영된 것으로 간주하며, 양자를 사실상 동일인물로 간주하여 논의를 전개할 것이다. 그리고 이 글에서 『국가』의 인용은 원칙적으로 다음의 번역을 따르며, 필요할 경우 부분적으로 수정하였다. 플라톤(2004).

4) 『국가』 473d. 플라톤은 다른 곳에서도 철학자가 통치를 맡아야 하는 당위성을 반복해서 언급하였다. cf. 『국가』 499b; 『편지들』(일곱째 편지) 326a.

5) 주지하듯이 철학자의 정치참여에 관한 플라톤의 주장은 서구 정치사상사의 전개과정에서 큰 논란거리 중 하나였다. 독창적인 사상가 중에서는 대표적으로 칸트와 포퍼가 비판한 바 있다. "국왕이 철학자와 같이 사색하고 철학자가 국왕이 된다는 것은 기대할 수도 없고, 또한 바람직한 일도 아니다. 왜냐하면 권력의 소유는 불가피하게 자유로운 이성의 판단을 방해하기 때문이다. 그러나 국왕이나 국왕 같은 사람들은 (평등의 원칙에 따라 자신들을 다스리고 있는) 철학자 집단을 소멸시키거나 침묵시키려 하지 말고 그들로 하여금 공개적으로 발언할 수 있도록 해야 한다. 이러한 조치는 통치를 올바르게 하는데 필수적인 일이다. 그리고 철학자 집단은 본질적으로 선동이나 집단적 결사의 능력이 없기 때문에, 그들이 논란한다고 해서 선전자들로서의 혐의를 받을 필요는 없는 것이다." I. 칸트(2008), p.59. 또한 다음을 참고. K. 포퍼(2006).

6) 플라톤은 신과 달리 어떤 인간도 완벽한 "지혜(sophia)"에 도달할 수는 없다는 점을 표명하였지만, 동시에 철학자들은 끊임없이 "지혜"를 추구하며 적어

도 인간들 중에서는 그것에 가장 근접한 존재자임도 지적한 바 있다. cf.『파이드로스』 278d f. 그런데 주지하듯이 고대 그리스인들에게 지혜란 단지 탁월한 지적 능력이나 방대한 지식의 소유를 의미하는 것이 아니다. 이 단어에는 최소한 세 가지의 의미상 함축이 내포되어 있다고 말할 수 있으며, 그것은 ①탐구대상에 대한 전문적인 수준의 인식능력, ②이를 현실에 적용할 수 있는 실천능력, ③앎이 행위로 전환되는 과정에서의 윤리적인 판단능력 등을 포함하는 것이다. 따라서 철학자들은 항상 지혜를 추구하며 또한 적어도 인간사회에서는 그것에 가장 근접한 그룹이라는 플라톤의 관점에서 볼 때, 이들에게 통치의 임무가 주어지는 것은 어떤 의미에서 당위적이라고 말할 수 있다. 또한 이 점은 플라톤이 『국가』에서 궁극적인 인식대상으로 제시한 "좋음의 이데아"에 관한 논의와도 연관해서 생각해 볼 수 있을 것이다.

7) "모든 배움을 선뜻 맛보려 하고 배우는 일에 반기며 접근하고 또한 만족해 할 줄 모르는 사람, 이 사람을 우리가 지혜를 사랑하는 사람이라 말하는 게 옳지 않겠는가?" 『국가』 475c.

8) 인식(gnōmē)과 의견(doxa) 사이의 차이를 말한다. 이에 관한 논의는 기존의 연구에서 상세히 밝히고 있기에 여기서는 재론하지 않는다. cf. 김영균(2010), p.343 ff.; 주광순(1998), p.645 ff.

9) 본래 철인통치자와 전사는 최초의 수련단계에서는 엄밀히 구분되지 않고 일괄적으로 '수호자'로 지칭되었으며, "시가(mousikē)"와 "체육(gymnasium)" 등 각종 교육프로그램을 통해 각자의 자질을 검증받는 과정 동안 사실상 동일한 내용의 수련을 쌓았다. 플라톤은 수호자 교육에 관한 기본적인 논의가 일단락된 후에 전사와 통치자를 명시적으로 구분하고 각각의 역할을 세부적으로 규정하였다. 즉 『국가』편 3-4권(414b, 428d etc.)에서 군인은 '보조자들(epikourioi)' 내지 '협력자들(boēthoi)'로, 통치자는 '참된 수호자들(alēthinoi phylakes)'이나 '완전한 수호자(teleoi phylakes)'로 지칭된다. 어쨌든 이를 통해 확인할 수 있는 점은 통치에 참여하는 철학자는 원칙적으로 수호자의 자질을 갖추고 있어야 한다는 사실이다. 철인 통치자는 자신만의 고유한 지적 능력 이외에도 국가수호를 위해 탁월한 전쟁 수행능력을 갖추고 있어야 한다

는 점이 이후의 논의에서도 강조되었다. cf. 『국가』 543a.

10) 플라톤은 철인통치자에게 요구되는 헌신적인 자세를 다음과 같이 서술하고 있다. "통치자들은, 즐거운 일들이나 괴로운 일들을 통한 시련을 겪고서도, 제 나라를 사랑하는 사람들로 판명되어야 하며, 이 신념을 힘든 일이나 두려운 일들 또는 다른 어떤 변화에 처해서도 내던지지 않는 사람들로 또한 판명되어야 한다고 했었네. 그럴 수 없는 사람은 배제되어야 하지만, 마치 불 속에서 시험을 거친 금과 같이, 어떤 경우에도 더럽혀지지 않고 빠져나오는 이를 통치자로 옹립해서, 살아서도 죽어서도 영예와 상을 주어야만 된다고 했었네. (...) 이젠 이를, 즉 가장 엄밀한 의미의 수호자들(phylakes)로는 철학자들(philosophoi)이 임명되어야만 한다는 걸 감연히 말한 것으로 하세나." 『국가』 503a f.

다른 한편, 궁극적으로 철학자는 플라톤이 존재와 인식 그리고 진리의 가능근거로 상정한 좋음의 이데아(idea tou agathou)의 이해에 도달해야 한다. 주지하듯이 좋음의 이데아는 철학자가 궁극적으로 도달해야할 인식대상이다. 이 개념의 특성에 관한 구체적인 논의로는 필자의 다른 글 참고. 서영식(2005), pp.135-154.

11) cf. 『국가』 431d ff.

12) 절제는 "나라에 있어서나 한 개인에 있어서나 성향상 한결 나은 쪽과 한결 못한 쪽 사이에 어느 쪽이 지배를 해야만 할 것인지에 대한 합의"(432b)로 규정되며, 절제력이 있는 사람은 "자기 자신을 이기는 자(ho heautou kreittōn)"로 그 반대의 경우는 "자기 자신에게 지는 자(ho heautou hēttōn)"(430e)로 묘사된다.

13) 이러한 논의는 『국가』 5권에 등장하는 이른바 세 차례의 파도 중 두 번째 파도(457c-466d)에서 집중적으로 이루어진다.

14) 플라톤은 철인왕의 통치자로서의 전문성 확보에 대해 특별히 강조하고 있으며, 따라서 『국가』편 후반부의 상당부분은 이를 위한 변증법 훈련을 비롯한 교육프로그램의 내용과 방법에 관한 포괄적인 논의로 채워진다. 플라톤의 교육이념 및 내용에 대한 소개로는 다음을 참고. W. Jaeger(1955), pp.1-104. 이

강서(2000), pp.75-91.

15) 플라톤이 민주주의를 어떻게 바라보았는가의 문제는 그동안 많은 논의가 있었고 오늘날에도 여전히 논쟁거리로 남아있는 것이 사실이다. 그렇지만 현재 다수의 고전연구자들은 그의 비판이 민주주의 제도 자체나 민중 자체를 향하고 있지 않다는 점, 그리고 그의 정치적 입장을 예컨대 K. 포퍼가 주장하듯이 독재적 전체주의의 원조로 단순히 평가 절하할 수도 없다는 점에 어느 정도 의견의 일치를 보고 있다. 이 글에서는 지면관계상 구체적인 논의는 생략한다. 이에 관한 근래의 논의로는 다음을 참고. 손병석(2015), pp.39-69; 문지영·강철웅(2011), pp.243-268; 이정호(1989), pp.127-145; B.M. Fissell (2011), pp.216-234; T. Samaras(2002).

16) 『국가』 488e ff.

17) 『국가』 342e ff.

18) Ibid.

19) 『국가』 345d f.

20) 이러한 철인왕의 모습은 동아시아의 사상적 전통 중에서, 예컨대 『장자(莊子)』 천하편(天下篇)에 등장하는 "內聖外王" 개념에 비견될 수 있을 것이다. 또한 『대학(大學)』의 "格物致知, 誠意正心, 修身齊家, 治國平天下"에서도 의미상의 유사점을 찾아볼 수 있다.

21) 『국가』 496d.

22) "그렇다고 해서, 그가 최대의 것을 성취한 것도 아닐세. 그가 자신에게 어울리는 정체(politeia)를 만나지 못한 터이니 말일세. 자신과 어울리는 정체에서는 자신도 성장하지만, 개인적인 것들과 함께 공동의 것들도 보전할 것이기 때문일세." 『국가』 497a.

23) "(...) 스스로 통치하려는 마음을 갖지 않을 경우에, 그에 대한 최대의 벌은 자기보다 못한 사람한테 통치를 당하는 것일세. 훌륭한 사람들이 정작 통치를 맡게 될 때는, 그런 벌을 두려워해서 맡는 것으로 내겐 보이네. 그리고 그때 그들이 통치에 임하게 되는 것도, 그들이 무슨 좋은 일에 임하기라도 하거나, 또는 그런 일로 안락하게 지내게라도 되는 것이어서가 아니라, 부득이한 일에

임하는 것이어서, 그리고 자신들보다 더 훌륭하거나 또는 자기들과 같은 수준의 사람들에게 그걸 떠맡길 수가 없게 되어서일 결세." 『국가』 437cd.

24) 철학자가 통치에 참여해야 하는 현실적인 이유에 대해 거의 동일한 해석입장을 제시한 다음의 글을 참고. 김영균(2010), p.355 ff.; 박성우(2004), p.178 ff.

25) 물론 플라톤이 말년의 대작 『법률』에서 『국가』와는 상당히 차이나며, 현실에서의 구현을 염두에 둔 일종의 혼합정치체제론을 전개하고 있음은 주지의 사실이다. 그렇지만 여기서는 지면상의 제약으로 인해 관련 논의는 전개하지 않는다.

26) 번스는 거래적 리더십과 변혁적 리더십에 대한 이론을 전개하면서 주로 현실정치인들을 분석과 예증의 대상으로 삼았다. 그는 다음의 저술들에서 자신의 입장을 포괄적인 설명하고 있다. J.M. 번스(2000), 3-4부(원저는 Leadership, 1978); J.M. 번스(2006), 5부(원저는 Transforming Leadership: The Pursuit of Happiness, 2003).

27) 번스는 이것을 "조건적 보상"(contingent reward)으로 표현하였다.

28) 아마도 거래적 리더와 리더십은 『국가』 8-9권(543a-576c)의 이른바 '나쁜 정체들의 네 유형과 이것을 닮은 사람들의 성향'에 등장하는 '명예정체'와 '과두정체' 및 이 정체를 닮은 사람들과 유사성을 띨 것으로 보인다.

29) 번스가 주로 정치지도자들을 관찰하고 분석한 내용을 바탕으로 변혁적 리더십 이론을 전개했다면, 바쓰는 변혁적 리더십을 기업경영과 조직운영에 적용하여 논의를 확대하고 구체화하였다. 주지하듯이 바쓰는 변혁적 리더의 구성요소로 다음의 네 가지를 제시하였다. ①이상적 상상력(idealized influence); ②영감적 동기부여(inspirational motivation); ③개별적 배려(individualized consideration); ④지적 자극(intellectual stimulation). cf. B.M. Bass(1985), ch.2-3.

30) 나이는 주로 역대 미국 대통령의 리더십을 분석하고 있다. 그는 정치상황과 사회질서의 실질적인 변화를 위해 거래적인 수단을 자주 사용한 인물로 32대 대통령 루즈벨트(Franklin Delano Roosevelt,n 1882-1945)를 들고 있다. J. 나이(2015), p. 24 ff.

31) 이러한 차원에서 우리는 옥타비아누스(Gaius Julius Caesar Octavianus, BC63- AD14)를 서양에서 가장 성공한 정치지도자 중 한 사람으로 평가할 수 있을 것이다. 옥타비아누스의 정치활동 및 공공리더십과 관련해서는 다음을 참고. 서영식(2019), pp.309-337.

Ⅲ. 플라톤의 『국가』와 손자의 『손자병법』에 나타난 군사적 리더십

1) 전쟁사 연구 자료들에 따르면 인류의 역사 속에 기록된 국가 간의 대규모 전쟁은 1만 5천 여회를 상회한다고 한다. 흔히 이전과 비교해서 평화의 시대로 일컬어지는 20세기 중반, 즉 2차 세계대전 이후에도 크고 작은 전쟁이 200여 차례 이상 발생한 것으로 보고되어 있다. 대표적인 예로는 스페인내전(1936-1939), 한국전쟁(1950-1953), 베트남전쟁(1955-1975), 나이지리아내전(1967-1970), 아프가니스탄전쟁(1978-1992), 소말리아내전(1991-현재), 걸프전(1990-1991), 유고내전(1991-2000), 이라크전쟁(2003-현재) 등을 들 수 있다.

2) 역사 전개과정에서 전쟁과 철학의 상관성 내지 전쟁이 사상사에 끼친 영향을 일정 부분 보여주는 예는 다음과 같다. 1) 춘추전국시대와 제자백가의 출현; 2) 펠로폰네소스 전쟁 전후의 철학사상 전개; 3) 십자군전쟁과 스콜라철학의 성립; 4) 프랑스 혁명과 독일 관념론의 전개; 5) 1 · 2차 대전 사이 실존철학 등장; 6) 걸프전과 포스트모더니즘에 대한 새로운 관심 etc.

3) 물론 전쟁의 승패가 오직 군사적 리더의 역량이나 태도에 의해서만 판가름 난다고 볼 수는 없다. 인간적인 측면들 이외에도 외적인 차원에서 피아간의 무기체계나 경제적 상황에 큰 영향을 받을 수 있으며, 나아가 국가통치그룹의 능력이나 동맹국과의 연대 등 정치상황과도 밀접하게 연관되어 있다. 이 글에서 이러한 전쟁승패 요인들을 모두 검토할 수는 없기에, 일차적으로 군사적 리더와 관련해서만 논의를 전개하고자 한다.

4) 플라톤의 수제자인 아리스토텔레스는 자신의 저서 『정치학』의 다양한 맥락 속에서 전쟁과 관련된 논의를 전개하고 있는데, 그의 입장은 한편으로 국토방

위에 관한 플라톤의 사유를 비판하기도 하지만 동시에 스승으로부터 적지 않은 영향을 받고 있음을 확인할 수 있다. 예컨대 아리스토텔레스는 플라톤과 마찬가지로 전쟁의 궁극목적은 평화에 있음을 강조하였는데, 이는 당시의 시대적 · 사상적 분위기와는 차별화되는 것이었다. 이와 관련해서는 다음을 참고. 서영식(2015). pp.237-259. 또한 일반적으로 서양을 대표하는 전쟁이론서로 평가받고 있는 클라우제비츠(Carl Philipp Gottlieb von Clausewitz, 1780-1831)의 『전쟁론』에는, 근대적 차원의 군사지휘관의 자질과 특성에 관한 논의가 〈1권 1편 3장〉의 '군사적 천재'(der kriegerische Genius)론에서 비교적 상세히 서술되어 있다. 그렇지만 이 저술에서도 플라톤이 『국가』편에서 중점적으로 언급한, '군사적 리더의 양성방법'에 관한 논의는 구체적으로 서술되지 않았다.

5) 그렇지만 플라톤과 손자가 제시한 '이상적인 군사지도자상'에 관한 논의를 직접적으로 비교하기는 어렵다고 볼 수 있다. 왜냐하면 플라톤의 논의는 주로 어린 시절부터 오랜 기간 교육과 훈련을 통해 뛰어난 자질을 갖춘 군사적 리더를 양성하는 교육방법에 집중된 반면에, 손자의 논의는 주로 이미 군인의 자격을 갖추고 지휘권을 인정받은 장수가 현실의 치열한 전투현장에서 어떻게 행동함으로써 승리에 도달할 수 있는가를 논하고 있기 때문이다. 따라서 논의의 포인트가 다른 두 사상가 사이의 공통점과 차이점을 도식적으로 설명하는 것은 큰 의미를 갖기 어려울 것 같다. 오히려 현대사회에서 바람직한 군사적 리더는, 플라톤이 제시한 것처럼 철저한 군사교육 시스템을 통해 리더의 지위에 오른 인물이 실제 전투현장에서는 손자가 제안한 지휘태도를 유지할 수 있도록 끊임없이 노력하는 모습 속에서 발견될 수 있을 것이다.

6) 플라톤의 전쟁사상을 포괄적으로 다룬 연구로는 다음을 참고. 서영식(2017), pp.183-221.

7) 플라톤은 기원전 428/7년에 출생하였으며, 기원전 348/7년에 사망한 것으로 알려져 있다. 정확한 출생 시기는 알 수 없으나, 로마황제시대에 아카데미에서는 아폴론 축일을 플라톤의 생일날로 정하여 기념하기도 하였다. 전설 속에서 플라톤의 진정한 아버지는 지성과 문화의 상징인 태양신 아폴론으로 일컬

어졌기 때문이다. 그는 부유한 귀족가문 출신으로, 생부 아리스톤(Ariston)은 플라톤이 어렸을 때 요절했으며, 이후 어머니 페릭티오네(Periktione)는 재가하였다. 플라톤은 특히 모계 쪽에 강한 소속감을 느꼈는데, 이 집안은 이후 과두정치그룹 편에서 중요한 역할을 수행한다. 그의 본명은 아리스토클레스(Aristokles)이고, 플라톤은 가슴이 넓고 건장한 체격으로 인해서 그의 선생이 붙여준 별명이다. 그는 청년시절에 비극을 비롯한 다양한 문학작품을 지었지만, 결국 자신의 시들을 모두 태워버리고 철학의 길을 걷게 되는데, 이와 같은 방향전회의 결정적인 계기는 바로 소크라테스와의 만남이었다. 청년 플라톤은 소크라테스의 제자그룹에 속하게 되었는데, 그의 인격과 철학은 젊은 플라톤에게 깊은 감동을 주었고, 이후 철학저술가로 활동한 플라톤은 소크라테스를 자신의 작품에서 대부분 화자 내지는 자신의 철학의 증인으로 묘사하게 된다. 이후 소크라테스에 대한 아테네 시민들의 탄핵이 이루어졌는데, 이 과정을 지켜본 플라톤은 조국 아테네의 정치가 타락했으며 직접적인 정치활동은 무의미하다는 확신에 이르게 된다. 이처럼 현실정치에 대한 포기는 철학에로의 귀환으로 이어졌지만, 플라톤은 생의 마지막 순간까지 철인왕이 정치권력을 획득하거나, 정치 권력자들이 철학을 배워야 한다고 주장하였다.

8) cf. 『펠로폰네소스 전쟁사』 I 23,2.

9) 플라톤이 수호자 교육에 관한 논의를 전개함에 있어, 그의 사유가 스파르타식 교육제도의 영향을 받았음은 잘 알려진 바이다. 그는 『국가』에서만 아니라 말년의 대작 『법률』편(3-4권)에서도 교육제도를 포함해서 스파르타식 국가통치 체제의 우수성에 대해 긍정적으로 언급하고 있다. 이 글에서는 지면상의 제약으로 인해 이와 관련된 논의를 구체적으로 진행하지는 못하였다. 스파르타의 정치와 제도가 플라톤을 비롯한 고대 그리스의 사상가들에게 끼친 영향에 관한 논의로는 Schaller(2009)의 해석을 참고. 다른 한편, 플라톤의 수호자 교육론을 서양고대사의 주요 사상가들의 입장과 비교하는 작업도 적지 않은 의미가 있을 것으로 보인다. 폴리비오스가 『역사(Historiai)』 9권(12-21장)에서 전개한 지휘관의 기량과 덕목에 대한 논의나, 페르시아 부흥군주 키루스(Cyrus, 재위 기원전 557-530경)의 군사지도자로서 그리고 정치가로서의 탁

월한 활동에 대한 크세노폰(기원전 430-354경)의 묘사(『키루스의 교육』)를 통해 드러난 좀 더 현실적인 통치자상과의 비교를 예로 들 수 있을 것이다.

10) 『국가』에서 전쟁 및 전사의 의미와 역할을 심층적으로 논의한 연구는 흔치 않은 편이다. 이러한 상황에서 Kleemeier는 이 작품에서 차지하는 전쟁의 의미를 추적하는 작업을 수행하였으며, 철인 통치자에 비해 별다른 논의와 주목의 대상이 되지 못했던 수호자의 자격과 기능에 관해 상세한 논의를 전개하였다. U. Kleemeier(2002), pp.51-124.

11) 수호자 전사계층과 철인 통치자 사이의 세밀한 구분에 대해서는 『국가』 3-4권(414b, 428d etc.) 참고.

12) "즉 장차 완벽하게 경영될 나라에 있어서는 (...) 군왕들은 이들 가운데서 철학(지혜에 대한 사랑)에 있어서 그리고 전쟁과 관련해서 가장 훌륭한 자들로 드러난 사람들이어야만 한다." 『국가』 543a

13) 수호자 양성과정을 거친 후 선발된 철인왕 후보들 중에는 새로운 교육과정의 각 단계에서 낙오한 사람들이 나타나게 되며, 이 사람들은 전투임무 수행을 비롯해서 통치 이외의 다양한 국정 업무에 참여하게 된다. 『국가』 540a.

14) 플라톤은 말년의 대작인 『법률』(744cd)에서는 통치자와 수호자 계층도 사유재산을 소유할 수 있다고 말하였으나, 이 경우에도 개인의 사유재산 축적의 한도는 4배 이내로 제한되어야 함을 명시하였다. 국정운영과 국가수호의 임무를 맡은 사람들은 어떤 경우에도 경제문제에 있어서 절제와 안분지족의 삶을 영위해야 한다는 것이다.

15) 용기에 대한 유사한 규정이 플라톤의 초기 대화편에서도 등장하고 있다. cf. 『라케스』 194e f.; 『프로타고라스』 360d.

16) 나아가 플라톤은 『국가』 5권(469b-471c)에서 전쟁 와중에 수호자(전사)들이 반드시 준수해야 할 행동원칙(일종의 전시법)에 대해 비교적 상세히 언급하였는데 이를 요약하면 다음과 같다. "①필요 이상으로 인명을 살상하지 말 것, ②전쟁에서 패한 그리스인을 노예로 삼거나 정당한 이유 없이 죽이지 말 것, ③전몰자의 약탈은 금하며, 장례식을 허용할 것, ④신전에는 약탈한 물건을 제물로 바치지 말 것, ⑤토지 초토화 작전을 금하며, 곡식의 약탈도 적국의 영

토에 한정할 것, ⑥폴리스 간의 '내전(stasis)'은 엄격히 금지하며, 이방민족과의 대외전쟁(polemos)만을 정당하게 수행할 것, ⑦어쩔 수 없이 내전이 발생할 경우에도 상대방을 존중하고, 싸움보다는 대화를 위해 노력할 것 등" 플라톤이 제안한 수호자의 전쟁 중 행동원칙은, 그가 전쟁을 단지 적을 억압하거나 무차별적으로 말살하기 위한 폭력수단으로 간주한 것이 아니라, 삶의 궁극적 목표인 공존과 평화를 추구하는 과정에서 어쩔 수 없는 경우 거쳐야하는 일종의 필요악으로 이해했음을 함축한다. 따라서 전사들이 전투 중에도 극단적인 행동을 자제하는 것은, 혼란된 상황 속에서 대화와 타협을 통해 문제를 해결하기 위한 하나의 전제조건이 된다. 서영식(2017), p.194 f.

17) 손자는 제(齊)나라 장수 집안 출신으로, 강국에서의 출세를 포기하고 오자서(伍子胥)의 추천으로 신흥 소국인 오나라의 합려(闔閭)에게 병서를 바치고 장수가 되어 크게 활약한 인물이다. 손자는 29세 무렵 오왕 합려와의 조우 시 이미 중국 최초의 병서인 『손자병법』 13편을 완성한 상태인 것으로 추측되는데, 그는 춘추시대 말기에 10여 년 동안 은둔하며 자신의 경험과 당대의 전쟁사례들을 분석하고 기존의 병서들을 종합하여 집필을 진행한 것으로 알려져 있다. 손자에 대한 역사적 기록 중 잘 알려진 내용은 사마천의 『사기(史記)』에 나오는 「손자(孫子) · 오기(吳起) 열전」을 들 수 있다. 사실 손자에 관한 후대의 기록들은 워낙 오래되었고 부정확한 측면이 없지 않기 때문에 관련 논의는 여전히 적지 않은 논쟁의 대상이 되고 있다.

18) 일반적으로 『손자병법』에는 노자의 무위(無爲)정치사상과 한비자의 절대권력론(絶對權力論) 그리고 유가의 덕론(德論)이 유기적으로 결합되어 있는 것으로 평가되고 있다. "이처럼 〈손자병법〉에는 노자의 무위사상과 겸허의 미학이 담겨 있으며, 한비자가 말하는 절대 권력자인 군주의 처세에 관한 내용도 담겨 있다. 그리고 통수권자를 보좌하는 지휘관, 즉 장수의 자질을 논하면서 오덕(五德)에 대해 이야기한 부분은 유가의 논점과도 접맥되어 있다." 손자(2017), p.32(역자 김원중의 해제) 그밖에도 『손자병법』에 내포된 철학사상 내지 여타 사조(思潮)와의 연관관계에 대해서는 예컨대 다음의 연구를 참조할 수 있다. 김성우(2017), pp.29-41; 전명용 · 송용호(2017), pp.229-261.

19) 『손자병법』 원문의 번역은 현존 한글 번역들 중에서 비교적 가독성 있는 것으로 판단된 다음의 두 번역서에 따랐으며, 매 인용의 경우 내용과 문맥을 고려해서 혼용하였다. 손자(김원중 역, 2017); 손자(신동준 역주, 2017).

20) 『손자병법』을 나름대로 연구하여 중일전쟁과 국공내전에서 승리를 쟁취한 마오쩌둥(毛澤東, 1893-1976) 역시 같은 취지에서, "적의 전황과 지형과 인민 등 모든 조건이 우리에게 유리하고 적에게 불리하다는 것이 확실해진 뒤에 움직여야 한다"고 주장하였다. 다음의 글에서 재인용하였다. 야경유 · 장휘(2004), p.49.

21) 2차 세계대전 당시 북아프리카 독일군 전차군단 사령관으로 명성을 떨쳤으며, 적국의 수장인 윈스턴 처칠(Winston Churchill, 1874-1965)로부터 '사막의 여우'라는 별명을 얻기도 했던 롬멜 장군(Erwin Johannes Eugen Rommel, 1891-1944)은 최초 사령관 부임시 자신의 군대보다 약한 적을 공격하여 지속적인 승리를 거두었으며, 이에 용기와 자신감을 얻은 독일군은 이후 자신보다 강한 적군을 만나서도 상당기간 동안 불패의 신화를 이어간 것으로 알려져 있다.

22) 손자가 제시한 '오사(五事)'는 다음과 같다. 1) 병도(兵道) –정치적 차원에서 군주와 백성 사이의 신망; 2) 천시(天時) - 밤낮의 날씨, 사계절 변화 등 시간적 조건; 3) 지리(地理) - 원근, 험이, 광협, 생지와 사지 등 지리 조건; 4) 장수(將帥) –지혜, 신의, 인애, 용기, 엄정; 5) 법제(法制) - 군대의 편제와 운용, 장수와 군관의 관리, 군수물자의 조달과 공급 등.

23) 『손자병법』 시계편(始計篇)에는 오사(五事)이외에도 칠계(七計)와 궤도(詭道)가 제시되고 있다. "五事는 전략의 주체자인 知己이며, 자기의 능력을 검토하는 치내의 요소이고, 七計는 지기와 지피 즉 치외의 양면을 비교 검토하는 치외요소이며, 詭道는 五事와 七計를 토대로 하여 작성된 전략을 직접 실천에 옮기는 동적 상황에서 임기응변으로 조정하는 것, 즉 응변을 가리킨다." 김현기(2005) p.3 f.

24) "전쟁(兵)은 속이는 도(道)이다. 능력이 있는데 적에게 능력이 없는 것처럼 보이게 하고, (군대를) 쓰되 적에게는 (군대를) 쓰지 않는 것처럼 보이게 하며, 가까운 곳을 노리면서 적에게는 먼 곳을 노리는 것처럼 보이게 하고, 먼 곳을

노리면서 적에게는 가까운 곳을 노리는 것처럼 보이게 한다. 이롭게 하면서 적을 꾀어내고 (내부를) 어지럽게 하여 적을 습격한다. (적이) 충실하면 적을 방비하고, (적이) 강하면 적을 피하고, (적이) 분노하면 그들을 소란스럽게 하고, (적이) 낮추려 들면 적을 교만에 빠지게 하고, (적이) 편안해하면 그들을 수고롭게 만들고, (적이) 친하게 지내면 그들을 이간질하라. 그들이 방비하지 않은 곳을 공격하고, 그들이 생각하지 못한 곳으로 출격하라. 이것이 병가에서 말하는 승리의 이치이다. 이는 너무 오묘한 까닭에 어떤 고정된 이론으로 정립해 미리 전수할 수 있는 것이 아니다." 『손자병법』 시계편(始計篇) (김원중 역, p.55 f.)

25) "(...) 군사를 동원해 전쟁을 치를 때는 반드시 신속히 승리를 거두어야 한다. 싸우는 날이 길어지면 군사가 피로에 지쳐 예기가 꺾이고, 적의 성을 칠 때 병력 소모도 가장 많다. 군대가 나라 밖에서 전쟁을 치르는 폭사가 길어지면 국가재정이 부족해진다. 무릇 군사가 피로에 지쳐 예기가 꺾이고, 병력 소모가 많아져 물자가 바닥나면 이웃나라가 빈틈을 타 침공할 것이다. 그렇게 되면 아무리 뛰어난 지모를 자랑하는 자일지라도 뒷수습을 잘할 수 없다. 병서에 비록 졸속이기는 하나 속전속결로 승리를 거둔 사례만 나오는 이유다. 나는 교묘한 계책을 구하기 위해 전쟁을 오래 끈 경우를 본적이 없다. 무릇 전쟁을 오래 끌어 나라에 이익이 된 적이 없다. 용병의 해로움을 완전히 이해하지 못하는 자는 용병의 이로움도 완전히 이해하지 못한다." 『손자병법』 작전편(作戰篇) (신동준 역, p.115)

26) "손자가 말했다. 용병의 기본이치를 말하면 적국을 온전히 굴복시키는 전국(全國)이 최상이고, 적국을 무찔러 항복을 받아내는 파국(破局)은 차선이다. 마찬가지로 적의 군단(軍團)을 온전히 굴복시키는 것이 최상이고, 무찌르는 것은 차선이다. 적의 여단(旅團)을 온전히 굴복시키는 것이 최상이고, 무찌르는 것은 차선이다. 적의 졸대(卒隊)를 온전히 굴복시키는 것이 최상이고, 무찌르는 것은 차선이다. 적의 오대(伍隊)를 온전히 굴복시키는 것이 최상이고, 무찌르는 것은 차선이다. 백번 싸워 백번 이기는 백전백승은 결코 최상의 계책이 될 수 없다. 싸우지 않고도 굴복시키는 부전굴인(不戰屈人)이야말로 최

상의 계책에 해당한다." 『손자병법』 모공편(謨攻篇) (김원중 역, p.100)

27) "그러므로 용병의 원칙은 (아군이) 열 배면 적을 포위하고, 다섯 배면 적을 공격하며, 두 배면 적을 분산시킨다. 대적할 만하면 적을 맞아 싸우고, (적보다 병력이) 적으면 적으로부터 달아나며, (적의 병력과) 대적할 만하지 못하면 적을 피해야 한다. 그러므로 작고 약한 군대가 적을 맞아 견고하게 수비한다면 강대한 적의 포로가 되고 만다." 『손자병법』 모공편(謨攻篇) (김원중 역, p.100)

28) "승리를 (미리) 아는 데는 다섯 가지가 있다. 싸워야 할 때를 아는 것과 싸워서는 안 될 때를 아는 자는 승리한다. 병력이 많고 적음에 따라 용병법을 아는 자는 승리한다. 위(장수)와 아래(병사)가 한마음이 되면 승리한다. 준비하고 있으면서 준비하지 못한 적을 기다리는 자는 승리한다. 장수가 유능하고 군주가 조종하려고 들지 않으면 승리한다." 『손자병법』 모공편(謨攻篇) (김원중 역, p.107)

29) 이와 관련된 예로 임진왜란 당시 왜군 장수 고니시 유키나가의 유인책에 속아 무조건 출정을 명한 선조를 따르지 않고 때를 기다리며 버틴 이순신 장군의 용기 있는 태도를 들 수 있다.

30) 이와 관련된 대표적인 예로서, 『삼국지(三國志)』에 등장하는 제갈공명(諸葛孔明)의 '읍참마속(泣斬馬謖)'을 들 수 있다.

31) 전쟁에서의 세(勢)에 관한 손자의 논의는 『손자병법』 5편에 함축적으로 소개되어 있지만, 어떤 의미에서는 이 저술 전반을 관통하는 핵심 명제에 해당된다고 말할 수 있다.

32) 잘 알려져 있듯이 클라우제비츠는 전쟁을 폭력이라는 수단에 의한 "정치의 연속"으로 규정하였다. 전투현장의 주인공인 군사지휘관의 자질과 능력 그리고 전쟁 자체를 결정하는 정치인의 역할에 대한 클라우제비츠의 사유는 다음과 같이 표현될 수 있다. "군대의 지휘관이 복잡하고 혼돈스러운 실제 전투현장에서 최소한의 병력과 장비손실을 통해 최대한의 효과를 얻고 승리의 목표를 달성하는데 궁극적인 관심을 가지고 있다면, 이 전쟁을 지속할 것인지 중지할 것인지 중지한다면 어떤 조건 하에 종전을 이끌어내야 하는지와 같이 전

쟁 자체에 대해 판단하는 것은 군인이 아닌 정치가의 몫이 된다. 따라서 정치가는 잔혹한 폭력으로 얼룩진 전쟁 상황 속에서조차 냉철한 이성을 바탕으로 국익을 위한 최선의 선택에 도달할 수 있어야 한다." 서영식(2016), p.177.

33) 손자와 클라우제비츠 전쟁이론의 공통점과 차이점에 관한 논의로는 다음을 참고. 이진우(2015), pp.344-363.

34) 이러한 차원에서 손자의 전쟁관은 "유기체적 전쟁관"으로 규정되기도 한다. 이권(2012), p.145.

35) 『손자병법』 세편(勢篇) (신동준 역, p.188 f.)

36) 상게서, p.191 f.

IV. 옥타비아누스의 정치사상과 거래적 변혁리더십

1) "A leader is one who knows the way, goess the way, and shows the way." 맥스웰이 강조한 리더의 특성에 관한 포괄적인 논의는 다음을 참고. 존 맥스웰(2012); 존 맥스웰(2010)

2) 옥타비아누스는 BC 63년(9월 23일) 로마 남동쪽 40km에 위치한 벨리트라이(Velitrae)에서 출생했으며, AD 14년(8월 19일) 이탈리아 남부도시 놀라(Nola)에서 사망했다. 그의 본명은 가이우스 옥타비우스 투리누스(Gaius Octavius Thurinus)이며, 카이사르의 죽음과 더불어 유언에 따라 양아들이 된 후에는 가이우스 율리우스 카이사르 옥타비아누스(Gaius Julius Caesar Octavianus)로 개명하였다. 또한 그의 공식 호칭은 'Imperator Caesar divi filius Augustus' 이다.

3) 한국서양고대역사문화학회(2016). 이 공동연구에는 국내 서양고대사 연구자들 상당수가 참여하였으며, 로마제국 초대황제인 아우구스투스의 활동 및 그의 시대에 대한 분석이 진행되었다.

4) 국내에서 아우구스투스의 리더십에 관해 고찰한 예외적인 경우로는 다음을 들 수 있다. 김경현(2019), pp.75-102. 다른 한편 프리츠 하이켈하임은 역저『로마사』에서, 옥타비아누스가 통치자로서 신중함, 인내, 결단력, 기민함 같은

실천역량을 갖추고 있었다고 평가하였다. 프리츠 하이켈하임(1999), pp. 537-612. 또한 다음의 연구 참고. Rufus Fears(2001), pp.35-73.

5) 거래적 리더십과 변혁적 리더십의 특성에 관해서는 이 글의 2장에서 소개된 내용 참고.

6) W. Eder는 아우구스투스의 정치활동 기간 전체를 다섯 단계로 세분하여 분석한 바 있다. 1. BC 44-33년 : 옥타비아누스의 정치입문 후 삼두정 성립과 삼두정 와해 후 안토니우스와의 대립기; 2. BC 32-28년 : 악티움 해전과 그 이후 시기; 3. BC 27-23년 : 원수정의 성립과 발전; 4. BC 22-2년 : 백년제(Judi saecularum)를 통해 새로운 황금기를 기념하고(BC 17), 대사제(pontifex maximus)가 되고(BC 12), 국부(pater patriae) 호칭을 수여받은 시기(BC 2); 5. BC 2-AD 14년 : 원수정 체제의 공고화. W. Eder(1990), "Augustus and the Power of the Tradition: the Augustan Principate as Binding Link", in, Raaflaub, K.A.(ed.), Between Republic and Empire Interpretations of Augustus and his Principate, Berkeley, pp.88-90. 다음의 글에서 재인용함. 배소연(2016), pp. 79-111.

7) 삼두정의 공식명칭은 '국가재건 3인위원회'(triumviri rei publicae constituendae)이며, 1차 삼두정(폼페이우스, 카이사르, 크라수스) 때와 달리 공식기구로 출범하였다.

8) 예컨대 21세기 초반(2005) HBO와 BBC에서 제작되어 대중적으로 큰 인기를 모았던 미드『로마 I · II』(Rome)는 카이사르의 피살사건에서 스토리가 시작되어 옥타비아누스의 황제 등극을 끝으로 종결된다. 또한 2016년 NETFLIX에서 제작된 다큐미드『로마제국 I · II · III』(Roman Empire)에서도 옥타비아누스와 관련된 스토리는 악티움해전에서의 승리와 더불어 끝난다. 현대 드라마나 다큐의 이러한 구성은 일반대중들의 오래된 역사적 관심(폭력과 비극으로 얼룩진 로마 공화정의 최후)을 반영한 것으로 볼 수 있을 것이다.

9) 번스는 거래적 리더십과 변혁적 리더십에 대한 이론을 전개하면서 주로 현실 정치인들을 분석과 예증의 대상으로 삼았다. 그는 다음의 저술들에서 자신의 입장을 포괄적인 설명하고 있다. 제임스 맥그리거 번스(2000), 3부와 4부.(원저

는 Leadership, 1978); 제임스 맥그리거 번스(2006), 5부(원저는 Transforming Leadership: The Pursuit of Happiness, 2003)

10) 번스는 이것을 "조건적 보상"(contingent reward)으로 표현하였다.

11) 번스가 주로 정치지도자들을 관찰하고 분석한 내용을 바탕으로 변혁적 리더십 이론을 전개했다면, 바쓰는 변혁적 리더십을 기업경영과 조직운영에 적용하여 논의를 확대하고 구체화하였다. 주지하듯이 바쓰는 변혁적 리더의 구성요소로 다음의 네 가지를 제시하였다. ①이상적 상상력(idealized influence); ②영감적 동기부여(inspirational motivation); ③개별적 배려(individualized consideration); ④지적 자극(intellectual stimulation). B.M. Bass(1985).

12) 나이는 주로 역대 미국 대통령의 리더십을 분석하고 있다. 그는 정치상황과 사회질서의 실질적인 변화를 위해 거래적인 수단을 자주 사용한 인물로 32대 대통령 루즈벨트(Franklin Delano Roosevelt,n 1882-1945)를 들고 있다. 조지프 나이(2015), p.24 ff.

13) 옥타비아누스의 출신성분, 성격적 특성, 정치적 성향과 업적 등에 관한 풍부한 논의로는 다음을 참고. 앤서니 에버랫(2011).

14) 대표적인 예로 카이사르 같은 군벌 정치인들에 대항하여 로마공화정의 수호자를 자처했으며, 정치적 신념을 위해 목숨을 초개와 같이 버린 소(小) 카토(Marcus Porcius Cato Uticensis, BC 95-46)와 키케로 그리고 브루투스(Marcus Junius Brutus, BC 85-42)를 들 수 있다.

15) 예컨대 『로마사』(Historia Romana) 52-53권에서 디오(Cassius Dio, ca.150-ca.235)가 묘사한 옥타비아누스의 통치와 업적 및 그에 대한 저자의 비판적 평가 참조. Cassius Dio(1987), pp.88-155.

16) 프리츠 하이켈하임(1999), p.481.

17) Suetonius, De Vita Caesarum, Divus Augustus, 28, 3. 번역서는 다음과 같다. 수에토니우스(2009), p.106.

18) 또한 율리우스 상수도는 기존의 테풀라 상수도(Aqua Tepula)와 효과적으로 연결되었으며, 이 사업을 통해 총 130개의 수원지(castella)와 700개의 수조(lacus) 그리고 500개의 급수전(salientes)을 신설함으로써 로마에 이전과는

비교할 수 없을 정도로 충분한 물을 공급할 수 있었다. 이에 관한 자세한 논의는 다음을 참고. 김경현(2019), p.89 ff.

19) 김상엽(2016), p.317. '평화제단'의 구조적 특성과 건축목적 등 전반적인 사항에 관해서는 이 논문을 참조.

20) 옥타비아누스는 집권 초반(BC 29년) 자신의 집이 위치한 팔라티누스 언덕에 아폴론 신전을 건립하고 봉헌하는데, 이 역시 정략적 판단에 기초한 이미지 정치의 일환으로 볼 수 있다.

21) 옥타비아누스가 사회통합 차원에서 주재한 대규모 종교의식에 대해서는 다음을 참고. 앤서니 에버렛(2011), p.389 ff.

22) '신의'(fides)와 '용기'(fortitudo)와 '명예'(honor)를 중시했던 초기 로마인의 덕목과 관련해서는 다음을 참고. 이디스 해밀턴(2020), pp.235-255; 양병무(2016), p.117 ff.

23) cf. 김덕수(2014), pp.202-217.

24) '이익'(utilitas) 개념과 관련해서는 이 글의 5장 참고.

25) Cassius Dio(1987), p.131.

26) 주지하듯이 원로원은 옥타비아누스의 은퇴선언에 강한 유감을 표명하고는, 거꾸로 그에게 '아우구스투스'(Augustus)라는 명예칭호(cognomen)을 수여하였으며 또한 '제1 시민'(princeps)으로도 불릴 수 있게 해주었다. 나아가 옥타비아누스에게는 로마 제국에서 군대가 주둔하는 주요 속주들의 관할권이 주어지기도 했다.

27) 당시 숙청작업에 사용되었던 살생부는 '법익 보호 박탈자 명단'(proscriptio)으로 불렸는데, 이 명칭은 본래 이전 세대의 개혁파 독재관으로 유명한 술라(Lucius Cornelius Sulla, BC 138-78)에서 유래한다. 살생부에는 원로원 의원 300명과 기사계급 출신 2000명의 이름이 올라와 있었는데, 이 중에서 원로원 의원 130명은 반역자 명목으로 즉결 처형당하였고 나머지 2000명은 재산몰수형의 처분을 받은 것으로 알려져 있다.

28) 예컨대 옥타비아누스는 권력투쟁 초반에 카이사르의 정적이었던 폼페이우스의 석상을 그의 이름을 따서 만든 극장(카이사르가 살해된 장소)에서 치우도

록 조치했으나, 집권 안정기에는 석상을 극장의 정문 앞 더 잘 보이는 곳에 다시 설치하도록 명령한 것으로 알려져 있다. 또한 옥타비아누스 시대를 대표하는 시인이며 그를 위해 서사시 『아이네아스』를 창작한 베르길리우스(Publius Vergilius Maro, BC 70-19)는, 동 작품에서 공화정 수호를 위해 카이사르와 대결하다 자살로 생을 마감한 마르쿠스 포르키우스 카토의 정치적 명예를 회복시켜주는 창작 작업을 아무런 제재 없이 진행할 수 있었다. cf. 앤서니 에버랫(2011), pp.379-392.

29) 예컨대 옥타비아누스는 키케로의 아들(Marcus Tullius Cicero Minor)이 집정관(BC 30) 자리에 오르고 또한 시리아 총독(BC 28)에도 지명될 수 있도록 배려하였다.

30) cf. 데이비드 M. 귄(2015), pp.132-153, 186-212.

31) 데이비드 M. 귄(2015), p.132.

32) 근대로 접어들면서 로마 공화정을 봉건왕조 체제를 대체할 수 있는 새로운 정치시스템 수립의 모델로 간주하고 깊이 있게 연구했으며 실제로도 제도적 차원에서 비판적으로 수용했던 대표적인 사례로는, 미합중국 건국(1789) 당시 이른바 '건국의 아버지들'(founding fathers)로 불렸던 정치사상가들(존 애덤스, 토머스 제퍼슨, 알렉산더 해밀턴, 제임스 매디슨, 존 제이 등)을 들 수 있다.

33) 데이비드 M. 귄(2015), p.260. 에버랫 역시 로마 공화정의 실제 모습을 소수의 권력자들에 의해 통치되는 아마추어적이며 부패한 금권정치체제라는 의미에서 "선거 제도로 보완된 과두정"으로 규정하는데 주저하지 않는다. 앤서니 에버랫(2011), p.40.

34) 이디스 해밀턴(2020), p.139.

35) 갈리아에서 귀환한 후 약 5년의 짧은 집권기간 동안(BC 49-44) 카이사르가 시도한 일련의 개혁정책은 사회시스템 전반의 변화와 개선을 겨냥하고 있었다. 대표적인 예로 원로원 의사록 공개 처분과 농지법 개혁 등을 들 수 있다. 공화제의 전반적인 개혁과 사회 분위기 혁신을 위한 카이사르의 전략과 실행성과에 대해서는 다음을 참고. 프리츠 하이켈하임(1999), pp.455-459; 양병무(2016), pp.157-222.

36) 하이켈하임은 옥타비아누스가 정치체제 발전과 행정개혁 차원에서 이룩한 성과를 일목요연하게 정리하고 있다. 프리츠 하이켈하임(1999), pp.556-573.

37) 주지하듯이 "목표관리"(MBO : Management by objectives)는 현대 경영학의 구루(guru)로 평가받는 피터 드러커(Peter Ferdinand Drucker, 1909-2005)가 최초로 고안한 개념이다.

38) 앤서니 에버랫(2011), p.370.

39) 옥타비아누스가 권력투쟁과 통치업적을 바탕으로 원로원으로부터 받은 칭호는 프린켑스 이외에도 다음과 같은 것들이 있다. 존엄한 자(Augustus), 최고사령관(Imperator), 국부(Pater Patriae) 등.

40) '프린켑스'의 개념 및 형성과정과 관련해서는 다음을 참고. 김덕수(2013), p.119 ff.

41) 당시 로마의 주요 행정 · 관리직으로는 조영관, 재무관, 법무관, 속주총독, 집정관 등이 있었다. 각각의 직책상 역할과 특성에 관해서는 다음을 참고. 앤서니 에버랫(2011), pp.362-378.

42) 옥타비아누스가 통치과정에서 원로원 귀족들의 폭넓은 동의를 얻기 위해 활용했던 방책 중에서 빼놓을 수 없는 것은, 그가 동서를 막론하고 고대사회에서는 찾아보기 힘들 정도로 언론의 자유를 허용했다는 점이다. 또한 옥타비아누스는 문화예술(특히 문학과 건축)의 정치적 선전효과가 얼마나 심대한지 깊이 깨닫고 있었다. 따라서 그는 또 다른 평생의 동지인 마이케나스(Gaius Maecenas, BC 68-8)를 통해서 베르길리우스, 호라티우스(Quintus Horatius Flaccus, BC 65-8), 리비우스(Titus Livius, BC 64/59-17) 같은 당대 최고 작가들의 재능이 꽃을 피울 수 있도록 적극적으로 지원하였다.

43) 팍스 로마나의 개념적 · 역사적 의미와 실제상황에 관한 논의로는 다음을 참고. 차전환(2016), pp.121-146.

44) 키케로는 공화정 체제를 붕괴시킨다고 의심받는 카이사르가 자신과 정치적 미래를 같이 하자고 수차례 권유했으나 번번이 거부한 것으로 알려져 있다. 또한 그는 카이사르 모살사건의 주동자인 브루투스와 카시우스를 공화정 수호에 앞장선 투사로 평가하였으며, 그들이 성난 민중들에게 살해당하지 않고

속주 총독의 지위를 가지고 로마를 떠날 수 있도록 원로원을 설득하였다. 키케로의 죽음 역시 카이사르 사후 공화정체와 원로원을 무시하며 절대 권력을 행사하려 했던 안토니우스에 대한 공개비판이 직접적인 원인이 되었다.

45) 국내에 소개된 키케로의 정치사상 관련 번역서는 참고문헌 항목을 보라. 인용은 출판된 번역본을 사용하였으며 필요한 경우 부분적으로 수정하였다.

46) Wood에 따르면 키케로는 사상가로서 매우 독창적인 인물이다. 즉 키케로는 국가에 대해 정교한 형식적 정의를 내린 최초의 사상가이며, 동시에 사유재산을 강조하고 그것이 사회에서 지닌 중대한 역할을 강조한 최초의 사상가이다. 또한 그는 최초로 정부와 일반사회를 개념적으로 구별하였으며, 나아가 철저하고도 체계적인 입헌주의자로서 자리매김 될 수 있다. 또한 키케로의 정치사상은 도덕적, 경제적, 정치적 개인주의의 특성이 강하게 드러나며, 이는 근대 초기의 사상적 특성과 연관되는 것이다. Neal Wood(1988).

47) "국가(res publica)는 인민의 것이다(res populi). 인민은 어떤 식으로든 군집한 인간의 모임 전체가 아니라, 법에 대한 동의와 유익함의 공유에 의해서 결속한 다수의 모임이다(coetus multitudinis iuris consensu et utilitatis communione sociatus). 한편 인간이 결합하는 첫 번째 이유는 인간들의 연약함이라기보다는 인간의 자연스러운 어떤 것, 마치 군집성(congregatio) 같은 것이다. 사실상 인간은 홀로 떠도는 종류가 아니라, 모든 것의 풍부함을 부여받았어도 〔자연에 의해 강요되어〕 사회 속에서 살도록 태어난 것이다." 『국가론』 I. 39. 또한 cf. 『의무론』 II. 73.

48) "(...) 이 나라의 안녕에 기여한 수많은 분들을 일일이 열거하지는 않겠다. 자신이나 친지 중 어떤 사람이 생략되었다고 한탄하지 않도록 현시점의 기억에서 멀리 떨어지지 [않은] 분들을 추모하는 것은 멈추겠다. 단지 이 점 하나만을 단정하고자 한다. (그분들에게는) 인류를 향한 덕의 필연적 성향과 공공의 안녕(communem salutem)을 지키려는 사랑이 자연에 의해 크게 부여되었으므로 바로 이 힘이 쾌락과 여가의 모든 유혹을 물리쳤을 뿐이라는 것이다." 『국가론』 I. 1.

49) M.T. Cicero(1978). 키케로가 아티쿠스에게 보낸 수많은 편지들 중에서 옥타

비아누스와 관련된 내용은 대략 다음과 같다. 옥타비아누스와 만난 이야기(편지 XIV-II, 기원전 44년, 4월 21일), 옥타비아누스에 대한 인상(편지 XV-12, 기원전 6월 10일 편지), 옥타비아누스가 키케로에게 로마로 와줄 것을 요청한 것(편지 XVI-9, 기원전 44년 11월 4일, 편지 XVI-11, 기원전 44년 11월 5일), 옥타비아누스와 안토니우스의 부상에 대한 걱정(편지 XIV-14, 기원전 44년 11월 12일) 등.

50) M.T. Cicero(1957). 옥타비아누스에 대한 키케로의 찬양 발언은 특히 3-5권에서 찾아볼 수 있다.

51) Radford는 앞에서 논의된 키케로와 옥타비아누스의 사상적 관계에 대한 간접 증거로서 다음의 사실을 지적하고 있다. 아티쿠스는 키케로는 평생의 친구였는데, 그는 옥타비아누스에게 분신과도 같은 존재인 아그리파의 장인으로서 옥타비아누스와도 친분이 있었다. 특히 아티쿠스는 키케로 사후 그의 작품과 서간문을 편집하고 출간하는 일을 책임졌는데, 옥타비아누스가 이 출판 사업을 지원한 것으로 알려져 있다. 이러한 인간관계로 미루어 보건데, 아티쿠스를 통해 키케로의 사상이 옥타비아누스의 현실정치에 영향을 주었을 것임을 충분히 짐작할 수 있다는 것이다. Robert T. Radford(2002), pp.61-70.

52) 예컨대 옥타비아누스는 『업적록』(13)에서, 원로원의 결의에 따라 총 세 번 야누스 신전의 문을 닫게 되던 평화와 영광스런 순간을 회고하며 자신을 '프린켑스'로 지칭하고 있다.

53) 이와 관련해서는 다음을 참고. 김덕수(2009), p.26 f.

54) 특히 『국가론』 5권의 2, 8, 9.

55) Garnsey와 Saller 역시 이른바 '원수정'(Principatus)의 헌정(憲政)적 특징과 주요 국가정책에 대해 소개하면서, 프린켑스라는 개념이 키케로의 국가철학을 연상시킨다고 말한다. Peter Garnsey and Richard Saller(1982), p.3 ff. 두 인물 사이의 사상적 연관성에 관한 다음의 논의도 참고. James M. May(2020), pp.261-275.

56) cf. 『국가론』 II. 27 ff.

57) 어쨌든 키케로는 조국 로마의 평화와 지속을 위해서는 공화정의 유지와 그 체

제에 내재된 가치를 존중해야 함을 지속적으로 강조하였다. 이러한 태도는 그가 로마사의 진행 과정에서 형성되고 유지된 법과 제도들이 특정한 위인이나 소수 엘리트의 재능의 결과가 아니라, 여러 세대에 걸쳐 이루어진 로마 인민 전체의 노력의 산물임을 역설한 사실에서도 확인할 수 있다. cf. 『국가론』 II. 2

58) '평화제단 조각상'을 비롯해서 옥타비아누스 연구과정에서 당대에 남긴 시각 매체에 주목한 학자들은 다음과 같다. P. Zanker, The Power of Images in the Age of Augustus, trans. Alan shapiro, 1988; K. Galinsky, Augustan Culture: An Interpretive Introduction, Princeton, 1996. 김상엽(2016), p. 319에서 재인용. 평화제단의 목적과 지향점에 관한 서술은 이 선행연구들의 해석에 근거한다.

Ⅴ. 마키아벨리와 클라우제비츠의 전쟁관과 리더십론

1) 『군주론』 15장. 『군주론』의 인용은 다음의 번역서들을 비교하여 사용하였으며, 문맥상 필요한 경우에는 일부 수정하였다. 니콜로 마키아벨리(2005); 니콜로 마키아벨리(2008)

2) 『군주론』 18장

3) 『군주론』 17장

4) 『군주론』 14장 참고.

5) 『군주론』 12장 참고.

6) 『군주론』 13장 참고.

7) 『군주론』 18장 참고.

8) 『군주론』 12-14장

9) 그의 생애에 관해서는 류제승(2008), pp.469-517 참고. 또한 그의 일생과 사상을 다룬 다음의 작품 참조. G. Foerster(1983)

10) 앙투안 앙리 조미니(2010), 1-2, 6-7장 참고.

11) 본문의 인용은 주로 류제승(2008) 번역본을 사용하였으며, 그밖에 다양한 국

역본을 활용하였다.

12) 『전쟁론』 1부 1장, 20-21.(p.51 f.) 참고.

13) 이와 관련해서는 다음의 논의를 참고하였다. 손주영(1994), pp.26-31; R. Aron(1983)

14) 『전쟁론』, 1부 1장, 24.(p.55) 참고.

15) 또한 그는 전쟁을 폭력에 의한 정치의 연속으로 묘사하였는데, 이는 마치 세상에서 정치가 존재하는 한 전쟁 역시 존속할 수밖에 없으며, 따라서 과거는 물론 현재와 미래세계에서 전쟁의 불가피성을 내세우는 주장으로 과도하게 해석되기도 하였다.

16) 프리드리히 2세는 1740년에서 1786년 사이 재위했던 프로이센의 왕으로서, 오스트리아와 주변 강국에 맞선 외교 전략과 전쟁을 통해 프로이센의 영토를 확장하고 유럽 최강의 군사대국으로 만든 군사 전략가였다. 특히 그는 신성로마 제국의 해체와 독일 통일을 이루는 데 주도적 역할을 했으며, 국가를 통치하고 군대 조직 및 정복 전쟁 지휘를 직접 담당하는 등 1인 3역을 수행하여 나폴레옹과 함께 근대 유럽을 대표하는 위대한 지도자의 한 사람으로 꼽힌다. 또한 프리드리히 2세는 당시로서는 혁신적으로 모든 종교에 대해 관용적인 정책을 펼치고 보통교육을 확대하였으며, 나아가 성문헌법 제정 작업도 추진하였다. 그는 자신을 국가의 첫 번째 종으로 자처함으로써, 전제정치에 인간적인 자비로움을 접목시키려 한 개화 군주로 평가되어 왔다.

17) 클라우제비츠는 인간의 성향을 감성에 따라 네 가지로 구분하였다. ① 활기 없는 인간(둔중한 인간); ② 매우 활발하고 감성도 풍부한데 조용한 인간; ③ 매우 민감한 인간; ④ 점차 조금씩 행동하는 인간. 클라우제비츠에 따르면, 이상 앞의 세 가지 인간 유형은 격렬한 불꽃과 같다. 이에 반해 마지막 유형은 불덩어리에 비유할 수 있다. 클라우제비츠는 이 중에서 최고 지휘관에게 적합한 인간은 네 번째 유형이라고 주장하였다.

1) 미국 4대 대통령이자 미국 헌법의 초안을 작성한 매디슨(James Madison, 1751-1836), 미국 초대 국무장관이자 강력한 연방국가의 수립을 가장 열렬히 주장한 해밀턴(Alexander Hamilton, 1757-1804), 미국 최초의 연방대법원장을 역임한 제이(John Jay, 1745-1829) 등 건국 초기의 대표적인 연방주의자들은 1787년 10월부터 1788년 8월까지, 『인디펜던트 저널 Independent Journal』을 비롯한 뉴욕시의 영향력 있는 신문에 당시 정치적인 대립관계에 있던 반연방주의자들(anti-federalists)을 겨냥하여 연속적으로 논설기사를 게재한 바 있으며, 이후 8편의 글을 추가하여 1788년 8월 『페더럴리스트 페이퍼』라는 제목으로 단행본 도서(총 85편의 글 모음집)를 출간하였다. 일간지 논설기사는 모두 푸블리우스(Publius)라는 익명으로 기고되었는데, 주지하듯이 푸블리우스(Publius Valerius Publicola)는 고대 로마공화국의 창시자 중 한 사람으로 알려져 있다.

2) 이 작품의 인용은 다음의 번역본을 사용하였다. 알렉산더 헤밀턴 · 제임스 매디슨 · 존 제이(2009). 한 다음의 번역을 참고하였다. 해밀턴, 알렉산더 · 매디슨, 제임스 · 제이, 존(2019) 국내 인문사회학계에서는 아직 이 작품에 대한 논의가 활발히 이루어지지 않고 있는 것으로 보인다. 다만 정치학계와 사학계 등에서는 이 작품에 관한 논문이 수편 발표된 바 있다. 본고의 저술 과정에서는 다음의 국내외 연구들을 참고하였다. 국내외의 연구상황에 대해서는 참고문헌을 보라.

3) 아메리카 대륙의 원주민 학살과 관련된 자세한 사항은 다음을 참고. 앨런 브링클리(2016), pp.27-51; 하워드 진(2016), pp.17-29.

4) 청교도들은 항해를 통한 이주 당시(1620년 11월 11일) 메이플라워호 선상에서 '메이플라워 서약'을 만들고 성인 남자 41명이 서명하였는데, 역사는 이 문헌을 북아메리카 최초의 성문헌법으로 칭하고 있다. 그 내용의 일부분을 소개하면 다음과 같다. "하나님의 이름으로 아멘, 경외하는 군주이신 제임스 왕에게 충성하는 우리 서명자 일동은 (…) 하나님 앞에서 엄숙하게 서로에 대해 계

약을 맺고(…) 우리 자신들을 하나의 시민적 통치제 안에 통합하며, 그에 따라 수시로 식민지 전체의 이익을 위해 적합하다고 판단되는 여러 가지 정당하고 평등한 법, 규정, 조례, 헌법, 관직 등을 제정하고 구성하고 설치할 것이며, 그 모든 것들에 대한 우리의 굴복과 순종을 약속하는 바이다."

5) 아메리카 독립선언문의 초안은 미국 3대 대통령이자 당대 최고의 지성인이며 이른바 국부 중 한 사람으로 잘 알려진 제퍼슨(Thomas Jefferson, 1743-1826)에 의해 마련되었다. 이 초안의 핵심적인 내용은 다음과 같다.

"인간사의 진행과정에서 한 국민이 자기들을 타자에게 얽매이게 하는 정치적 속박을 해체하고, 그리하여 스스로 지상의 열강들에 끼어 자연의 법칙과 신의 법칙에 따른 독립적이고 평등한 위치를 차지하는 것이 필요하게 될 때는 인류의 의견들을 예절 있게 존중하면서 자신들이 독립하지 않을 수 없는 이유를 선언해야만 한다. 우리는 다음과 같은 것들을 자명한 진리로 믿는 바, 즉 모든 사람은 평등하게 창조된다는 것, 그들은 창조주로부터 양도할 수 없는 일정한 권리를 부여 받는다는 것, 그리고 이에는 삶, 자유 및 행복의 추구 등이 포함된다는 것, 이러한 권리를 확보하기 위해 인간들 사이에 정부들이 수립되며, 이들의 정당한 권력은 피치자의 동의에 연유한다는 것, 어떠한 형태의 정부라도 그러한 목적들을 파괴하는 것이 될 때에는 그 정부를 바꾸거나 없애버려 새 정부를 수립하되, 인민들에게 자신들의 안전과 행복을 가장 잘 이룩할 것 같이 보이는 그런 원칙들에 입각하여 그 토대를 마련하고 또 그런 형태 하에 권력을 조직하는 것이 인민의 권리라는 것 등이다. (…)"

6) 잘 알려진 대로 각 정파의 대표자는, 『페더럴리스트 페이퍼』의 저자 중 한 사람인 해밀턴(연방파)과 제퍼슨(공화파)을 들 수 있다.

7) 미국 건국 초기의 연방파는 여러 차례의 내부 변화(국민공화파, 휘그당) 끝에 오늘날 미국 보수 세력을 대변하는 공화당(Republican Party)으로 거듭났으며, 대표적 인물인 해밀턴과 매디슨 이외에도 역사의 흐름 속에서 링컨, 아이젠하워, 닉슨, 레이건, 부시, 트럼프를 통해 정치적 이념을 계승하였다. 공화파 역시 역사의 흐름 속에서 약간의 변화를 거친 후 오늘날 서민 · 중산층과 진보세력을 대변하는 민주당(Democratic Party)으로 거듭났다. 당대의 대표

자격인 제퍼슨 이외에도 정치적 이념과 전통을 계승해온 인물로 F. 루즈벨트, 케네디, 클린턴, 오바마 등을 꼽을 수 있다.

8) 이 글을 통해 명확히 드러나겠지만, 미합중국 연방정부의 대표적인 권한으로는 국방과 외교권 등을 들 수 있으며, 이에 대해 주정부의 독립성을 상징하는 대표적인 권한으로는 교육제도와 경찰권 등을 들 수 있다.

9) 그런데 『페더럴리스트 페이퍼』는 전체적으로 볼 때 연맹에 관한 주제(①②③)와 공화주의에 관한 주제(④)로 양분된다고 말할 수 있으며, ⑤와 ⑥은 사실상 중복주제로 보는 것이 타당할 것이다. 작품의 구성 및 주제별 구분과 관련해서는 다음의 설명을 참고함. 최선근(1996), pp.321-327.

10) 플라톤이 제시한 이상국가의 철인왕에 관한 논의로는 다음을 참고. 서영식(2017), pp.118-154.

11) 플라톤은 『법률』(710a)에서 아직도 철인왕으로 상징되는 최선의 정치체제에 대한 미련이 남아있음을 보여주고 있다.

12) 사실 플라톤은 이상국가론을 전개한 『국가』 8권에서, 다양한 유형의 정치형태들(명예정체 · 과두정체 · 민주정체 · 참주정체)의 특징과 내면적 문제점을 상세히 묘사한 바 있다. 그렇지만 다양한 정체들의 장점들을 결합한 새로운 정체(혼합정체)에 관한 논의는 『법률』편에서 본격적으로 진행된다. 플라톤의 '혼합정체'의 의미를 분석한 글로는 다음을 참고. 김인곤(2014), pp.67-90.

13) cf. 『법률』 693d ff.

14) cf. 『법률』 713e f.

15) "오늘날 통치자들(hoi archontes)이라는 사람들을 법률에 대한 봉사자들로 일컫는 것은 명칭들의 쇄신을 위해서가 아니라, 무엇보다도 이것 이상으로 나라에 구원이거나 그 반대인 것이 없다고 제가 믿어서입니다. 법이 휘둘리고 권위를 잃는 곳에서는, 그런 나라에는 파멸이 닥쳐와 있는 게 보이니까요. 그러나 법이 통치자들의 주인이고, 통치자들은 법의 종들인 곳에서는 구원이 그리고 신들이 나라들에 주었던 온갖 좋은 것들이 생기는 걸 저는 내다봅니다." 『법률』 715d.

16) 플라톤이 『법률』편에서 제안한, 국가통치를 위한 제도적 장치에 관한 논의는

다음을 참고하고 부분적으로 요약한 내용이다. 서영식(2017), pp.232-234. 또한 다음의 논의를 참조할 것. Ch. Bobonich(2002); G.R. Morrow(1941), pp.105-126.

17) cf.『법률』, 754d-755b.

18) "(...) 모든 정체에는 세 부분이 있는데, (...) 이 세 부분 중 첫 번째는 공무(koina)에 관해 심의하는 부분(to bouleuomenon)이고, 두 번째는 공직에 관한 부분(to peri tas archas)이다. 말하자면 공직에는 어떤 것이 있어야 하고, 그 권한은 무엇이어야 하며, 공직자들은 어떻게 선출되어야 하느냐는 문제에 관한 부분이다. 세 번째는 재판에 관한 부분(to dikazon)이다."『정치학』 1297b35 ff.

19) 아리스토텔레스가『정치학』에서 제시한 최선의 정체에 관한 상세한 논의는 다음을 참고. 서영식(2013), pp.70-105.

20) cf.『법률』 1295a25-b12.

21) 나아가『페더럴리스트 페이퍼』와 로마 혼합정체론(예컨대 폴리비우스의 혼합정체론과 키케로의 공화주의론)과의 연관성도 반드시 검토될 필요가 있다.

22)『페더럴리스트 페이퍼』의 주요내용과 근대 유럽정치사상 사이의 연관성 및 영향관계에 관한 논의로는 다음을 참고. 김용민(2000); Dietmar H Heidemann and Katja Stoppenbrink(2010); George Mace(1979).

23) 홉스의 인간 이해와 관련해서는『리바이어던』 1부(인간에 대하여)를 참고.

24) "인류는 당파로 나뉘고 상호적개심에 휩싸이며 공공 이익을 위해 협조하기보다는 서로를 괴롭히고 억압하는데 더욱 신경을 쓰게 되었다. 그러한 상호적개심으로 빠지려는 인류의 성향이 너무 강하기 때문에 어떤 중요한 일이 있지 않을 경우 가장 사소하고 비현실적인 차이점도 그들의 우호적인 열정과 그들의 가장 폭력적인 투쟁에 불을 붙이기에 충분했다." 알렉산더 해밀턴 외(2009), p.63(10편).

25) "대통령직을 맡게 된 탐욕스러운 사람이 지금 누리고 있는 보수를 포기해야 한다고 예상하게 되면 지금의 기회를 이용하거나 가장 부정한 방법을 동원하여 물욕을 채우려 할 수 있다. 이런 사람도 만약 다른 가능성이 있다면 지금의

보수에 만족하고, 기회를 오용하여 야기될 수 있는 위험을 원치 않을 것이다. 그의 탐욕이 다른 탐욕을 억누르는 것이다. 이런 사람이 탐욕스러울 뿐만 아니라 허영심이나 야망을 가지고 있을 수 있다. 만약 그가 선행으로 인해 명예를 지속시킬 수 있다고 예상한다면 탐욕으로 명예를 더럽히려 하지 않을 것이다. 그러나 그러한 가능성이 전혀 없는 경우에는 탐욕이 허영이나 야망보다 앞설 수 있다." 알렉산더 해밀턴 외(2009), p.429-430(72편).

26) "인간에게는 권력을 장악하고 싶어하는 약점이 있기 때문에 법률을 제정할 권력을 가진 동일한 사람들이 그 법률을 집행할 권력까지 그들의 수중에 가지고자 하는 유혹은 너무나 커서 뿌리치기 어려울 것이다. 그리하여 그들은 스스로 만든 법률에 대한 복종으로부터 자신들을 면제시키고, 법률을 제정하고 집행하는 과정에서 자신들의 사적 이득에 적합하게 그 법률을 뜯어고치며, 그럼으로써 사회 및 정부의 목적과 반대되는 그리고 공동체의 여러 성원들로부터 구분되는 이해관계를 가질 수 있게 될 것이다. 그렇기 때문에 의당 그래야 하는 것처럼 전체의 선이 적절히 고려되는 잘 정비된 국가에서 입법권은 적절하게 소집된 다양한 사람들의 수중에 맡겨지며, 그들은 그들만의 권한으로 또는 다른 사람들과 더불어 법률을 제정할 권력을 가진다. 그리고 그들은 그 일을 완수하면, 다시 흩어져서 그들 자신이 제정한 법률에 복종하는 신민으로 되돌아간다. 이러한 사정은 그들이 주의를 해야 하는 새롭고 당면한 구속이 되기 때문에 그들은 법률을 공공선을 위해서 만들게 된다." J. 로크(1996), p.139(12장).

27) "시민의 자유는 자신이 안전하다는 의견에서 나오는 정신의 평온함이며, 시민이 이러한 자유를 누리도록 하기 위해서 정부는 한 시민이 다른 시민을 두려워하지 않도록 해야 한다.

입법권이 행정권과 결합되어 한 개인이나 일군의 행정관의 수중에 놓이게 된다면, 자유는 있을 수 없다. 왜냐하면 시민은 독재적 법을 만드는 군주나 원로원이 또한 그 법을 독재적으로 집행할 것을 두려워하기 때문이다.

사법권이 입법권이나 행정권으로부터 분리되지 않을 때도 자유는 있을 수 없다. 만일 사법권이 입법권과 결합된다면, 판사가 곧 입법자가 되기 때문에,

시민의 생명과 자유에 대한 권력은 자의적이 된다. 만약에 사법권이 행정권과 결합된다면 판사는 억압자의 권력을 지닐 수 있게 된다.

만약에 동일한 사람이나, 혹은 그것이 귀족의 집단이나 인민의 집단이건 간에 동일한 핵심집단이 세 가지 권력을 모두 행사한다면 모든 것이 상실된다." 몽테스키외(2006), p.157.(2권 ch. 6)

28) 즉 왕정(군주제)은 당대에 아무리 탁월한 군주가 선정(善政)을 베풀더라도 대를 이어 존속하는 과정에서 결국 전제군주의 등장으로 타락할 수밖에 없고, 이를 극복하기 위해 폭군을 몰아낸 소수의 유력인사들은 집단지도체제인 귀족정의 형태로 나라를 운영하지만 이 역시 시간의 흐름과 더불어 과두정으로 타락하게 되며, 이에 민중들이 스스로의 힘으로 나라를 제대로 통치하고자 하는 열망에 따라 민주정이 성립하지만 이 역시 대중 영합주의에 빠지면 중우정(衆愚政)으로 전락하게 된다. 이러한 상황에서는 세상은 다시 혼란을 잠식시키고 강력한 리더십을 발휘할 수 있는 지도자를 갈망하게 되고, 이에 의지와 능력을 갖춘 영웅적인 인물이 등장함으로써 정치체제는 다시 군주정의 형태로 복귀하게 된다는 것이다.

29) 주지하듯이 영국은 다른 유럽국가들에 비해 일찍부터 입헌군주국으로 자리매김 하였는바, 왕은 직접적인 통치보다는 국가의 권위와 품위를 상징하는 존재로 자리매김 되었다. 이에 대해 고대 로마의 원로원을 모방한 상원(House of Lords)은 세습귀족들의 지배구조를 대변하는 기구였으며, 주로 사법기능과 사회기풍 유지에서 역할을 찾았다. 다른 한 편 고대 로마의 호민관을 모델로 한 하원(House of Representatives)은 일반대중이 선거를 통해 선출됨으로써 민의를 대변하는 기구로 자리 잡았으며, 핵심역할은 무엇보다 입법기능에 있었다.

30) "한 부문에 여러 권력들이 점점 집중되는 것을 방지하는 가장 확실한 방법은 각 부문을 관장하는 수반들에게 다른 부문의 권리침해를 저지할 수 있는 필수적인 헌법적 수단과 개인적 동기를 부여하는 것이다. 다른 모든 경우에서와 같이 이러한 경우에도 공격의 위험성에 상응하는 방지책이 마련되어야 한다. 야심에는 야심으로 대비해야 한다. 개인의 이해관계는 그의 직책의 헌법적 권

리와 결부되어야 한다. 정부의 권력남용을 억제하기 위해 이러한 제도적 장치들이 필요한 것은 인간의 본성에 대한 불신에서 비롯되는 것이다. 그러나 인간의 본성에 대한 큰 불신이 바로 정부 그 자체가 아닌가? 만약 인간이 천사라면 어떤 정부도 필요 없을 것이다. 또한 천사가 인간을 다스린다면 정부에 대한 외적, 내적 통제도 필요 없을 것이다." 알렉산더 해밀턴 외(2009), p.316(51편).

31) "분명한 부분에 일정하게 분배된 권력, 입법부의 견제와 균형의 채택, 적법행위를 하는 한 직책이 보장되는 판사들로 구성된 법원, 국민이 선택한 대표에 의한 의회, 이 모든 것들은 완전히 새로운 발견이거나 또는 완벽함을 추구하며 이 시대에서 발전을 이룩한 장치들이다. 이것은 공화주의 정부의 우월성을 유지하고 그 결함을 피할 수 있는 강력한 수단이다." 알렉산더 해밀턴 외(2009), p.569(72편).

32) 정부(government)는 광의로는 '입법, 사법, 행정 등 한 나라의 통치기구 전체'를 의미하며, 협의로는 '내각 또는 행정부 및 그에 부속된 행정기구(administration)'를 지칭한다. 미국의 경우 government라는 명칭은 광의로만 사용되며, 내각이나 행정부를 지칭할 때는 administration으로 표현한다. cf. 바이든 행정부(Biden-Administration); 미합중국 연방정부(Federal government of the United States)

33) 이와 관련해서 근대 독일 역사학자이며 객관주의 역사학의 창시자로 잘 알려진 랑케(Leopold von Ranke, 1795-1886)는, 미합중국의 건국과정을 단순히 한 나라의 독립운동이 아니라 진정한 의미에서의 혁명(revolution)이었다고 평가한바 있다. 즉 그는 '미국혁명(American Revolution)'은 세계사에서 가장 의미 있는 사건인 바, 그동안 일부 철학자나 정치사상가들의 머릿속에만 존재했던 '주권재민(主權在民)' 사상이 현실 속에서 구현되었으며, 세습이 아닌 선출직으로 최고 국무위원을 뽑은 인류 역사상 최초의 사례라고 극찬하였다.

34) "미합중국의 대통령은 4년마다 국민에 의해 선출된다. 영국의 왕은 영원하며 세습적인 군주이다. 대통령은 개인적으로 처벌을 받거나 불명예를 당할 수 있으나 왕은 신성하며 불가침한 존재이다. 대통령은 입법부의 법안을 '제한적으

로' 거부할 수 있으나, 왕은 절대적인 거부권을 갖는다. 대통령은 합중국 육·해군의 총사령관의 권한을 갖고 있지만, 왕은 그 권한 위에 전쟁을 선포할 권리, 자신의 권위로 함대와 군대를 증가하고 규제할 권한을 갖고 있다. 대통령은 조약을 체결할 때 입법부와 협조해야 하지만, 왕은 조약을 체결하는 권한의 '유일한 소유자'이다. 대통령은 관리임명에 대해 공동의 권한을 갖고 있지만, 왕은 단독적으로 모든 임명권을 갖고 있다. 대통령은 어떠한 특권도 수여할 수 없지만, 왕은 외국인을 자국의 시민으로 만들 수 있고 평민을 귀족으로 만들 수도 있다. (...) 대통령은 국가의 통상이나 통화와 관련하여 어떠한 규제도 지시할 수 없으나 왕은 여러 면에서 통상의 중재자가 되며, 시장을 열 수도 있으며, 도량형을 규제할 수 있고, 일정기간 동안 통상을 금지할 수도 있으며, 화폐를 주조할 수도 있고, 또한 외국 통화의 통용을 허가하거나 금지할 수도 있다. 대통령은 조금도 종교적인 면에서는 권한이 없으나 왕은 국민교회의 최고 수장이며 지도자인 것이다. 서로 매우 다른 것들이 서로 닮았다고 우리를 설득하려는 사람들에게 무엇이라고 대답할 수 있을 것인가? 모든 권력이 시민에 의해 주기적으로 선출되는 사람들의 손에 주어진 정부형태를 귀족정치, 군주제 그리고 독재정치라고 이야기하는 사람들에게는 똑같은 대답이 주어질 것이다." 알렉산더 해밀턴 외(2009), p.414 f.(69편).

35) 미합중국의 대통령제 도입과 정착 과정에서 초대 대통령이었던 조지 워싱턴(George Washington, 1732.02.22-1799.12.14)의 정치적 결단과 인품이 대단히 중요한 역할을 했음은 불문가지이다. 당시 그는 독립전쟁 총사령관이었던 자신의 정치적 명성을 이용하여, 유럽의 왕들에 버금가는 종신 대통령으로서 평생 권력을 누릴 수 있음에도 불구하고, 재선 이후 3선을 거부하는 '고별사'(George Washington Farewell Address)를 미리 발표하여(퇴임 6개월 전 작성 및 공식발표, 1796년 9월 17일), 서구 정치사상 최초로 평화로운 권력이양(peaceful transition)의 본보기를 마련하였고, 이를 통해 진정한 자유와 민주주의가 현실 속에서 가능함을 만천하에 보여주었다. 다른 한편 워싱턴은 대통령취임식 당일 대중들의 예상을 뒤엎고 수수한 검은색 재킷을 착용함으로써, 동시대 영국왕 조지3(George III of the United Kingdom)를 포함한 여타

의 유럽 왕들과 달리 통치자로서의 외적 권위와 허영을 벗어 버리겠다는 의지를 행동으로 보여주었다. 또한 그는 측근들에 의해 제안되었던 최초의 미국 대통령 칭호(자유의 수호자, 미국 대통령 각하 His Highness, the President of the United States of America and Protector of their Liberties)도 과감히 거부하고, 오늘날 미국 대통령에 대한 일반적인 호칭이 된, Mr. President로 자신을 부르도록 했다.

36) "공화국, 즉 대표제도가 행해지는 정부는 다른 가능성을 열어주고 우리가 추구하는 해결책을 약속한다. 공화국과 순수한 민주주의의 차이점을 조사해 보면 우리는 해결책의 본질과 연맹의 효율성을 이해하게 될 것이다. 민주주의와 공화제간의 가장 큰 차이점은 첫째, 공화제의 경우 시민이 선출한 소수의 대표에게 정부를 위임한다는 사실이다. 둘째 공화제는 더 많은 수의 시민들과 더 넓은 범위의 국가로 확장될 수 있다는 점이다. 첫 번째 차이점의 효과는 한편으로 대중의 의견을 선출된 시민집단이라는 매개체에 통과시킴으로써 이를 정제하고 확대시키는 것이다. 선출된 집단의 현명함은 자국의 진정한 관심사를 가장 훌륭하게 분별할 것이고 그들의 애국심과 정의에 대한 애정은 그들의 국가를 일시적 또는 부분적 이유 때문에 희생시킬 가능성을 가장 낮게 해준다. 이러한 규정 하에서 국민의 대표를 통한 대중의 목소리는 같은 목적으로 소집된 직접적인 의견보다 공익에 더욱더 조화될 수 있을 것이다." 알렉산더 해밀턴 외(2009), p.65 f.(10편).

37) 매디슨의 '인민주권' 개념 고안과 관련된 논의로는 다음을 참고. 정경희(2008), pp.255-283.

38) 우리는 이러한 논의를 통해서 앞에서 제기되었던 질문(왜 미국 대통령 선거제도는 건국 이후 현재까지도 직선제가 아니라, 주별 선거인단에 의한 간선제이며 승자독식제가 유지되고 있는가?)에 대한 간접적인 해답을 얻을 수 있을 것이다. 선거인단 간선제는 독립 이전부터 존재해왔던 '나라'(state)들의 고유한 정치적 권리에 대한 인정의 표현이다.

39) 이러한 이념을 반영하여 1782년 만들어진 이래 현재까지 통용되고 있는 미합중국 표어가 바로 'E pluribus unum'(다수로부터 하나로) 이다.

40) 인민주권론에 기초한 대의민주주의에 관한 논의는 이미 토마스 제퍼슨의 '독립선언문'에서도 명확히 제시된 바 있다. "우리는 모든 인민들(men)이 평등하게 창조되고 그들이 그들의 창조주에 의해 특정의 불가양도의 권리를 부여받고, 생명, 자유, 행복의 추구가 그 권리에 포함된다는 진리를 자명한 것으로 받아들인다. 이러한 권리들을 확실히 하기 위해 피치자의 동의로부터 정당한 권력을 이끌어내면서 인간들 사이에서 정부가 제도화된다는 자명한 진리도 알고 있다. (...)"

41) "어떠한 입법가라도 공정한 의도와 훌륭한 판단력, 그와 더불어 그가 입법할 대상에 대하여 어느 정도의 지식을 갖추지 못한다면 유능한 입법가가 될 수 없다. 이러한 지식의 일부는 민간 및 공공기관의 정보에 의해 획득될 수 있으나 다른 일부는 오로지 그것의 사용을 필요로 하는 곳에서의 실제적인 경험을 통해서만 획득될 수 있다. 그러므로 모든 경우에 있어서 업무를 수행하는 임기는 규정된 업무수행에 요구되는 실질적 지식의 정도와 어느 정도 상관관계를 가져야 한다. (…) 2년이라는 기간은 1년이라는 기간이 주입법에 필요한 지식의 양에 비례하는 것처럼 중앙정부의 입법에 필요한 지식의 양에 비례하는 것이 아닌가?" 알렉산더 해밀턴 외(2009), p.327(53편).

42) "상업을 적절히 통제하기 위해서는 많은 정보가 필요하다. 그러나 이러한 정보가 각 주의 법률과 지역적 상황에 관한 것이라면 그것을 연방의회에 충분히 전달할 수 있는 대표는 극히 소수일 것이다. (…) 주내의 징세의 경우 그 주의 환경에 대한 광범위한 지식이 필요하다. 그러나 이 또한 그 주의 광범위한 지역에서 선출된 소수의 학식 있는 사람들이 충분히 알고 있을 것이 아닌가? (…) 각 주의 대표자들은 자신의 주의 법률에 대해 상당한 지식과 현지 정보를 가지고 있을 뿐 아니라 모든 그 주의 지역적 정보와 이해가 집결되는 주의회 의원이었거나 의원일 경우가 많기 때문에 합중국의 입법부는 그들로부터 그러한 정보들을 쉽게 전달받을 수 있다." 알렉산더 해밀턴 외(2009), p.341 f.(56편).

43) "모든 정치체제의 목표는 우선 그 사회의 공익이 무엇인가를 판단할 최고의 지혜와 그러한 공익을 추구하는 최고의 덕성을 지닌 사람들을 지도자로 확보

하는 것이거나 확보해야 하는 것이다. 그리고 다음으로는 그들이 대중의 신탁을 받고 있는 동안 그러한 덕성을 유지할 수 있도록 가장 효과적인 견제책을 강구하는 것이다. 선거를 통해 지도자를 선출하는 방법은 공화정부의 특징적인 정책이다. 이러한 형태의 정부에서 그들의 타락을 막기 위해 사용하고 있는 수단은 다양하다. 그 중 가장 효과적인 것은 국민에 대한 책임을 의식하도록 하는 임기의 제한이다." 알렉산더 해밀턴 외(2009), p.345(57편).

44) 이 작품의 의의는 대략 다음과 같이 간략히 표현될 수 있을 것이다. 첫 번째, 이 작품은 개인의 자유가 침해되는 경우를 공동체 내에서 방지하고, 인간 각자에게 자유를 보장할 수 있는 방안을 매우 구체적이며 혁신적인 방식으로 제시하였다. 연방주의 헌법에 입각한 권력의 분립과 공유 그리고 권력기관들 사이의 견제와 균형이 그것이다. 두 번째, 이 작품을 통해서 독자들은 미국인과 미국사회의 정치문화를 본질적인 수준에서 이해할 수 있다. 즉 과거와 현재의 미국인들이 가장 중요하게 여기는 가치들(개인의 자유와 존엄성, 일에 상응하는 대가, 행복의 추구 etc.)이 왜 그리고 어떻게 그들의 의식 속에서 서서히 형성되었는지 확인할 수 있는 것이다. 세 번째, 이 작품을 통해서 현대 미국사회의 권력구조의 유지와 지속적인 정치적 안정이 어떻게 가능할 수 있었는지 확인할 수 있다. 예컨대 미국은 건국 이후 지금까지 몇 차례의 수정헌법조항 삽입을 제외하고는 헌법의 근본이념과 내용들이 그대로 유지되고 있는데, 이는 세계정치사에서 예외적인 현상에 속하며 그 이유를 『페더럴리스트 페이퍼』를 통해 간접적으로 확인할 수 있다. 네 번째, 우리는 『페더럴리스트 페이퍼』를 통해서 오랫동안 미국사회를 지탱해온 생활원리이자 역동성의 상징인 다원주의적 사고방식에 대해 심층적으로 이해하게 된다. 최선근(1996), pp.321-327.

VII. 피터 드러커와 지식노동자의 셀프리더십

1) cf. K. 마르크스의 사회분석 프레임 : ①원시공산사회→ ②봉건사회→ ③자본주의 사회 →④사회주의 사회→ ⑤공산사회

2) 이상적인 인간관에 관한 이하의 논의는 드러커의 저술 『경제인의 종말』의 내용을 요약적으로 정리한 것이다. 이 책의 번역은 다음과 같다. 피터 드러커(2008), 『경제인의 종말』, 이재규 역, 한국경제신문. 또한 서술 과정에서 드러커의 사상을 국내에 소개하는 역할을 성실히 수행했던 故 이재규 교수의 저술(『피터 드러커의 사회관 - 지식사회』, 2009)을 체계적으로 활용하였다.

3) 한마디로 "인간의 행복은 유한한 자원과 무한한 욕망을 어떻게 조화시키는가에 달렸다."

4) 마르크스가 장자크 루소와 함께 주장한 사회에 의한 구원(salvation by society)이 가능하기 위한 조건에 해당될 것이다.

5) 아래의 인용문은 피터 드러커의 『경제인의 종말』(1939)과 『산업인의 미래』(1942) 등에서 서술된 내용이다. "마르크시즘은, 자유가 없고 불평등한 자본주의 사회를 극복하고 '계급 없는 사회(classless society)'를 만들어 자유와 평등을 실현하겠다는 약속으로 등장하고 또 그것의 실패로 몰락한다. 마르크시즘이 실패한 이유는, 마르크시즘이 계급 없는 사회를 만들 수 없을 뿐만 아니라 필연적으로 심지어 한층 더 경직되고 자유도 없는 형태의 계급을 초래하지 않을 수 없다는, 다시 말해 마르크시스트 사회주의가 자신의 신조를 지킬 수 없다는 것을 증명했기 때문이다. 마르크시즘의 신념 체계에 빼놓을 수 없는 근본 강령 가운데 하나가 착취자의 제거이다. 자본주의는 점점 더 규모가 큰 생산 단위로 통합되는 경향을 보이는데, 그렇게 되면 재산은 몇몇 소수에게 집중되고 특권을 누리는 남다른 사람들의 숫자도 당연히 감소될 것이다. 그 몇몇 착취자들을 제거하면 필연적으로 모두가 프롤레타리아처럼 동등해지는 사회구조로 발전한다. (…) 그러나 실제로는 특권을 누리는 새로운 남다른 사람들, 즉 공산주의 국가의 권력 엘리트들의 숫자는 기하급수적으로 증가한다."

6) 나아가 드러커에 따르면 이미 기업가적 사회에서는 '계속 학습'과 '재학습'의 중요성이 강조되고 있으며, 따라서 20세기 후반에 등장하게 될 새로운 사회의 모습들('조직사회', '지식사회' etc.)을 어느 정도 예비하고 있다고 말할 수 있다.

7) "다음 사회는 지식사회일 것이다. 지식이 지식사회의 핵심 자원일 것이고, 지식근로자가 노동력 가운데 지배적 집단이 될 것이다. 지식사회의 세 가지 주

요 특성들은 다음과 같을 것이다. 첫째, 국경이 없다. 왜냐하면 지식은 돈보다 훨씬 더 쉽게 돌아다니기 때문이다. 둘째, 상승이동이 쉬워진다. 누구나 손쉽게 정규교육을 받을 수 있기 때문이다. 셋째, 성공뿐만 아니라 실패할 가능성도 높다. 어떤 사람도 '생산 수단들'을, 즉 어떤 직무의 수행에 필요한 지식을 획득하고 휴대하여 자신의 지식과 능력을 필요로 하는 곳이면 전 세계 어디든지 접근하고 소속하거나 또는 아웃소싱 업무를 하청받을 수 있기 때문에 누구도 성공할 수 있는 사회가 된다. 그렇다고 해서 모두가 승리할 수는 없다." P.F. 드러커(2007), 『넥스트 소사이어티』, 이재규 역, 한국경제신문.

Ⅷ. 단재 신채호의 리더정신과 셀프리더십

1) 단재의 역사관 형성과 민족주의 역사학 체계수립에 가장 많은 영향을 준 것은 한편으로 조선 후기 실학파 특히 성호 이익(星湖 李瀷, 1681-1763)과 순암 안정복(順菴 安鼎福, 1712-1791) 같은 남인 계열 학자들의 역사의식 및 문헌실증주의 학문방법론이며, 다른 한편 당대에 중국인으로서 가장 선구적으로 서양학문방법론을 익히고 활용했던 양계초(梁啓超, 1873-1929)의 저술(『중국역사연구법』(1922) 등)로 알려져 있다. 이와 관련해서는 다음을 참고. 이홍기(2013), pp.156-166.

다른 한편, 단재의 학술연구와 집필 주제는 표면상 우리 민족의 계몽과 역사연구에 집중되어 있으나, 그는 동시대에 접할 수 있었던 서구의 다양한 사상을 두루 섭렵하여 자기화했으며 서양의 역사에도 통달한 것으로 알려져 있다. 단재가 『조선상고사 총론』이나 『조선혁명선언』 같은 주요 저술에서 직접 언급하거나 인용한 서양사상가로는 예컨대 루소, 칸트, 볼테르, 다윈, 스펜서, 크로포트킨, 마르크스, 바쿠닌 등을 들 수 있다. 이와 관련해서는 다음을 참고. 김병민(2014), p.29 ff. 또한 단재는 신문논설과 잡지 기고 등 다양한 집필 기회를 통해서 서양의 역사에서 구한말 상황과 유사한 어려움을 겪었던 민족이나 국가(예컨대 이탈리아, 스위스, 폴란드 등)의 국난극복사례를 집중적으로 소개하기도 하였다. 따라서 단재의 사상을 논할 때 그가 접하고 주체적으로 해석했던 서양학문이나 서양역사와의 영향관계를 고려하는 것은 대단히 중요하다고 말할 수 있다.

2) 대전(大田)에서 출생하고 성장한 단재는 조부와 함께 청소년기를 보낸 현재의 충북 청원군 지역에서 신규식(申圭植, 1880-1922), 신백우(申伯雨, 1889-1962)와 함께 이른바 '산동삼재'(山東三才)로 불렸다. 또한 수년간 이어진 청년기 서울 활동 중에는 홍명희(洪命熹, 1888-1968), 정인보(鄭寅普, 1893-1950)와 함께 '천하삼재'(天下三才)로 불렸는데, 그중에서도 단재가 으뜸이었다고 전한다. 이홍기(2013), p.29.

3) 리더십 차원에서 단재의 사상과 실천을 조명한 선행연구로는 예컨대 다음을 들 수 있다. 정윤재(2002); 박병철(2016). 그런데 이러한 선행연구들 역시 기존의 단재 관련 연구논문들과 유사하게 그의 생애와 활동을 시대순으로 정리하고 소개하는 서술방식을 취하고 있기에 아쉬움이 남는다.

4) 단재의 사상과 실천이 단지 우리 민족에게만 자극을 주고 영향을 끼친 것이 아니라는 점은, 일제 패망 직후부터 한국과 중국의 무수한 명사와 지식인들이 단재의 뜻을 잇고자 다양한 차원의 선양사업을 추진한 사실을 통해서도 분명히 드러난다. 예컨대 1945년 중국 상해에서 설립되고 운영된 '신채호학사'(申采浩學社)를 들 수 있다. cf. 김병민(2014), p.53 f.

5) 이러한 특징으로 인해 근대 계몽주의의 자장(磁場) 속에서 형성된 자아관은 흔히 주객 분리의 인식론적 구조를 가진 것으로 평가된다.

6) 이러한 자아 관념이 등장하는 서구문화사 초기의 대표적인 저술로는 호메로스의 『오뒷세이아』를 들 수 있을 것이다. 이와 관련해서는 이태수(2009) 참고.

7) 인간 존재의 역사성과 공동체적 성격을 강조한 현대의 대표적인 학자로는 스코틀랜드 출신으로 현재 미국에서 활동하고 있는 맥킨타이어(Alasdair Chalmers MacIntyre, 1929-)를 들 수 있다. 주지하듯이 '서사적 자아'나 '서사적 통일성' 같은 표현도 그가 고안한 개념들이다. 이 주제와 연관된 국내 번역서로는 A. 매킨타이어(2021)를 참고. 또한 서사적 자아에 관한 다음의 연구 참고. 방진하(2014); 원신애(2010); 장사형(2020).

8) 신채호(2021), p.24 f.

9) "무릇 선천적 실질로부터 말하면 아가 생긴 뒤에 비아가 생긴 것이지만, 후천적 형식으로 말하면 비아가 있은 뒤에 아가 있나니, (…)" 신채호(2021) 참고.

10) 단재가 구상한 아와 비아의 특성 및 관계에 대한 요약적 설명은 최근에 제시된 정대성의 단재 해석입장을 수용하여, 근대 독일관념론의 출발점을 형성하는 피히테(Johann Gottlieb Fichte, 1762-1814)의 의식철학의 기본구도와의 비교를 통해 제시한 것이다. 정대성(2020), pp.97-123, 특히 114 ff. 또한 다음을 참고. J.G. 피히테(1996); J.G. 피히테(2005); 신일철(1983); K. Gloy(2000).

11) 민족주의는 매우 다의적인 개념이며, 따라서 다양한 방식으로 사용될 수 있다. 그렇다면 단재는 어떤 의미에서 민족주의라는 용어를 사용했을까? 그의 표현에 따르면, "타 민족의 간섭을 받아들이지 않는 주의"이며, "우리나라는 우리 민족이 주장"할 수 있는 태도에 다름 아니다. 따라서 단재의 입장에서는 당시 일본 등 제국주의가 내세웠던 강자의 세력 확장 정당화 논리에 결연히 반대한다. 역으로 단재의 민족주의 사상은 자강(自彊)을 통해 그러한 약육강식 논리와 제국의 침략주의를 극복하자는 것이다. 동시대의 사상 중에서는 '세계 각 민족은 스스로 정치적 운명을 결정할 권리가 있으며 다른 민족의 간섭을 받을 수 없다'고 천명한 윌슨(Woodrow Wilson, 1856-1924, 미국 28대 대통령)의 '민족자결주의'와 비교 가능할 것이다.

12) "말하자면, 조선민족 —즉, 「아(我)」—이 출현한 뒤에야 조선민족과 상대되는 묘족(苗族)·한족(漢族) 등 — 즉, 「비아(非我)」—이 있게 되는 것이니, 이는 선천적인 것에 속한 것이다. 그러나 만일 묘족(苗族)·한족(漢族) 등 「비아(非我)」인 상대자가 없었다면 조선이 한 국명(國名)을 세우거나 삼경(三京)을 만들거나 오군(五軍)을 두거나 하는 등 「아(我)」의 작용도 생기지 못할 것이니, 이는 후천적인 것에 속한 것이다." 신채호(2021), p.27.

13) 단재의 아와 비아 개념을 개인적 차원의 행위주체가 아닌 민족과 국가라는 집합적 차원에만 적용하고 해석해야 한다는 입장이 존재한다. 예컨대 신정근은 아를 "개별적 행위 주체가 아니라, 국가의 집단 생존을 꾀하기 위해 참여하는 일군의 사람을 가리키는 집합명사" 내지 "상황과 개인의 의사에 따라 양적 증

감과 질적 응축이 생겨날 수 있는 사회학의 세력"으로 해석해야 한다고 주장하였다. 신정근(2011), p.84. 그러나 이 글에서는 단재가 제시한 다양한 담론 맥락에 따라 아와 비아 개념이 개별적인 인간 존재와 개인들로 구성된 집단에 모두 적용될 수 있다는 전제 하에 논의를 진행할 것이다.

14) 셀프리더십에 관한 일반적인 설명은 다음을 참고. 이상호(2015), pp.403-429.

15) 단재가 정체성 확립과 공유비전 실현 과정에서 겪었던 사상적 변화는 한두 마디로 표현하기 어려울 정도로 다양하고 지속적이었으며, 이에 대한 해석 역시 오늘날까지 분분한 실정이다. 단재 사상의 변천에 관한 해석입장으로는 전환설(시대와 상황에 따라 입장과 사상 변화 : 이변설, 삼변설, 사변설), 중핵설(외연은 확대되나 중심사상은 지속), 절충설(사상적 변화에도 불구하고 변치 않는 중심사상 존재) 등을 들 수 있다. 어쨌든 단재가 사상적으로 조우하고 한때 마음의 중심에 놓았던 이론이나 사상으로는 조선 성리학, 개신유학, 사회진화론, 민족주의, 아나키즘 등을 들 수 있다. cf. 신정근(2011), p.62 ff.

16) 신기선(申箕善, 1851-1909), 구한말 유학자이자 여러 관직을 거친 관료. 이후 단재는 신기선과의 과거 사적인 관계(학업 후원과 성균관 추천 등)에 연연하지 않고, 그가 이토 히로부미로부터 자금을 지원받아 유림계(儒林界)의 친일화를 목표로 1907년 설립된 대동학회(大東學會)의 활동에 적극 참여했다는 이유로 강력히 비판하는 논설을 대한매일신보에 게재(1908.4.8.)하였다. 이를 통해서도 단재가 이미 청년 시절부터 공과 사를 명확히 구분하는 기개를 지니고 있었음을 확인할 수 있다.

17) 이 점을 보여주는 단적인 예로는 단재가 성균관 박사로 임명된 다음 날 직을 사임했다는 사실을 들 수 있다. 이러한 해석에 반해 단재와 전통 유학 간의 영향관계를 긍정적으로 논한 글로는 다음을 참고. 박정심(2004).

18) 현대 미국 실용주의(pragmatism)의 핵심 이론가 중 한 사람인 듀이(John Dewey, 1859-1952)는 "사상은 식탁의 포크와 같다"는 표현을 통해 사상의 독자적 가치를 강조하는 전통적 사고방식을 거부하고, 사상의 도구적 성격을 주장한 바 있다. 또한 제임스(William James, 1842-1910)는 특정한 이론이나 사상은 그것이 구체적인 결과를 야기할 경우에만 가치를 지닌다는 의미에서, 진

리는 "현금가치"(cash-value)라고 주장하였다. 세상을 제대로 이해하고 현실의 문제를 적극적으로 해결하는 과정에서 일생 동안 여러 차례 사상 개조를 단행했던 단재의 가치관도 이와 유사한 면을 지닌 것으로 볼 수 있다.

19) 단재의 사회진화론 수용은 대다수 구한말 지식인들과 유사하게, 강유위(康有爲, 1858-1927), 양계초 등 청나라의 개혁적 지식인들이 서구문물을 소개한 저작들을 탐독함으로써 이루어졌다. 특히 단재는 양계초의 『이태리건국삼걸전』(1902)을 번역하여 국내에 소개하였으며(1907), 이 작품에 영향을 받아 한반도 오천년 역사 속의 구국영웅들을 발굴하고 일대기를 집필하는 작업에 한동안 몰두하였다.

20) 단재는 당시 일제의 국권침탈 기도에 맞서기 위해, 사회진화론의 영향을 받아 교육·문화·경제 분야 등 각 방면에서 불길처럼 일어나던 각종 '자강운동'(自彊運動)에 적극적으로 참여하였다. 단재가 경술국치 직전 중국으로 망명하기 전에 국내에서 참여하고 활동했던 대표적인 애국계몽 조직을 언급하면, 신민회(1907-1911), 대한자강회(1906-1907), 대한협회(1907-1910), 기호흥학회(1908-1910) 등을 들 수 있다.

21) 이와 관련해서는 다음을 참고. 이호룡(2013), p.20 ff.

22) 신정근(2011), p.74.

23) 단재는 실제 역사의 흐름을 볼 때 시시비비를 가려야 한다는 도덕적 주장은 사실상 이해관계를 최우선으로 추구하면서도 이를 감추기 위한 포장과 장식에 불과했는데, 유독 우리 민족은 이 사실을 정확히 파악하고 대처하는데 어두웠다고 비판하였다. "시비는 이해의 별명(別名)이다." (『利害』, 하: 145) 또한 단재는 천당과 지옥의 구분조차도 우승열패 내지 약육강식의 산물일 뿐이라고 진단하였다. "육계나 영계나 모두 승리자(勝利者)의 판이니 천당(天堂)이란 것은 오직 주먹 큰 자가 차지하는 집이요, 주먹이 약(弱)하면 지옥(地獄)으로 쫓기어 가리라." (『꿈하늘』, 하: 182-183)

24) 주지하듯이 단재는 『조선혁명선언』(1923) 등에서 민족의 생존과 독립을 위해서라면 폭력적인 수단을 동원해서라도 "강도 일본"(强盜 日本)을 물리쳐야 한다고 주장하였다. 신채호(2020) 참고.

25) 단재에게 있어서 대아와 소아의 구분은, 전근대 유교 전통 속에서 등장하는 이른바 '대인'(大人), '대체'(大體), '도심'(道心)과 '소인'(小人), '소체'(小體), '인심'(人心) 간의 구분을 연상시킨다. 유소년 시절 철저하게 유학교육을 받았던 단재는 한편으로 정신적으로 자립하는 청년 시기부터 중화 사대주의의 토대이자 변화하는 현실에 제대로 대응할 기반이 없는 성리학을 강하게 비판하면서도, 다른 한편 자신의 고유한 사상을 전개하는 과정에서 전통 유학의 개념들을 자주적으로 활용하는 모습을 보였다.

26) cf. 정윤재(2002), p.120 ff.

27) 이에 단재는 "무슨 주의(主義)가 들어와도 조선의 주의가 되지 않고 주의의 조선이 되려 한다. 그리하여 도덕과 주의를 위하는 조선은 있고 조선을 위하는 도덕과 주의는 없다. (...) 우리나라에 부처가 들어오면 한국의 부처가 되지 못하고 부처의 한국이 된다. 우리나라에 공자가 들어오면 한국을 위한 공자가 되지 못하고 공자를 위한 한국이 된다. 우리나라에 기독교가 들어오면 한국을 위한 예수가 아니고 예수를 위한 한국이 되니, 이것이 어쩐 일이냐! 이것도 정신이라면 정신인데, 이것은 바로 노예정신"이라고 질타했던 것이다. 『낭객(浪客)의 신년만필(新年漫筆)』(1925)

28) 단재가 우리 역사 속의 성공한 무장들만을 '영웅'으로 간주하고 내세운 것은 물론 아니다. 단재에 따르면 영웅이란 정치 · 경제 · 사회 · 문화 · 예술 등 사회의 다양한 영역에서 뛰어난 능력을 바탕으로 탁월한 업적을 쌓은 후, 자신의 능력을 개인적 이해관계나 당파에 함몰되지 않고 국가와 민족 전체의 이익을 위해 공정하게 사용할 줄 아는 인물이다. 다만 단재는 당시 약육강식과 우승열패를 당연시하는 세계의 정치 환경과 일본제국주의자들의 강권침탈 야욕에 맞서기 위해서는 무엇보다 강한 국력과 국민 전체의 상무적 정신자세 확립이 필요하다는 판단하에 역사 속의 구국 영웅들을 동시대로 소환했던 것이다.

29) 이와 관련해서는 다음을 참고. 박찬승(2010); 최형욱(2020).

30) 단재신채호전집간행위원회 편, 『(개정판) 단재신채호전집』, 상권, p.228.

31) 단재는 '아나키즘'에 심취한 인생 후반기에 '민중 직접 혁명'의 기치 아래 일본제국주의자들에 대한 폭력적 투쟁을 전개해야 한다고 강력히 주장하였다. 그

러나 이것은 '아'(조선민족)의 존엄과 가치를 전적으로 부정하는 최악의 '비아'(강도 일본)를 극복하고 생존을 도모하기 위해 선택한 예외적이며 극단적인 처방이었다.

32) "무슨 주의(主義)가 들어와도 조선의 주의가 되지 않고 주의의 조선이 되려 한다. 그리하여 도덕과 주의를 위하는 조선은 있고 조선을 위하는 도덕과 주의는 없다. (...) 우리나라에 부처가 들어오면 한국의 부처가 되지 못하고 부처의 한국이 된다. 우리나라에 공자가 들어오면 한국을 위한 공자가 되지 못하고 공자를 위한 한국이 된다. 우리나라에 기독교가 들어오면 한국을 위한 예수가 아니고 예수를 위한 한국이 되니, 이것이 어쩐 일이냐! 이것도 정신이라면 정신인데, 이것은 바로 노예정신이다." 『낭객(浪客)의 신년만필(新年漫筆)』(1925)

33) 또한 이러한 태도는 단재가 애국계몽운동 초기에 몰두했던 사회진화론의 이론적 배경인 진화생물학의 '공진화'(共進化) 개념을 통해서도 설명해 볼 수 있을 것이다. 앞에서 언급했듯이 단재가 국권상실의 위기를 극복을 위해 헌신하기로 마음먹은 이후 가장 먼저 관심을 기울였던 서구사상은 사회진화론이며, 이것은 다윈 진화생물학의 핵심내용을 인간과 사회에 적용하려는 시도이다. 그런데 다윈 진화론에는 한 가지 주목할 만한 개념이 등장하는데, 그것은 흔히 '공진화'로 일컬어지는 현상이다. 즉 공진화란 진화생물학에서 상호 연관된 생물집단이 경쟁이나 협력 과정에서 함께 진화하는 현상을 말한다. 예컨대 아프리카의 사자와 얼룩말은 포식자와 피식자 관계로 상호 연결되어 있는데, 양자는 상대방을 잡아먹거나 도망가야만 하는 운명 속에서 생존을 위한 도구이자 신체기관인 발톱과 뒷다리가 각각 동시에 진화하게 된다는 것이다. 또한 꿀벌과 꽃처럼 상호 우호적인 협력관계에서 공진화가 이루어지는 경우도 찾아볼 수 있다. 공진화는 인간 사회에서 발생하는 다양한 현상에도 적용이 가능하다. 예컨대 20세기 중후반 냉전기간 동안 소련과 미국이 군비경쟁을 벌이는 과정에서 과학기술을 획기적으로 발전시킨 사례에서 볼 수 있듯이, 인간 사회에서도 적대적인 경쟁관계에서 공진화가 이루어지는 경우를 찾아볼 수 있다.

1) 국내외 유수의 리더십 연구자들이 제시하는 이상적인 리더의 역할은, 조직구성원들에게 비전을 제시하고, 리더 자신의 이익 보다는 조직과 구성원에 대한 헌신과 봉사를 중시하며, 조직과 구성원의 유무형의 발전을 위한 코치역할을 자임하고, 나아가 조직의 성장을 위해 다양한 아이디어를 제시하는 것을 들 수 있다. 이처럼 리더와 리더십 개념에 대한 일반적인 규정과의 연관 속에서, 리더십학이란 자신이 속한 조직이나 활동영역에서 지휘와 조정 능력을 바탕으로 새로운 미래가치의 창출을 위한 비전을 제시하고, 나아가 조직의 끊임없는 변화와 혁신을 통해 생존능력과 경쟁력을 견인할 수 있는 전인적 인재 양성의 토대학문으로 규정할 수 있다.

2) 이와 연관해서는 다음의 논의를 참고. 이상수(2007), pp.23-98.

3) 세상을 지배할 수 있는 강력한 우월성, 높은 자신감, 신념과 가치관의 도덕적 정당성에 대한 확신, 강한 권력의지 etc.

4) 과거 수천 년 동안의 우리 역사를 돌이켜 볼 때 21세기 한국에서 가장 강조되고 있는 가치는 바로, 개인의 인격적 존엄성과 자유의 보장 그리고 헌법 이념에 충실하고 사무사(思無邪) 정신에 입각한 공적 임무 수행 등일 것이다. 미래의 리더십 수련 과정에서도 이러한 21세기 시대정신이 충분히 반영되어야 할 것이며, 이를 위해서는 지난 세기와 비교해 볼 때 리더가 진일보한 공적 마인드와 헌신적 봉사정신을 갖추어야 할 것이다.

5) 막스 베버(2006), p.21 ff.

6) 이 절의 이하 내용은 다음의 글에 수록된 내용 중 일부분(철학을 비롯한 인문학교육의 의미와 역할)을 본고의 성격에 맞추어 부분적으로 수정하고 정리한 것이다. 서영식(2011), pp.43-62.

7) cf. 『국가』 505d f.

8) 이제 철학을 비롯한 인문학 강의에서 학생들은 기존의 텍스트 외에도 인간과 사회의 모습을 더 구체적으로 다룬 사회과학 고전을 통해 세계에 대한 이해의 폭을 확장시킬 수 있다.

9) 기본적으로 '인문고전에 기초한 리더와 리더십 교육'은, 21세기 4차 산업혁명이라는 시대정신에 부응하여 '리더십 교육'을 인문학-융복합 차원에서 입체적으로 수행함으로써, 청소년과 청년 학생들이 기존의 피상적인 주입식 리더십 교육에서 탈피하여, 다양한 리더십 담론의 연원과 본질 그리고 역사적인 사례와 미래적 전망을 고전 독서의 감동과 더불어 통섭적으로 이해하고 응용할 수 있는 방향을 제시하려는 시도이기 때문이다.

10) 근래 한 언론의 보도에 따르면, "미국 아이비리그 대학생들이 가장 많이 읽는 책은 플라톤의 고전 『국가』인 것으로 나타났다. 지난 10년 동안 (...) 『국가』는 7개 아이비리그 대학의 130여개 강좌에서 채택돼 1위에 올랐다." (『해럴드 경제』, 2016년 2월 8일)

11) 이하 '영혼 삼분설'에 관한 서술은, 다음의 내용을 수정해서 요약한 것이다. 서영식(2017), pp.34-36.

12) cf. 『국가』 437a-439e.

13) cf. 『국가』 434a f., 441a f.

14) 모든 상호 주관적인 관계는 "자신과의 의견일치와 자기해석"을 전제로 한다.

15) 플라톤의 수호자론에 대한 상세한 논의는 다음을 참고. 서영식(2017), pp.189-193.

16) 이하 '동굴의 비유와 철인왕'에 관한 서술은, 다음의 내용을 본고의 논의에 맞게 수정해서 요약한 것이다. 서영식(2017), pp.126-131.

17) 진시황(秦始皇)의 분서갱유(焚書坑儒)와 한고조 유방(漢高祖 劉邦)의 유학자 경시 태도를 강하게 비판했던 당태종 이세민이 실시한 학문진흥의 예로는 다음을 들 수 있다. 홍문관(弘文館) 설치, 국자(國子)와 태학(太學) 확충, 유가(儒家)의 다섯 주요 경전(經典, 易經, 書經, 詩經, 禮記, 春秋) 복원 및 주해서(五經正義) 편찬, 유교적 가치관(禮樂, 仁義, 忠恕, 中庸) 강조와 덕치(德治) 구현.

18) 당태종 치세에 진행된 제도정비와 율령 정착의 대표적인 예로는 다음을 들 수 있다. 삼성육부제(三省六部制, 기본통치체제), 부병제(府兵制, 군사체제), 과거제(科擧制, 인사제도), 균전제(均田制, 경제제도), 조용조(租庸調, 부세제도)

19) 오늘날 '문화의 블랙홀'로 지칭되는 당나라에서는 이미 이세민 제위 시 기독교(네우토리우스파 기독교, 중국명칭 경교(景教) 혹은 대진경교(大秦景教))가 국가 공인종교로 인정(638년 7월)되어 교세를 떨치기도 하였다.

20) 이세민은 군주로서 통치와 수성(守成)의 핵심은 결국, 아랫사람의 진언에 귀를 기울임으로써 스스로 '벌거벗은 임금님 되지 않기'에 성공하느냐에 달려있다고 보았다. 이러한 겸청(兼聽)의 태도가 묘사된,『정관정요(貞觀政要)』에 묘사된 수많은 예 중에서 하나를 소개하면 다음과 같다.

〈정관 2년(628), 태종이 위징에게 물었다.

"명군(明君)과 암군(暗君)을 구분하는 기준은 무엇이오?"

위징이 대답했다.

"군주가 밝은 것은 두루 여러 사람의 말을 듣기 때문이고(겸청兼聽), 우매한 것은 한쪽 말만을 편벽되게 듣기(편신偏信) 때문입니다.『시경(詩經)』「대아」'판(板)'에 이르기를, '선현이 말하기를 풀을 베고 나무를 하는 사람에게도 물어보라고 하네!(순어추요詢於芻蕘)'라고 했습니다. 옛 요순의 치세에는 사방의 문을 열어 천하의 현사(賢士)를 초빙하고, 눈과 귀를 크게 열어 백성의 소리를 듣고, 민정을 살펴 막히는 곳이 없게 했습니다. 성군이 천하의 사물에 관해 모르는 바가 없었던 이유입니다. (...) 군주가 여러 사람들의 말을 두루 듣고 받아들이면 지체 높은 대신도 아랫사람의 청원을 막거나 군주를 가릴 수 없는 까닭에 백성들의 실정이 반드시 군주에게 그대로 전달됩니다."〉 (오긍(2013), 권1 군치론(君治論), 1-2 암군은 타산지석(他山之石)이다)

21)『정관정요(貞觀政要)』에 대한 동서고금의 평가를 몇 가지만 소개하면 다음과 같다. 일본의 경우 이 작품은 11세기 이치조(一條)부터 20세기 다이쇼(大正)까지 천황들의 제왕학 핵심교과서이자, 도쿠가와(德川)가 등 일본 최고의 정치명문가의 필독서였으며, 21세기 현재에도 황족교육기관인 가쿠슈인대학(學習院大學)의 교양필수 과목으로 지정되어 있다. 한반도의 경우, 고려시대에는 최고의 제왕학 텍스트로 평가되어 사서삼경을 제치고 군주와 신하의 조석 경연(經筵)에서 기본교재로 사용되었으며, 조선시대에도 숙종, 영조, 정조 등 역대의 유능한 왕들이 숙독했다는 기록이 남아있다. 나아가 최근 하버

드 경영대학원(Harvard Business School)은 "『정관정요(貞觀政要)』는 현대의 경영학 원리를 배울 수 있는 가장 훌륭한 동양고전"이라고 극찬한 바 있다.

22) 『정관정요(貞觀政要)』의 핵심 사상은 다음과 같이 정리될 수 있다. ①거안사위(居安思危); ②솔선수범(率先垂範); ③경청(傾聽); ④자기절제(自己節制); ⑤겸신(謙愼). 야마모토 시치헤이(2011), pp.11-19.

23) 손기원(2005)

참고문헌

Ⅰ. 고대 그리스 영웅들의 고난과 자기인식 그리고 리더스피릿

강대진(2012), 『그리스 로마 서사시』, 북길드.

강대진(2013), 『비극의 비밀』, 문학동네.

강대진(2019), 『호메로스의 일리아스 읽기』, 그린비.

강대진(2020), 『호메로스의 오뒷세이아 읽기』, 그린비.

김요한(2015), 「호메로스 오디세이아」, 김혜수 외 공저, 『인문고전읽기』, 전북대학교출판문화원.

김요한(2017), 「호메로스의 전쟁관」, 『철학논총』, 87.

김진경(1991), 『그리스 비극과 민주정치』, 일조각.

서영식(2009), 「고대 그리스 문화의 의사소통과 가치공유 전통 -신화와 철학의 몇몇 국면들에 대한 논의를 중심으로-」, 『동서철학연구』, 52.

서영식(2013), 「인륜성 vs. 조국애 –소포클레스의 '안티고네'와 자연법 논쟁」, 김수배 · 서영식 · 이소영, 『인문학과 법의 정신』, 충남대학교출판문화원.

손병석(2002), 「희랍 철학 속에 나타난 Mythos와 Logos의 이분법적 구분에 대한 재성찰」, 『철학연구』, 56.

이광모(2007), 「그리스 비극의 공동체적 의사소통 기능」, 『헤겔연구』, 22.

이영순(2005), 「가족영웅의 모태, 오딧세우스의 신화」, 『문학과 영상』, 6-2.

이정호 · 김인곤(2002), 「신화적 세계관과 그리스 철학의 기원」, 『한국방송통신대 논문집』, 29.

이태수(1993), 「호메로스의 서사시에 나타난 신의 모습」, 『희랍 라틴문학 연구』, 성균관대학교 출판부.

이태수(1993), 「호메로스의 인간관」, 『희랍 라틴문학 연구』, 성균관대학교 출판부.

이태수(2001), 「사이렌과 무사」, 『서양고전학연구』, 43.

이태수(2009), 『인간의 자기이해 - 출향(出鄕)과 귀향(歸鄕)의 서사(敍事)』, 아카넷.
이태수(2013), 「호메로스의 영웅주의 윤리관」, 『서영고전학연구』, 50.
임철규(2007), 『그리스 비극 – 인간과 역사에 바치는 애도의 노래』, 한길사.
장영란(2013), 「그리스 종교 축제의 원형적 특성과 탁월성 훈련」, 『철학논총』, 73-3.
장영란(2018), 『좋은 삶이란 무엇인가』, 서광사.
정준영(2008), 「'일리아스'에서 영웅적 자아의 aidōs와 행위패턴」, 『서양고전학연구』, 33.
최혜영(2006), 「아테네비극의 정치적 함의와 페르시아 전쟁」, 『서양고대사연구』, 18.
나지, 그레고리(2015), 『고대 그리스의 영웅들』, 우진하 역, 시그마북스.
도즈, 에릭(2002), 『그리스인들과 비이성적인 것』, 주은영 · 양호영 역, 까치.
버트만, 스티븐(2011), 『그리스 신전에서 인간의 길을 묻다』, 이미숙 역, 예문.
베르낭, 장 피에르(1993), 『그리스 사유의 기원』, 김재홍 역, 자유사상사.
베르낭, 장 피에르(2005), 『그리스인들의 신화와 사유』, 박희영 역, 아카넷.
스넬, 브루노(1994), 『정신의 발견』, 김재홍 역, 까치.
콘퍼드, 프란시스(1995), 『종교에서 철학으로: 서구 사유의 연원에 관한 연구』, 남경희 역, 이화여대 출판부.
쿨레, 코린(1999), 『고대 그리스의 의사소통』, 이선화 역, 영림카디널.
프라이어, 윌리엄 J.(2010), 『덕과 지식, 그리고 행복』, 오지은 역, 서광사.
호메로스(2004), 『오뒷세이아』, 천병희 역, 단국대학교출판부.
호메로스(2015), 『일리아스』, 천병희 역, 숲.
휘브너, 쿠르트(1991), 『신화의 진실』, 이규영 역, 민음사.
Burnet, J.(1930), Early Greek Philosophy, London.
Nestle, W.(1966), Vom Mythos Zum Logos. Die Selbstentfaltung des griechischen Denkens von Homer bis auf die Sophistik und Sokrates, Stuttgart.

Parker, R.(1987), "Mythus of Early Athens", in, J. Bremmer, Interpretations of Greek Mythology, Croom Helm.

II. 플라톤의 철인왕과 평화의 리더십

플라톤(2004), 『국가 · 정체』, 박종현 역, 서광사.

플라톤(2005), 『정치가』, 김태경 역, 한길사.

플라톤(2009), 『법률』, 박종현 역, 서광사.

플라톤(2010), 『편지들』, 김주일 · 강철웅 · 이정호 역, 이제이북스.

김윤동(2011), 「플라톤의 철인왕 통치」, 『철학연구』, 117.

김영균(2008), 『국가 – 훌륭한 삶에 대한 근원적인 성찰』, 살림출판사.

김영균(2010), 「플라톤의 철인통치론」, 『동서철학연구』, 58.

김인곤(2006), 『플라톤 〈고르기아스〉』, 서울대학교 철학사상연구소.

문지영 · 강철웅(2011), 「플라톤 『국가』의 민주정 비판과 이상 국가 구상- '정치'와 '통치자'에 대한 새로운 전망」, 『사회과학연구』, 35-1.

박규철(2021), 「『국가』와 『일곱째 편지』에 나타난 플라톤의 아르케 리더십」, CNU리더십연구소 편, 『고전의 창으로 본 리더스피릿』, 충남대학교출판문화원.

박규철(2019), 「능대의 리더십에서 아르케의 리더십으로 – 플라톤의 『일곱째 편지』와 『국가』를 중심으로」, 『동서철학연구』, 94.

박성우(2004), 「플라톤의 『국가』와 철인왕의 패러독스」, 『정치사상연구』, 10-2.

서병훈(2002), 「플라톤과 여성 철인왕」, 『아시아여성연구』, 41.

서영식(2005), 「좋음의 이데아의 특성과 그에 대한 인식 -태양과 선분의 비유를 중심으로-」, 『철학연구』, 71.

서영식(2008), 「하이데거의 "동굴의 비유" 해석에 대한 비판적 고찰」, 『범한철학』, 48.

서영식(2010), 「『국가』편에서 제시된 정의(dikaiosyne)와 좋음(agathon)에 관한 논의」, 『동서철학연구』, 55.

서영식(2013), 「플라톤 법치주의 이념의 윤리적 토대 - 〈법률〉편을 중심으로」,

『철학논총』, 71-1.
서영식(2016), 『청춘의 철학』, 충남대학교출판문화원.
서영식(2017), 『플라톤 철학의 실천이성담론』, 충남대학교출판문화원.
서영식(2021), 「옥타비아누스의 정치사상과 거래적 변혁리더십 -키케로의 공화주의 정치철학의 수용과 연계하여-」, 『동서철학연구』, 101.
손병석(2015), 「플라톤과 민주주의」, 『범한철학』, 78.
신응섭 외(2013), 『리더십의 이론과 실제』, 학지사.
이정호(1989), 「플라톤과 민주주의」, 『서양고전학연구』, 3.
주광순(1998), 「존재론적 관점에서 본 플라톤의 철인왕 개념」, 『헤겔연구』, 8.
나이, J.(2015), 『미 대통령 리더십과 미국시대의 창조』, 인간사랑.
맥스웰, J.(2010), 『리더십 불변의 법칙』, 홍성화 역, 비즈니스북스.
맥스웰, J.(2012), 『리더의 조건』, 전형철 역, 비즈니스북스.
번스, J.M.(2000), 『제임스 M. 번즈의 리더십 강의』, 한국리더십연구회 역, 생각의나무.
번스, J.M.(2006), 『역사를 바꾸는 리더십』, 조중빈 역, 지식의날개.
베버, M.(2012), 『직업으로서의 정치』, 전성우 역, 나남.
블랙번, S.(2014), 『국가론 이펙트 – 정의로운 인간과 국가는 어떻게 만들어지는가』, 윤희기 역, 세종서적.
세이어즈, S.(2008), 『플라톤 국가 해설』, 김요한 역, 서광사.
칸트, I.(2008), 『영구평화론 - 하나의 철학적 기획-』, 이한구 역, 서광사.
포퍼, K.(2006), 『열린 사회와 그 적들 I』, 이한구 역, 민음사.
핫지킨슨, C.(2006), 『리더십의 철학』, 주삼환 역, 한국학술정보.
Annas, J.(2012), "Law in Plato's Political Thought", in, Journal of Greco-Roman Studies, 47.
Aristoteles(1972), Nikomachische Ethik, hrsg. und übers. von G. Bien, Hamburg.
Baracchi, C.(2002), Of myth, life, and war in Plato's Republic, Bloomington, Ind. ; Indiana University Press.

Bass, B.M.(1985), Leadership and Performance beyond Expectations, N.Y. Free Press.

Craig, L.H.(1994), The war lover : a study of Plato's Republic, Toronto ; London : University of Toronto Press.

Donaldson, J.(1984), Woman : her position and influence in ancient Greece and Rome, and among the early christians, Frankfurt a.M. : Minerva-Verlag.

Fissell, B.M.(2011) "Plato's Theory of Democratic Decline", Polis, 28-2.

Hasan, A.(2012), "Plato's antifeminism - a new dualistic approach", in, E-LOGOS, 22.

Kleemeier, U.(2002), Grundfragen einer philosophischen Theorie des Krieges : Platon - Hobbes - Clausewitz, Berlin : Akad.-Verl.

Kochin, M.S.(1999), "War, Class, and Justice in Plato's Republic", in, The Review of Metaphysics, 53-2.

Platon(1990), Werke in acht Bänden, hrsg. v. G. Eigler, übers. v. F. Schleiermacher, H. Müller u. a., 2. Aufl., Darmstadt.

Reeve, C.D.C.(1988), Philosopher-Kings: The Argument of Plato's Republic, Princeton.

Ricken, F.(1988), Platon und Aristoteles über Krieg und Frieden, Barsbüttel : Inst. für Theologie u. Frieden.

Samaras, T.(2002), Plato on Democracy, Peter Lang Publishing.

Schofield, M.(2006), Plato: Political Philosophy, Oxford.

Syse, H.(2002), "Plato: the necessity of war, the quest for peace", in, Journal of military ethics, 1.

Verdroß-Droßberg, A.(1948), Grundlinien der antiken Rechts-und Staatsphilosophie, Wien.

Vlastos, G.(1995), "Was Plato a Feminist?", in, G. Vlastos, Studies in Greek Philosophy, Volume II: Socrates, Plato, and Their Tradition, Princeton

University Press.

Ⅲ. 플라톤의 『국가』와 손자의 『손자병법』에 나타난 군사적 리더상

김성우(2017), 「손자(孫子)와 노자(老子)사상 비교 연구」, 『한국군사학논집』, 73-3.

김학노(2018), 「형세 : 정치학적 개념 탐구」, 『한국정치학회보』, 52-1.

김현기(2005), 「이순신 제독의 전략 · 전술과 손자병법」, 『이순신연구논총』, 4.

서영식(2015), 「서양철학의 전쟁 담론에 대한 비판적 고찰 – 환경 윤리적 관점에서」, 『동서철학연구』, 78.

서영식(2015), 「서양고대철학의 전쟁이해 – 플라톤과 아리스토텔레스를 중심으로」, 『철학논총』, 82.

서영식(2016), 「서양근대의 전쟁담론에 관한 비판적 고찰」, 『철학논총』, 86.

서영식(2017), 『플라톤 철학의 실천이성담론』, 충남대학교출판문화원.

신동준 역주(2017), 『무경십서1 : 손자병법 · 오자병법』, 역사의아침.

손자(2017), 『손자병법』, 김원중 옮김, 휴머니스트.

야경유 · 장휘(2004), 『마오쩌둥, 孫子에게 길을 묻다』, 전병욱 역, 홍익출판사.

양순자(2012), 「중국 고대의 勢 개념 : 『孫子兵法』, 『愼子逸文』, 『韓非子』를 중심으로」, 『도교문화연구』, 36.

이권(2012), 「손자의 전쟁관에 대한 철학적 고찰 - 自然과 勢를 중심으로」, 『도교문화연구』, 36.

이진우(2015), 『클라우제비츠의 전쟁론 - 싸울 수밖에 없다면 이겨야 한다』, 흐름출판.

전명용 · 송용호(2017), 「〈손자병법〉 · 〈노자〉의 동질성과 그 현실적 운용 연구」, 『중국학연구』, 80.

조미니, 앙투안 앙리(2010), 『전쟁술』, 이내주 역, 지만지.

투퀴디데스(2011), 『펠로폰네소스 전쟁사』, 천병희 역, 숲.

플라톤(2004), 『국가 · 정체』, 박종현 역, 서광사.

플라톤(2009), 『법률』, 박종현 역, 서광사.

Baracchi, Claudia(2002), Of myth, life, and war in Plato's Republic, Bloomington, Ind. ; Indiana University Press.

Craig, Leon Harold(1994), The war lover : a study of Plato's Republic, Toronto ; London : University of Toronto Press.

Erler, Michael(2007), "Ursachenanalyse von Krieg und Frieden bei Platon und in der hellenistischen Philosophie", in, Andreas Holzem(ed.), Krieg und Christentum - Religiöse Gewalttheorien in der Kriegserfahrung des Westens.

Frank, Jill, "Wages of War - On Judgment in Plato's Republic", in, Political Theory, 35.

Kleemeier, Ulrike(2002), Grundfragen einer philosophischen Theorie des Krieges : Platon - Hobbes - Clausewitz, Berlin : Akad.-Verl.

Kochin, Michael S.(1999), "War, Class, and Justice in Plato's Republic", in, The Review of Metaphysics, 53-2.

Ricken, Friedo(1988), Platon und Aristoteles über Krieg und Frieden, Barsbüttel : Inst. für Theologie u. Frieden, 1988.

Sob, Brigitte(2007), "Krieg und Gerechtigkeit in Platons Politeia", in, Brigitte Sob(ed.), Brennpunkte politischer und militärischer Ethik - Eine Einführung : Band 1. Ideengeschichtliche Entwürfe - Teil 1. Altertum, Mittelalter und Beginn der Neuzeit, Wien : Landesverteidigungsakademie.

Spiegel, Nathan(1990), War and peace in classical Greek literature, Jerusalem : Mount Scopus Publ.

Schaller, Stephan(2009), Sparta - ein idealer Staat? eine Untersuchung des Spartabildes bei Xenophon("Die Verfassung der Spartaner"), Platon("Der Staat", "Die Gesetze") und Aristoteles("Die Politik") vor dem Hintergrund des historischen Kontextes und der Diskussion der besten Verfassung, Bern : Historisches Institut.

Syse, Henrik(2002), "Plato: the necessity of war, the quest for peace", in, Journal of military ethics, 1.

Syse, Henrik(2006), "Plato, Thucydides, and the education of Alcibiades", in, Journal of military ethics, 5.

Syse, Henrik(2010), "The Platonic Roots of Just War Doctrine: A Reading of Plato's Republic", in, Diametros, 23.

Ⅳ. 옥타비아누스의 정치사상과 거래적 변혁리더십

권, 데이비드 M.(2015), 『로마 공화정』, 신미숙 역, 교유서가.

김경현(2019), 「옥타비아누스(Octavianus)의 리더십에 관한 연구 - '거래적 리더십'과 '카리스마 리더십'」, 『서양고대사연구』, 56.

김덕수(2014), 「아우구스투스의 유산, '로마의 평화(Pax Romana)'」, 『지식의 지평』, 16.

김덕수(2013), 『아우구스투스의 원수정 - 로마공화정에서 제정으로』, 길.

김덕수(2009), 「키케로의 『국가론』과 아우구스투스의 『업적록』의 공화주의」, 『서양사연구』, 40.

김상엽(2016), 「아우구스투스의 평화제단」, 한국서양고대역사문화학회 편, 『아우구스투스 연구』.

나이, 조지프(2015), 『미 대통령 리더십과 미국시대의 창조』, 인간사랑.

맥스웰, 존(2012), 『리더의 조건』, 전형철 역, 비즈니스북스.

맥스웰, 존(2010), 『리더십 불변의 법칙』, 홍성화 역, 비즈니스북스.

배소연(2016), 「기원전 31-27년 옥타비아누스의 모범사례로서의 누마 폼필리우스 활용」, 한국서양고대역사문화학회 편, 『아우구스투스 연구』.

번스, 제임스 맥그리거(2000), 『제임스 M. 번즈의 리더십 강의』, 한국리더십연구회 역, 생각의나무.

번스, 제임스 맥그리거(2006), 『역사를 바꾸는 리더십』, 조중빈 역, 지식의날개.

서영식(2014), 「키케로의 국가론과 자연법사상에 관한 고찰」, 『동서철학연구』, 73.

수에토니우스(2009), 『열두 명의 카이사르』, 조윤정 역, 다른세상.
양병무(2016), 『행복한 로마읽기 – 천년제국 로마에서 배우는 리더십과 자기계발의 지혜』, 21세기북스.
에버랫, 앤서니(2011), 『로마 최초의 황제 아우구스투스』, 조윤정 역, 다른세상.
차전환(2016), 「팍스 로마나: 평화의 신전」, 『사총』, 88.
키케로, 마르쿠스 툴리우스(2007), 『법률론』, 성염 역, 한길사.
키케로, 마르쿠스 툴리우스(2007), 『국가론』, 김창성 역, 한길사.
하이켈하임, 프리츠(1999), 『로마사』, 현대지성사, 김덕수 역, 1999.
한국서양고대역사문화학회 엮음(2016), 『아우구스투스 연구』, 책과함께.
해밀턴, 이디스(2020), 『고대 로마인의 생각과 힘』, 정기문 역, 까치.
CNU리더스피릿연구소(2022), 『고전의 창으로 본 리더스피릿』, 충남대학교출판문화원.
Bass, B.M.(1985), Leadership and Performance, N.Y. Free Press.
Bass, B.M.(1998), Transformational leadership: Industrial, military, and educational impact, Mahwah, NJ:Erlbaum.
Cicero, M.T.(1978), Cicero's Letters to Atticus, trans. by D. R. Schakleton Bailey, Penguin Books.
Cicero, M.T.(1957), Philippics, ed. by T. E. Page, trans. by Walter C. Ker, Harvard University Press.
Dio, Cassius(1987), The Roman History – the Reign of Augustus, translated by Ian Scott-Kilvert, penguin books.
Fears, Rufus(2001), Famous Romans, vol.II, Chantilly.
Garnsey, Peter and Saller, Richard(1982), The Early Principate: Augustus To Trajan, Oxford: At the Clarendon Press.
May, James M.(2020), "Deorum Beneficio Rei Publicae Procreatus: Cicero's Panegyrical Protrait of Octavianus", in, The Classical Journal, 115, 3-4.
Radford, Robert T.(2002), Cicero: A Study in the Origins of Republican Philosophy, Amsterdam.

Suetonius, De Vita Caesarum, Divus Augustus.
Wood, Neal(1988), Cicero's Social & Political Thought, University of California Press.

V. 마키아벨리와 클라우제비츠의 전쟁관과 리더십론

마키아벨리, 니콜로(2005), 『군주론 - 강한 국가를 위한 냉혹한 통치론』, 강정인 · 엄관용 역, 살림.
마키아벨리, 니콜로(2008), 『군주론』, 강정인 · 김경희 역, 까치글방.
마키아벨리, 니콜로(2003), 『로마사 논고』, 강정인 · 안선재 역, 한길사.
김경희(2013), 『공존의 정치 : 마키아벨리 『군주론』의 새로운 이해』, 서강대학교출판부.
박상섭(2005), 『국가와 폭력: 마키아벨리의 정치사상연구』, 서울대학교출판문화원.
박상섭(2011), 『군주론』, 서울대학교출판문화원.
갈리, W.B.(1996), 『전쟁과 평화의 철학』, 이춘근 역, 서광사.
클라우제비츠, 카를 폰(2008), 『전쟁론』, 류제승 역, 책세상.
스트레이천, 휴(2013), 『전쟁론 이펙트』, 허남성 역, 세종서적.
김성훈(2005), 『마키아벨리와 클라우제비츠의 군사사상 비교 – 전쟁의 불확실성과 그 대안에 대한 연구를 중심으로』, 국방대학원.
이정웅(1994), 『삼위일체와 마찰 구조의 전쟁분석 이론 연구』, 경기대학교 대학원.
이주천(2013), 「클라우제비츠의 〈전쟁론〉이 마르크스주의에 미친 영향」, 『서양사학연구』, 29.
이해영(1995), 「전쟁, 정치 그리고 자본주의 – 칸트, 클라우제비츠, 마르크스와 엥겔스, 슈미트를 중심으로」, 『진보평론』, 1995.
손주영(1994), 『클라우제비츠의 전쟁철학에 대한 연구』, 서울대학교 대학원.
Clausewitz, Carl von(1990), Vom Kriege, Augusburg: Weltbuil Verlag GmbH.
Kavka, G.(1986), Hobbesian Moral and Political Theory, Princeton.

Raymond, A.(1983), Clausewitz: Philosopher of War, trans. Christine Booker and Norman Stone, London: Routledge & Kegan Paul.
Schmitt, C.(1996), The Leviathan in the State Theory of Thomas Hobbes, Greenwood Press.
Verne, D.P.(1971), "Hegel's account of war", in, Hegel's Political Philosophy, Problems and Perspectives, ed. by Z.A. Pelczynski, Cambridge.

Ⅵ. 『페더럴리스트 페이퍼』를 통해 본 자유와 권력을 향한 리더의 조건

해밀턴, 알렉산더 · 매디슨, 제임스 · 제이, 존(2009), 『페더럴리스트 페이퍼』, 김동영 역, 한울아카데미.
해밀턴, 알렉산더 · 매디슨, 제임스 · 제이, 존(2019), 『페더럴리스트 페이퍼』, 박찬표 역, 후마니타스.
로크, 존(2008), 『통치론. 시민정부의 참된 기원, 범위 및 그 목적에 관한 시론』, 강정인 · 문지영 역, 까치.
몽테스키외, 샤를 루이 드 스콩다(2006), 『법의 정신』, 고봉만 역, 책세상.
아리스토텔레스(2009), 『정치학』, 천병희 역, 숲.
플라톤(2004), 『국가 · 정체』, 박종현 역, 서광사.
플라톤(2009), 『법률』, 박종현 역, 서광사.
홉스, 토머스(2012), 『리바이어던1 - 교회국가 및 시민국가의 재료와 형태 및 권력』, 진석용 역, 나남.
김용민(2000), 「〈페더랄리스트 페이퍼〉의 정치철학적 이해」, 『영미연구』, 5.
김인곤(2014), 「플라톤의 '혼합정체론'에서 '혼합'의 의미」, 『한국서양고전철학회 2014 봄 학술대회』.
남궁곤 · 박세정(2008), 「〈연방주의자 논고〉에 제시된 매디슨(James Madison)의 '대표'에 관한 소고」, 『동향과 전망』, 72.
문재완(2008), 「미국 헌법상 연방주의 발전사 연구」, 『유럽헌법연구』, 4.
서영식(2017), 『플라톤철학의 실천이성담론』, 충남대학교출판문화원.

서영식(2013), 「정의와 법과 국가 - 아리스토텔레스가 본 행복의 공적 조건」, 김수배 · 서영식 · 이소영, 『인문학과 법의 정신』, 충남대학교출판문화원.
손병권(2017), 「〈연방주의자 논고〉에 나타난 내셔널리즘의 해석 - 연방적 정체성을 위한 국민주의」, 『미국학』, 40-1.
손병권(2009), 「〈연방주의자 논고〉에 나타난 해밀턴의 대통령제 인식과 그 현대적 검토」, 『현대정치연구』, 2-2.
손병권(2004), 「〈연방주의자 논고〉에 나타난 매디슨의 새로운 미국 국가 - 광대한 공화국」, 『국제지역연구』, 13-4.
정경희(2008), 「미국 헌법의 제정과 연방공화국의 건국」, 『역사학보』, 198.
최선근(1996), 「김동영 역 〈페데랄리스트 페이퍼〉」, 『미국학논집』, 29-1.
브링클리, 앨런(2016), 『있는 그대로의 미국사 1』, 황혜성 외 역, 휴머니스트.
진, 하워드(2016), 『살아있는 미국역사』, 김영진 역, 추수밭.
슈뢰더, 리처드 C.(2016), 『미국의 정부』, 이덕남 역, 주한미국대사관 공보과.
카프, 로버트 A. 외(2009), 『미국의 사법 제도』, 이경식 역, 주한미국대사관 공보과.
토크빌, 알렉시스 드(2014), 『미국의 민주주의 I』, 임효선 외 역, 한길사.
Allen, William B.(2000), The federalist papers : a commentary : "the Baton Rouge lectures", New York.
Brunhöber, Beatrice(2010), Die Erfindung "demokratischer Repräsentation" in den Federalist Papers, Tübingen.
Frech, Jannis(2008), Die Federalist Papers und die Entwicklung der Verfassungsgerichtsbarkeit (der Fall Marbury versus Madison) in den USA, München.
Furtwangler, Albert(1984), The Authority of Publius : A Reading of the Federalist Papers, Ithaca, N.Y.
Göllnitz, Anke(2002), Public Relations im Prozess soziokultureller Emergenz : der Einfluss der Federalist Papers auf den Gesellschaftsentwurf für die Vereinigten Staaten von Amerika, Wiesbaden.
Greiner, Florian(2009), Öffentlichkeit in den „Federalist Papers" : Eine

Annäherung an das Öffentlichkeitsmodell der amerikanischen Gründerväter, München.

Heidemann, Dietmar H. and Stoppenbrink, Katja(2016), Join, or Die - Philosophical Foundations of Federalism, Berlin.

Ketcham, Ralph Louis(ed.)(2003), The anti-federalist papers and the constitutional convention debates, New York.

Lhotta, Roland(ed.)(2010), Die hybride Republik : Die Federalist Papers und die politische Moderne, Baden-Baden.

Light, Paul Charles(2011), The federalist papers revised for twenty-first-century reality, Washington.

Mace, George(1979), Locke, Hobbes, and the Federalist papers an essay on the genesis of the American political heritage, Carbondale : Southern Illinois University Press.

Mayer, Markus Andreas(2008), Die Autoren der „Federalist Papers“, ihr Menschenbild und die Notwendigkeit des Staates, München.

Mayer, Markus Andreas(2008), Republik- und Demokratieverständnis in den "Federalist Papers" : Die Begründung der Forderung nach einer "more perfect Union", München.

Meyerson, Michael(2009), Liberty's blueprint : how Madison and Hamilton wrote the federalist papers, defined the constitution, and made democracy safe for the world, New York.

Pole, Jack R.(1988), The□American constitution for and against : the federalist and anti-federalist papers, New York.

Ramuz, Catherine(1993), The assumptions in "The Federalist Papers", Fribourg.

Rüttgers, Marcel(2011), Das Konzept der politischen Repräsentation in den Federalist Papers, München.

Seagrave, S. Adam(2017),□The□Accessible Federalist : A Modern English

Translation of 16 Key Federalist Papers, Cambridge.

Stearns, Jean(1977), The□federalist without tears : a selection of the Federalist papers written in contemporary language for the 20th century reader, Washington, DC.

Taylor, Quentin P.(1998), The essential Federalist : a new reading of the Federalist papers, Madison.

Vukadinovic, Jelena(2009), The Rhetorical Approach in the Federalist Papers No.10, No.54, No.84 and No.85, München.

Wirls, D.(2015), The Federalist Papers and Institutional Power in American Political Development, New York.

Ⅶ. 피터 드러커와 지식노동자의 셀프리더십

드러커, 피터 F.(2007), 『넥스트 소사이어티』, 이재규 역, 한국경제신문.

드러커, 피터 F.(2008), 『프로페셔널의 조건』, 이재규 역, 청림출판.

드러커, 피터 F.(2008), 『경제인의 종말』, 이재규 역, 한국경제신문.

드러커, 피터 F.(2009), 『피터 드러커 자서전』, 이동현 역, 한국경제신문.

드러커, 피터 F.(2010), 『피터 드러커의 자기경영노트』, 이재규 역, 한국경제신문.

드러커, 피터 F.(2012), 『21세기 지식경영』, 이재규 역, 한국경제신문.

드러커, 피터 F.(2019), 『매니지먼트』, 남상진 역, 청림출판.

이재규(2009), 『피터 드러커의 인간관 - 지식근로자』, 한국경제신문.

이재규(2009), 『피터 드러커의 사회관 - 지식사회』, 한국경제신문.

이재규(2009), 『피터 드러커의 역사관 - 지식역사』, 한국경제신문.

고바야시 가오루(2002), 『피터 드러커 · 미래를 읽는 힘』, 청림출판.

이정숙(2014), 「피터드러커와 『大學』의 접점 연구 -자기 관리(Managing Oneself)와 성실성(Integrity) & 수신(修身)과 성의(誠意)를 중심으로-」, 『철학연구』, 107(2008).

함규진, 「피터 드러커 : '천부적 구경꾼'의 화려한 퍼포먼스」, 『인물과사상』, 196.
문근찬(2010), 「보수주의적 혁신가로서 피터 드러커 경영사상의 형성과 전개」, 『경영사학』, 25-1.
양삼석, 「Edmund Burke 보수주의의 몇 가지 관점」, 『대한정치학회보』, 15-3.
Harbour, William R.(1994), 『보수주의 사상의 이론적 기초』, 정연식 역, 경북대학교출판부.
Kurzynski, Marcia, "Peter Drucker: modern day Aristotle for the business community" (The current issue and full text archive of this journal is available at www.emeraldinsight.com/1751-1348.htm)

VIII. 단재 신채호의 리더정신과 셀프리더십

신채호(2014), 『조선상고사』, 김종성 역, 위즈덤하우스.
신채호(2020), 『조선혁명선언』, 범우사.
신채호(2021), 『조선상고사』, 박기봉 역, 비봉출판사.
『丹齋申采浩全集』(1987), 丹齋申采浩先生記念事業會.
김병민(2014), 「단재 신채호의 철학과 그 인간상」, 『퇴계학논집』, 14.
김삼웅(2005), 『단재신채호 평전』, 시대의창.
김상기(2010), 「단재 신채호의 생장과 학문」, 『충청문화연구』, 5.
김종학(2007), 「신채호와 민중적 민족주의의 기원」, 『세계정치』, 28-1.
매킨타이어, A.(2021), 『덕의 상실』, 이진우 역, 문예출판사.
문성화(2004), 「헤겔과 신채호의 역사사상 비교연구 – 세계와 민족사」, 『철학논총』, 37.
박병철(2016), 「단재 신채호의 민족운동과 리더십」, 『민족사상』, 10-1.
박정심(2004), 「신채호의 유교인식에 관한 연구 -근대적 주체 문제와 관련하여-」, 『한국사상사학』, 22.
박정심(2013), 「신채호의 我에 관한 연구」, 『동양철학연구』, 76.

박정심(2014), 「신채호의 我와 非我의 관계에 관한 연구」, 『동양철학연구』, 77.
방진하(2014), 「맥킨타이어 '서사적 자아'(narrative self) 개념의 교육적 의미 탐색」, 『교육철학연구』, 36-2.
박찬승(2010), 「근대 일본 · 중국의 '武士道'론과 신채호의 '花郞'론」, 『충청문화연구』, 5.
신용하(1991), 「신채호의 생애와 사상과 독립운동」, 『계간 사상』, 가을호.
신용하(2004), 『증보 신채호의 사회사상연구』, 나남.
신일철, 『신채호의 역사사상연구』, 고려대학교출판부, 1983.
신정근(2011), 「신채호의 투쟁적 자아관」, 『철학』, 109.
원신애(2010), 「맥킨타이어의 '서사적 자아'와 '실천'개념의 의미 - 기독교 도덕교육을 중심으로」, 『기독교교육정보』, 27.
윤방섭(2019), 『리더십의 이해』, 한현사.
이만열(2010), 「단재 신채호의 민족운동과 역사연구」, 『충청문화연구』, 5.
이상호(2015), 『조직과 리더십』, 북넷.
이호룡(2013), 『신채호 - 영원한 자유인을 추구한 민족해방운동가』, 역사공간.
이홍기(2013), 『신채호 & 함석헌 - 역사의 길, 민족의 길』, 김영사.
임중빈(1987), 『단재 신채호: 그 생애와 사상』, 명지사.
장사형(2020), 「서사적 자아(narrative self)의 교육철학적 함의 고찰」, 『교육철학』, 75.
정대성(2020), 「서양철학 수용에 따른 단재 신채호의 역사의식의 변화 연구」, 『현대유럽철학연구』, 57.
정윤재(2002), 「단재 신채호의 국권회복을 향한 사상과 행동 - 소크라테스형 지식인의 한 예」, 『한국동양정치사상사연구』, 1-2.
최형욱(2020), 「니토베 이나조 · 량치차오 · 신채호의 무사도 · 화랑도 수립 비교 연구」, 『동양학』, 78.
충남대학교 충청문화연구소 편(2010), 『단재 신채호의 사상과 민족운동』, 경인문화사.
피히테, J.G.(1996), 『인간의 사명』, 한자경 역, 서광사.

피히테, J.G.(2005), 『학문론 또는 이른바 철학의 개념에 관하여』, 이신철 역, 철학과현실사.
함규진(2019), 「일제강점기 전후의 영웅 담론: 박은식, 신채호, 이광수, 김동인의 작품을 중심으로」, 『한국정치연구』, 28-3.
Gloy, Karen(2000), "Fichtes Dialektiktypen", Fichte-Studien, 17.

IX. 인문고전과 리더십 교육

플라톤(2004), 『국가 · 정체』, 박종현 역, 서광사.
데이비스, 조슬린(2017), 『인문학 리더십』, 김지원 역, 반니.
베버, 막스(2006), 『직업으로서의 정치』, 전성우 역, 나남.
오긍(2013), 『정관정요(貞觀政要) - 창업(創業)과 수성(守成)의 리더십』, 신동준 역, 을유문화사.
서영식(2011), 「법학전문대학원 시대의 철학교육」, 『동서철학연구』, 61.
서영식(2017), 『플라톤 철학의 실천이성담론』, 충남대학교출판문화원.
손기원, 『이젠 지혜경영이다』, 지혜미디어, 2005.
야마모토 시치헤이(2011), 『제왕학 - 정관정요에서 배우는 리더의 자격』, 고경문 역, 페이퍼로드.
신동준(2017), 『난세에 통하는 리더의 계책 - 〈정관정요〉와 〈사기〉에서 배우는 위기 경영 리더십』, 한국경제신문.
타구치 요시후미(2018), 『정관정요 강의 - 리더십, 천년의 지혜를 읽다』, 송은애 역, 미래의창.
이상수(2007), 『한비자, 권력의 기술』, 웅진지식하우스.
조광수(2007), 「당 태종의 군주역할론 - 〈貞觀政要〉를 중심으로」, 『21세기정치학회보』, 17.
클레멘스, 존 K · 메이어, F.(1996), 『서양고전에서 배우는 리더십 - 호머에서 헤밍웨이까지』, 이은정 역, 매일경제신문사.

Chen, Chaeo(2008), Leadership philosophies and practices in China : indigenous perspectives, Greenwich.

Clark, Gillian(2002), Philosophy and power in the Graeco-Roman world essays in honour of Miriam Griffin, Oxford : Oxford University Press.

Cusher, Brent Edwin(ed.)(2018), Leadership and the unmasking of authenticity. the philosophy of self-knowledge and deception, Cheltenham.

Hesse, Reinhard(2016), What is philosophy about? fundamental philosophical questions between truth and power, Wien : LIT.

Hodgkinson, Christopher(1983), The philosophy of leadership, Oxford : Basil Blackwell.

Horsman, John Henry(2018), Servant-Leaders in Training - Foundations of the Philosophy of Servant-Leadership, Cham : Springer International Publishing.

Klussmann, Wolfram(2009), Philosophy of leadership : driving employee engagement in integrated management systems, Hamburg : Diplomica-Verl.

Prastacos, Gregory P.(ed.)(2012), Leadership through the Classics : Learning Management and Leadership from Ancient East and West philosophy, Berlin : Springer.

Spillane, Robert and Joullié, Jean-Etienne(2015), Philosophy of leadership. the power of authority, Basingstoke : Palgrave Macmillan.

출처

Ⅰ. 고대 그리스 영웅들의 고난과 자기인식 그리고 리더스피릿
처음 작성된 글

Ⅱ. 플라톤의 철인왕과 평화의 리더십
서영식(2022), 「플라톤의 철인왕과 평화의 리더십」, 『인간과 평화』, 3-1.

Ⅲ. 플라톤의 『국가』와 손자의 『손자병법』에 나타난 군사적 리더상
서영식(2019), 「동서양 인문고전에 등장하는 군사지도자상에 관한 연구 - 플라톤의 『국가』와 손자의 『손자병법』을 중심으로」, 『군사(軍史)』, 112.

Ⅳ. 옥타비아누스의 정치사상과 거래적 변혁리더십
서영식(2021), 「옥타비아누스의 정치사상과 거래적 변혁리더십 -키케로의 공화주의 정치철학의 수용과 연계하여-」, 『동서철학연구』, 101.

Ⅴ. 마키아벨리와 클라우제비츠의 전쟁관과 리더십론
서영식(2016), 「서양 근대의 전쟁담론에 관한 비판적 고찰」, 『철학논총』, 86.

Ⅵ. 『페더럴리스트 페이퍼』를 통해 본 자유와 권력을 향한 리더의 조건
서영식(2019), 「페더럴리스트 페이퍼의 사상적 배경에 관한 연구」, 『동서철학연구』, 91.

Ⅶ. 피터 드러커와 지식노동자의 셀프리더십
처음 작성된 글

Ⅷ. 단재 신채호의 리더정신과 셀프리더십
서영식(2022), 「단재 신채호의 리더정신(leaderspirit) 연구 I: 셀프리더십을 중심으로」, 『인문과 예술』, 12.

IX. 인문고전과 리더십 교육

서영식(2020), 「철학 · 인문고전과 리더십 교육」, 『동서철학연구』, 95.

저자소개

서영식(徐英植 youngsik@cnu.ac.kr)

충남대학교(철학)와 한국방송통신대학교(법학)를 졸업하였으며, 스위스 루체른대학교에서 철학박사(Dr.phil.) 학위를 취득하였다. 현재 충남대에서 자유전공학부 교수 및 학부장, 리더스피릿연구소장, 출판문화원장으로 활동 중이다. 또한 한국동서철학회 편집위원장을 맡고 있다. 주요 저서로는 『70년 CNU의 리더스피릿』(2022, 공저), 『인문학 속 민주시민교육』(2022, 공저), 『공공성과 리더스피릿』(2022, 공저), 『청춘의 철학』(2021), 『고전의 창으로 본 리더스피릿』(2021, 공저), 『플라톤철학의 실천이성담론』(2017), 『전쟁과 문명』(2016, 공저), 『플라톤과 소크라테스적 대화-문학형식의 철학적 사용』(2015, 공역), 『인문학과 법의 정신』(2013, 공저), 『신플라톤주의』(2011, 공역), 『시간과 철학』(2009, 공저), *Selbsterkenntnis im Charmides*(2005)가 있다. 연구 관심분야는 리더십철학・법사상・서양고전철학과 영향사 등이다.